会计名家培养工程学术成果库
——**学术总结**系列丛书

中流自在行
——我的会计学术之路

黄世忠 著

中国财经出版传媒集团
中国财政经济出版社

图书在版编目（CIP）数据

中流自在行：我的会计学术之路/黄世忠著. --
北京：中国财政经济出版社，2020.1
（会计名家培养工程学术成果库. 学术总结系列丛书）
ISBN 978-7-5095-9002-7

Ⅰ. ①中⋯　Ⅱ. ①黄⋯　Ⅲ. ①会计学–学术研究
Ⅳ. ①F230

中国版本图书馆CIP数据核字（2019）第093037号

责任编辑：黎子民　　　责任校对：李　丽
装帧设计：陈宇琰　　　责任印制：党　辉

中国财政经济出版社 出版

网址：www.cfeac.com
（版权所有　翻印必究）
社址：北京市海淀区阜成路甲28号　邮政编码：100142
营销中心电话：010-88191537
天猫网店：中国财政经济出版社旗舰店
网址：http://zgcjjcbs.tmall.com
中煤（北京）印务有限公司印装　各地新华书店经销
787×1092毫米　16开　26印张　293 000字
2020年1月第1版　2020年1月北京第1次印刷
定价：128.00元
ISBN 978-7-5095-9002-7
(图书出现印装问题，本社负责调换)
本社质量投诉电话：010-88190744
打击盗版举报热线：010-88191661　QQ：2242791300

 **会计名家培养工程学术成果库**
编委会成员

主　任：程丽华

副主任：朱光耀

委　员：高一斌　杨　敏　王　鹏　郭道扬
　　　　孙　铮　顾惠忠　刘永泽　骆家骕
　　　　刘　志　王世定　周守华　王　华
　　　　樊行健　曲晓辉　荆　新　孟　焰
　　　　王立彦　陈　晓

出版说明

为贯彻国家人才战略，根据《会计行业中长期人才发展规划（2010~2020年）》（财会〔2010〕19号），财政部于2013年启动"会计名家培养工程"，着力打造一批造诣精深、成就突出，在国内外享有较高声誉的会计名家，推动我国会计人才队伍整体发展。按照《财政部关于印发会计名家培养工程实施方案的通知》（财会〔2013〕14号）要求，受财政部委托，中国会计学会负责会计名家培养工程的具体组织实施。

会计人才特别是以会计名家为代表的会计领军人才是我国人才队伍的重要组成部分，是维护市场经济秩序、推动科学发展、促进社会和谐的重要力量。习近平总书记强调，"人才是衡量一个国家综合国力的重要指标""要把人才工作抓好，让人才事业兴旺起来，国家发展靠人才，民族振兴靠人才""发展是第一要务，人才是第一资源，创新是第一动力"。在财政部党组正确领导、有关各方的大力支持下，中国会计学会根据《会计名家培养工程实施方案》，组织会计名家培养工程入选者开展持续的学术研究，进行学术思想梳理，组建研究团队，参与国际交流合作，以实际行动引领会计科研教育和人才培养，取得了显著成绩，也形成了系列研究成果。

为了更好地整理和宣传会计名家的专项科研成果和学术思想，中国会计学会组织编委会出版《会计名家培养工程学术成果库》，包括两个系列丛书和一个数字支持平台：研究报告系列丛书和学术总结系列丛书及名家讲座等音像资料数字支持平台。

1. 研究报告系列丛书，主要为会计名家专项课题研究成果，反映了会计名家对当前会计改革与发展中的重大理论问题和现实问题的研究成果，旨在为改进我国会计实务提供政策参考，为后续会计理论研究提供有益借鉴。

2. 学术总结系列丛书，主要包括会计名家学术思想梳理，教学、科研及社会服务情况总结，旨在展示会计名家的学术思想、主要观点和学术贡献，总结会计行业的优良传统，培育良好的会计文化，发挥会计名家的引领作用。

3. 数字支持平台，即将会计名家讲座等影音资料以二维码形式嵌入学术总结系列丛书中，读者可通过手机扫码收看。

《会计名家培养工程学术成果库》的出版，得到了中国财经出版传媒集团的大力支持。希望本书在宣传会计名家理论与思想的同时，能够促进学术理念在传承中创新、在创新中发展，产出更多扎根中国、面向世界、融通中外、拥抱未来的研究，推动我国会计理论和会计教育持续繁荣发展。

会计名家培养工程学术成果库编委会
2018 年 7 月

自序

财政部于 2013 年启动"全国会计名家培养工程",本人有幸入选。根据财政部《会计名家培养工程实施方案》的要求,每位会计名家培养对象除了要提交和发表课题研究成果外,还必须撰写学术自传,梳理其学术思想。一开始,我对撰写学术自传的要求不甚理解,觉得自己似乎还没有到写学术自传的年龄,但开始动手写学术自传时,才意识到及时地回顾自己的学术生涯,系统地梳理自己的学术思想,全面地总结自己的学术观点,其实就是一趟感恩之旅。

回顾求学经历,我十分庆幸自己遇上拨乱反正的好时机,感恩总设计师邓小平同志力排众议,恢复高考,赋予我们这些来自农村的学生通过学业向上流动的机会。回顾学术之路,我十分庆幸自己赶上改革开放的好时代,政治清明,环境稳定,使我们这代人不必像葛家澍教授、余绪缨教授、常勋教授等前辈那样颠沛流离、夹缝求生。回想成长历程,我十分感激恩师栽培指点、领导赏识提携、朋友鼎力相助、同事融洽相处、学生拥戴鼓励。我时常在想,如果 1986 年我在达尔豪西(Dalhousie)大学获得工商管理硕士(MBA)后,选择留在加拿大,而没有回国,那我的人生将是另一番我想也想象不出的景象，但肯定没有机会参与组建厦门国家会计学院，肯定没有机会参与国家级会计审计标准的制定，肯定没有机会出任像中国银行这样知名金融机构的董事，肯定没有机会参与组建像天健这样声誉卓著的会计师事务所，当然也没有机会追随葛家澍、余绪缨、常勋等会计大家。缺少其中的任何一个环节和机会，我都将沦为平庸，难以成才。

1984~1986年在加拿大达尔豪西大学攻读MBA时，我发现为我们授课的会计教授们，在简介和名片上都会同时印上Ph.D,CPA,MBA这三个头衔。询问后得知，MBA代表"宽"，CPA代表"专"，Ph.D代表"深"。"宽""专""深"日后成为我孜孜以求的奋斗目标，我追随这些教授们的足迹，很荣幸也获得这三个头衔，求学、执业的过程也为我形成理论与实际高度契合的治学风格和学术特色奠定坚实的理论和实务基础。

撰写学术自传时，我首先从结缘会计审计曲折历程、师从葛家澍教授感悟治学之道、广开门路（师承常勋教授参与审计、参与国内外会计审计准则的制定、担任中国银行等上市公司独立董事、以民主党派人士的身份参政议政）汲取实务经验以及回顾著述经历等四个方面，系统地回顾30多年来的教学科研历程，记述在我成长成才过程中给予我关心帮助的人和事。其次从"公允价值计量与企业会计准则""企业合并和合并报表""报表分析与财务舞弊"这三个方面，系统地梳理我的学术思想，全面地总结我的学术观点，详细地记载我对会计审计理论和实务的点滴贡献。最后结合自己30多年来教学科研的经历，提出九点体会和认识，与会计学界共勉。为了比较全面地展示本人的学术思想，学术自传后附本人在不同时期撰写的 10 篇代表性论文。

入选全国首批会计名家培养工程，得益于财政部党组高瞻远瞩的人才观和对高端人才培养工作的重视，财政部会计司和中国会计学会为此做了大量的组织和协调工作，付出不少汗水和心血。对此，本人深怀感恩之情，唯有加倍努力工作，在教书育人方面取得更大成绩，为我国会计改革与发展做出更大贡献，才能报答组织的培养之恩。值得一提的是，因教学科研和行政事务繁忙，在全国会计名家培养工程启动时我并没有主动报名，后在中国会计学会副秘书长田志心老师的鼓励下，我才没有与这一人才培养工程失之交臂。

在学术自传的撰写和出版过程中，刘峰教授、陈箭深博士、何凡博士等提供了大量珍贵的历史照片，学院同事洪剑敏老师帮忙对书稿进行润色，我的太太蓝萍女士对书稿做了细致的校对和修改，中国财经出版传媒集团的编辑对书稿的完善提出了宝贵的修改意见，在此一并致谢。当然，学术自传难以保持绝对的客观公正，主观臆断在所难免，敬请读者批评指正。

黄世忠
2018 年 7 月于厦门国家会计学院

目录

第一部分　心仪历史　结缘会计审计　/ 3

第二部分　师从葛老　感悟治学之道　/ 15

第三部分　广开门路　汲取实务经验　/ 31

第四部分　回眸笔耕　梳理学术思想　/ 49

　　一、公允价值会计的研究成果和学术观点　/ **53**

　　二、企业合并与合并财务报表的研究成果和
　　　　学术观点　/ **105**

　　三、报表分析与财务舞弊的研究成果和
　　　　学术观点　/ **135**

第五部分　抛砖引玉　寄语会计学界　/ 151

　　一、懂得感恩，学会珍惜，是成长成才的必经
　　　　之道　/ **153**

二、博闻强记，独立思考，是求学治学的黄金
　　法则 ／ **154**

三、教书育人，为人师表，是传道授业的行为
　　准则 ／ **156**

四、瞻前顾后、顶天立地，是选题破题的有效
　　利器 ／ **157**

五、虚实结合，学以致用，是教学科研的应有
　　态度 ／ **159**

六、与时俱进，跨界思维，是转型升级的必然
　　趋势 ／ **161**

七、审时度势，顺应变化，是教育改革的不二
　　选择 ／ **164**

八、搭建团队，梯次配备，是协同发展的根本
　　保证 ／ **167**

九、承前启后，发扬光大，是学术传承的历史
　　使命 ／ **169**

第六部分　部分代表性论文 ／ ***171***

一、上市公司会计信息质量面临的挑战与思考 ／ **173**

二、安然事件的反思——对安然公司会计审计问题的
　　剖析 ／ **188**

三、美国财务舞弊症结探究 ／ **211**

四、收入操纵陷阱及其防范对策 ／ **232**

五、市场、政府与会计监管 ／ **279**

六、金融危机触发的公允价值论战　／　*299*

七、后危机时代公允价值会计的改革与重塑　／　*310*

八、移动互联网时代财务与会计变革与创新　／　*337*

九、会计的未来　／　*348*

十、会计的十大悖论与改进　／　*357*

第七部分　科研成果统计　／　*381*

一、论文　／　*383*

二、著作、教材、译著　／　*391*

后记　／　*395*

我生于 1962 年 9 月 8 日，自幼生活在城乡结合部，既不是城里人，也不是完全的乡下人。1979 年赶上恢复高考，我以家乡所在县文科状元的成绩，考取厦门大学，在经济系会计专业学习，而后出国留学，回国执教，下海创业，回归教坛，潜心学问。如果用一句话总结我大半生的学术之路，我想应该是"中流自在行"。

"中流自在行"语出南宋大学问家朱熹的一首七言诗，诗云："昨夜江边春水生，艨艟巨舰一毛轻。向来枉费推移力，此日中流自在行。"意思是昨天夜晚江边的春水大涨，那艘庞大的战船轻盈得如同一片羽毛。以往花费许多力气也不能推动它，今天却能在水中央自在地移动。"中流自在行"对我来说有两层含义。

第一层含义是于我们这代人而言。想来，从我最好的时光青年时代开始，正好赶上改革开放。于时代而言，改革开放的大潮就是一江波澜壮阔的春水，使满怀雄心壮志的我们能够随着时代的洪流畅通无阻、顺势而为，从而形成百舸争流的宏伟景象。而葛家澍教授、余绪缨教授、常勋教授以及其他众多前辈和领导则像每一段航程的引路人，指引我避开一个个漩涡暗礁，带领我走进"潮平两岸阔，风正一帆悬"的自在境地。

第二层含义是于我而言。"中流"即处于水流中央，不偏航，不下沉，居中守正，这需要有定力，有智慧，有忍耐，只有保持一颗自在的心才能长期如此，从而在水流中央自在前行。学术上的不偏航，得益于恩师葛家澍教授治学方面的言传身教，我尽量做到研究方向"瞻前顾后"，研究方法"顶天立地"，研究成果"虚实结合"，研究态度"学以致用"。不管任何时候，都千方百计地寻找学问上的中轴线。学问上的厚积累，既得益于国内外的求学经历，也得益于改革开放赋予我从丰富多彩实践中汲取营养的土壤，赋予我施展才华、回馈社会的平台。而于我个人，因为一番追求自由、不愿求人的心性，我从商海大潮回归三尺讲坛；因为一种追求独立人格、不受惑于人的品质，我在事务所的执业、参与准则的制定和公司的治理中坚持操守，尽职尽责；因为一份追求独立之精神、自由之思想的情怀，我在自己选择的学术领域坚定如一、从始而终。

第一部分 心仪历史 结缘会计 审计

都说"人生若只如初见",但我与会计的初见不似想象中的那般美好。细细想来,我与会计的结缘,还真算颇费周折。1979年高考,我报考的第一志愿是厦门大学历史系考古专业,第二志愿是西南政法大学刑侦专业,但却被录取至厦门大学经济系会计专业。考上厦门大学,算是圆梦,但读的是会计专业,却让我颇为失望,从初中开始,我就衷情于历史,从没有想过学会计,更不知道会计为何物。刚恢复高考的那几年,数理化是理科生的首选,文史哲是文科生的挚爱。学会计在当时并不光彩,甚至难以启齿。别人上课,只带书包,我们学会计的不时还要背一个算盘,经常引来异样的眼光,甚至被嘲笑为"铁算盘"。大约是在1980年,厦门大学建南大礼堂播放了一部名为《难忘的战斗》的电影,会计似乎就定格为"戴着瓜皮帽,拿着铁算盘"的迂腐形象。我曾多次申请转到历史系学习,未获得批准。为此,我发奋学习,希望考取历史系的研究生,最终未能遂愿。

在厦门大学会计系学习期间参加课外活动

转折出现在大三时的一个傍晚,我们班的辅导员庄丹老师通知我隔天上午参加全校选拔性英语考试,结果考得不错。事后得知,经济学院(1982年经济系升格为经济学院,会计专业升格为会计系)的创院院长、我国著名教育家、会计学家葛家澍教授十分重视人才培养,全力推动厦门大学与加拿大国际开发署(CIDA)的合作交流项目,为此在全校范围内遴选英语基础比较好的学生,作为赴加留学的人选。英语考试后不久,受葛家澍院长的委托,经济学院当时的党委书记李唯三同志和副院长吴宣恭教授找我谈话,告知我大四可以有两个选择:一是继续读会计专业,毕业后参加工作分配;二是改学英语,毕业留校一年后通过加拿大国际开发署资助的交流项目赴加留学读硕士。在那个国门初开的年代,谁不想留学?我当然选择留学,但又担心留学还要学会计,就问他们留学读什么专业,得到的答复是读工商管理硕士(MBA)。当时,环境闭塞、信息不畅,哪知道工商管理是什么,心想只要不学会计,学什么都行,既然不能学历史了,学工商管理也行,回国后到工商管理部门工作貌似也不错。

在厦门大学上弦场与同班同学合影

第一部分　心仪历史　结缘会计审计

1984~1986年，我有幸赴加拿大达尔豪西（Dalhousie）大学管理学院攻读并获得MBA学位。我真正用心读会计就是在这段时间。24门课程中，我选修了13门会计类（含会计、审计、税务和财务管理）课程①。之所以选修这么多门会计课程，并不是突然喜欢上会计，而是为了在MBA严酷的淘汰制中生存，相比市场营销②、组织行为、战略管理等与制度环境密切相关的课程，这些纯技术性的会计类课程对我来说，可谓piece of cake（小菜一碟），在厦大打下的会计基础足以让我应对自如。记得1984年启程赴加留学时，因签证和机票原因，迟到了将近一个月。上学三天后便有一次会计测试，一不小心考试成绩名列前茅。当时的任课教师John Parker教授问我为何迟到那么久还考得那

在Dalhousie获得的MBA学位证书

---

① 包括Parker教授讲授的Accounting, Advance Financial Accounting; Chesley教授讲授的Managerial Accounting, Advance Managerial Accounting, Accounting Theory; Secord教授讲授的Intermediate Accounting, International Accounting, Seminar on International Accounting; Scott教授讲授的Auditing, Taxation, Advanced Taxation; Lim教授讲授的Financial Statement Analysis; Dipchant教授讲授的Corporate Finance。

② 记得第一次在Dalhousie上市场营销课时，Rothen教授先放一段可口可乐的广告，然后要求大家对该广告进行讨论和评论。当时我十分困惑，一是过去没有看过广告，二是在此之前从未喝过可口可乐。为了缓解这种文化冲击，课间休息时，我在自动贩卖机买了一罐可乐，喝了几口就扔掉了，因为觉得像喝中药似的。中加之间的文化和环境差异，促使来自中国的学生"扬长避短"，偏好技术性课程的选修，尽量回避环境相关的课程。

么好,我告诉他这门课我在厦大已修过。事后回想,由衷赞叹厦大会计系当时一流的本科教育,不仅葛家澍教授、余绪缨教授、常勋教授等会计大家亲自给我们这些本科生授课,而且课程设计也颇具前瞻性、中西合璧、紧跟国际潮流。名师大家为本科生上课,本来是一个很好的传统,可惜的是,后来这个好传统被中断了,我自己在厦门大学任教时,就发现名师和著名教授很少给本科生授课。可喜的是,教育部这几年一再重申教授给本科生上课的重要性,很多学校也出台了相应的规定,教授给本科生上课的传统得以恢复。

值得一提的是,在达尔豪西大学攻读MBA时,我发现为我们授课的会计教授们,在简介和名片上都会同时印上Ph.D,CPA,MBA这三个头衔。询问后得知,MBA代表"宽",CPA代表"专",Ph.D代表"深"。"宽""专""深"日后成为我孜孜以求的奋斗目标,我追随这些教授们的足迹,很荣幸也获得这三个头衔,为我形成理论密切联系实际的治学风格奠定坚实的理论和实务基础。

1986年6月学成回国,在厦门大学会计系任教,我有幸被分配到常勋教授任主任的国际会计教研室,当时教研室的老师还有陈箭深、国桂荣、林开桦、葛方雯、郑耿琳等。走上讲台为厦大会计83

第一部分　心仪历史　结缘会计审计

级学生[1]讲授的第一门课题为"西方财务会计专题",主要讲授合并财务报表的理论和编制方法。那时,国内只有汇总报表,合并财务报表对学生而言,完全是新生事物,且晦涩难懂。期中考试,全班60人只有三人及格,期末考试,只好借助"开根号乘以十"的办法,才使该班避免大面积挂科。不久,厦大举办国际会计师资进修班,应余绪缨教授的邀请,Illinois大学的Vernon K. Zimmerman教授[2]和H.Peter Holzer教授前来讲学,我还客串当了一学期的课堂翻译。学期结束计算课酬补贴时,当时的标准是上课每天补贴5元,但最终只给我每天2.5元的补贴,理由是,老外讲一半,我翻译一半。厦大在会计计量方面的精准性,令人叹为观止!

创建于1818年的达尔豪西大学行政楼

---

① 该班出了大名鼎鼎的刘峰教授。
② Zimmerman是Littleton教授的学生,国际会计教育的开拓者,他于1966年创办了International Journal of Accounting,旨在从国际角度增进学术界和职业界对会计理论和实务的了解。Zimmerman教授长期担任该学术杂志的主编,并聘请其好友余绪缨教授担任杂志的编辑。著名会计学者Holzer教授也担任该杂志的编辑。

1986~1989年期间，每周只需上四节课，清闲之余，在会计青年才俊文硕的带领下，我参与了《世界会计审计名著译丛》的翻译工作，主译和参译了《实证会计理论》（1988）、《会计理论结构》（1988）、《会计基本理论说明书》（1988）、《比较国际会计》（1989）等四部名著。《世界会计审计名著译丛》是改革开放以来，我国会计界年轻学者第一次自发组织的大规模、系统性地将全世界经典的会计审计名著翻译引进中国的学术活动，先后翻译出版了30多部名著，为封闭已久的中国会计界打开了一扇了解外部世界的窗户，使很多人不出国便可洞悉世界先进的学术思想，自此之后，我国会计硕士博士论文的参考文献焕然一新，学术氛围更加活跃。文硕现虽已改行从事影视和音乐剧文化业，但他在引进世界会计审计名著的独特贡献，值得会计学术界铭记。于我而言，参与这项庞大的会计学术公益活动，不仅使我较为全面、系统地了解世界顶尖的学术思想，也使我有机会为国内学术研究贡献绵薄之力。在翻译的过程中，我确实感受到，翻译一本书有时比写一本书更难，翻译中要做到常勋教授在本科时代给我们上《会计专业英语》时一再强调的"信、达、雅"，更是难上加难。与其他高校一样，翻译在厦大并不算科研

与陈箭深博士等合译的《比较国际会计》

与陈少华教授等合译的《实证会计理论》

1988年出版的著作

成果。我们耗时费力翻译的名著也不计稿酬,唯一的报酬是中国商业出版社给每位译者免费赠送20本书。尽管如此,我们除了上课,就是没日没夜地翻译。一本名著的翻译,三个人合作,通常得耗费6~9个月的时间才能完成。心有良知璞玉,笔下道德文章,本应是治学之道,但现在一本书的翻译据说两周至一个月就可完成,对此,我承认我是不屑的。我曾对着原著看过几本翻译的会计教科书,看完后对翻译的质量实在不敢苟同,以至于自此之后我基本不看翻译的学术著作和论文。从一定程度上说,翻译就是一种再创作,高质量的翻译作品,其社会贡献丝毫不亚于论著。可惜的是,高校普遍不将翻译当作科研成果。长此以往,翻译作品的质量堪忧,对学术交流和学术思想的传播极为不利。

与"吃力不讨好"的翻译相比,这一时期我财务收获最为丰厚的,当属在香港出版了《会计实务精要》(1988)和《财务管理实务》(1989),香港商业出版社通过熟人转交给我一万元港币现钞作为这两本书的稿酬时,我激动得如同中了彩票,那可是一笔不小的财富(当时我每月工资不足百元)和珍贵的外汇啊!这里,我要特别感谢我的太太(大学同班同学)。当时没有电脑,我手写的书稿太潦草,幸好太太写得一手工整秀气的钢笔字,在我的求助下,她帮我承担了稿件的誊写任务。由于从小到大在国内学的通用文字都是简体字,我太太只好对照新华字典,将书稿逐字逐句转换为繁体字。太太白天上班,下班誊写书稿,着实辛苦。为此,我主动提出,买菜洗碗我全包,稿费悉数上缴。由此,我也体会到求人代价太高,求太太也不例外。

第二部分

师从葛老 感悟治学之道

第二部分　师从葛老　感悟治学之道

参加博士论文答辩时与答辩委员会合影

　　记得1988年的秋天，我国第一个经济学（会计学方向）博士、葛家澍教授的大弟子林志军博士在会计系的办公室找我谈话，询问我是否有兴趣师从葛家澍教授攻读博士。我读本科时，葛老师就已声名远扬，令莘莘学子仰之弥高，能够拜如此德高望重的学界泰斗为师，真乃三生有幸。隔天下午，林志军博士就带我到毗邻南普陀寺的凌峰宿舍楼拜见葛老师。尽管距今已30多年，拜师的情景依然历历在目。葛老师那时虽已67岁，但看起来也就50出头，身着中山装，威严中透露出慈祥和睿智。在摆满著作和杂志、铺满书稿、充斥书香的明亮书房里，葛老师详细询问了我在加拿大的学习和生活情况，当下表示愿意收我为徒，前提是必须通过博士生资格考试，为此，葛老师还特地介绍数学系的高鸿业老师为我辅导高等数学。1989年9月，我顺利考取，在职攻读会计学博士，历经四年的学习，1993年9月通过题为《论股份制改造中的资产评估问题》的博士论文答辩，获得经济学（会计学方向）博士。

与导师葛家澍教授合影

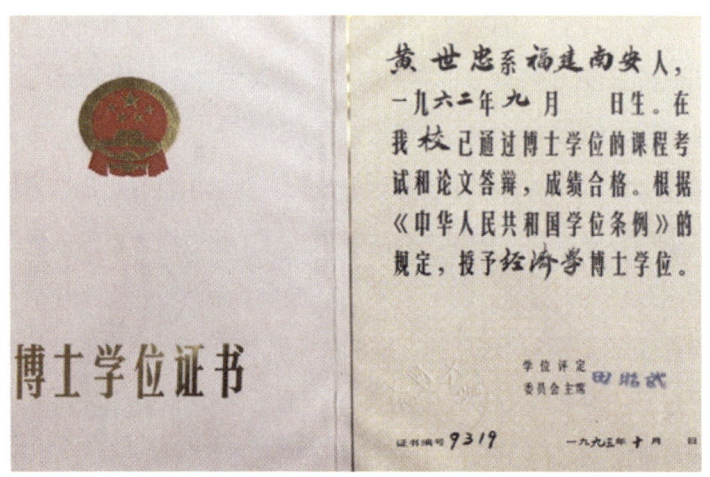

在厦门大学获得的博士学位证书

师从葛老师之前,我只是在达尔豪西大学选修过《会计理论》(使用的教材是我爱不释手,至今仍不时翻阅的Elden S.Hendriksen撰写的*Accounting Theory*和A.R.Belkaoui撰写的*Accounting Theory*)一门课,后来通过《世界会计审计名著译丛》的翻译项目,虽然阅读了一些会计理论的著作,但比较零散和杂乱。攻读博士期间,葛老师要求我们阅读了大量富有思想性的会计名著,如坎宁(John B.Canning)的《会计学中的经济学》(*The Economics of Accountancy*,1929),佩顿(William A. Paton)和利特尔顿(A.C.Littleton)合著的《公司会计导论》(*Introduction to Corporate Accounting Standards*,1940),莫立茨(M.Moonitz)的《会计的基本假定》(*The Basic Postulates of Accounting*,1961),爱德华兹(Edgar O.Edwards)和贝尔(Philip W.Bell)的《企业收益的理论与计量》(*The Theory and Measurement of Business Income*,1961),斯普罗斯(Robert T.Sprouse)和莫立茨(M.Moonitz)合著的《一套尝试性的广义企业会计准则》(*A Tentative Set of Broad Accounting Principles for Business Enterprises*,1962),斯威尼(Henry W.Sweeney)的《币值稳定会计》(*Stabilized Accounting*,1964),钱伯斯(Raymond J.Chambers)的《会计、评价和经济行为》(*Accounting, Evaluation and Economic Behavior*,1966),斯特林(R.R.Sterling)的《企业收益计量理论》(*Theory of the Measurement of Enterprise Income*,1970),等等。至于美国财务会计准则委员会(FASB)和国际会计准则委员会(IASC)发布的财务报告概念框架系列公告和美国会计学会(AAA)发表的专题研究报告,更是必读书目。葛老师不仅要求我们通读这些名著

师兄弟姐妹与导师葛家澍教授师母钮静安合影

和权威文献,力争烂熟于心,而且要求全体博士生定期作读书报告,交流学习心得,讨论不同学术观点。葛老师对会计审计原著和权威文献的执着和重视,使我们受益匪浅,为之后的学术研究奠定了扎实的理论基础。后来我自己当了博士生导师,就"如法炮制",严格要求博士生们一定要多读原著和权威文献,条件许可的情况下,最好读原汁原味的英文著作和文献。

师从葛老师,使我有机会拜读并近距离深入了解葛老师富有深邃思想的代表著作,如《必须替借贷记账法恢复名誉》(1978)、《论会计理论的继承性》(1980)、《财务会计的本质、特征及其边界》(2003)、《市场经济下会计基本理论与方法研究》(1996)、《会计学导论》(2003)、《会计理论:关于财务会计概念结构的研究》(2003)、《财务会计理论研究》(2006)、《公允价值会计研究》(2011)、《现代西方会计理论》(2011)等等,从中汲取了大量的理论养分,为后来的教学科研夯实了理论根基,拓宽了研究视野。更重要的是,从葛老师汗牛充栋的著述中,我逐渐领会到了"独立之精神、自由之思想"的真谛。葛老师在"文革"中吃尽苦头,但他并没有因此明哲保身,而是在政治气氛仍然相当保守的年代,发表了震耳发聩的《必须替借贷记账法恢复名誉》檄文,为我国会计学术界拨乱反正打响了第一炮,为我国会计界学习借鉴国际先进会计理念和方法扫清了思想障碍,足见葛老师勇于担当的精神和富有正义的责任心,彰显了坚韧不拔、追求公平正义的中国知识分子精神。

葛老师平时待我们和蔼可亲,但治学要求却十分严格和严谨。

向葛家澍教授祝寿时合影

攻读博士期间,我先后担任厦门大学会计师事务所的部门经理和副主任会计师,花费大量时间在审计鉴证和资产评估等业务上,博士论文的撰写进度难免受到影响。葛老师要我自己提出论文截稿期,截稿期前一个月的一天早上,葛老师电话就来了,"世忠啊,注册会计师最讲信用,你可不能破例噢!"。收到这个看似温柔的最后通牒后,我压力巨大,就暂停了在事务所的全部业务,终于赶在截稿期前完成了论文。提交论文大约半个月后,葛老师将修改得"体无完肤"的论文退给我。羞愧之余,也切身感受到了葛老师一丝不苟的严谨治学作风。

与葛家澍教授、黄强(时任厦门市财政局局长,现任厦门市委常委、常务副市长)合影

葛老师长期致力于财务会计基本理论的研究,从早期研究会计对象提出的"资金运动论"、研究会计本质提出的"信息系统论"等,到后期研究会计假设、会计原则、会计目标、报表要素、确认标准、计量属性、财务报告等提出一系列独树一帜的学术观点,在概念框架、会计假设和会计原则等方面形成了极为丰富的会计思想,影响了几代会计人,也激发了我的研究兴趣,帮我确立了研究方向。我这几年主要研究公允价值会计、财务报告概念框架、技术进步和商业模式创新会计与财务的影响,就是葛老师会计思想对我学术道路产生影响的印记。得益于葛老师治学方面的言传身教,理论密切联系实际,会计理论来自实践、并用于解释和指导会计实践的研究理念,在葛老师的弟子们身上清晰可见,蔚然成风。

葛家澍教授撰写的影响巨大的专著

葛家澍教授主编的广受欢迎的教材

进入耄耋之年后,葛老师依然思维敏捷,笔耕不辍,教书育人,泽被弟子。我查阅了相关资料,葛老师在 80 高龄之后,为我国培养了 33 个博士,发表了 153 篇学术论文和 7 部著作,内容涵盖了概念框架、会计准则、财务报告、公允价值等领域。葛老师这种"学而不厌,诲人不倦"的治学精神,深深感染了其弟子们,让我们这些学生一刻也不敢懈怠。这几年无论行政事务有多繁忙,我每天都坚持研习专业知识,收听英语广播,阅读英文资料,一有闲暇时间就更新课件,教学科研工作量在厦门国家会计学院的教师中始终名列前茅。当然，我们再勤奋，也比不上葛老师那种持之以恒、数十年如一日的辛勤耕耘、专注敬业的治学精神。

葛老师不仅传道授业解惑，而且用其伟大的人格魅力感召其弟子，对学生产生潜移默化的影响。葛老师经常教导我们，做人要大度、厚道、宽容、诚信、正直，要有奉献精神，不能媚上欺下。作为其弟子，我不仅严格遵循师训，而且也要求我的学生尽可能做到。乐于助人，关心学生，是弟子们对葛老师和葛师母的共同印象，"达则兼济天下，穷则独善其身"也是葛老师时常教导我们的，久而久之，葛老师经常引用的孟子名句也成为我给毕业生题词的首选。葛老师温文尔雅，平易近人，弟子们无论遇到学业问题还是事业问题，甚至是家庭问题，首先想到的是寻求葛老师的指点。1998年我离开厦大创办厦门天健会计师事务所，尽管很快就将天健做成福建省最大的事务所，但到处求人的工作氛围令我很不适应，加上身体透支且无暇顾及家人，让我十分困扰。举棋不定之际，葛老师与我促膝长谈，指出我具有"不愿求人""追求人格独立"的性格特征，不是经商做生意的料子，但适合从事教学科研工作。葛老师的指点迷津令我茅塞顿开，加上太太坚决支持，2001年初我毅然决然回归厦门大学，重拾教鞭，重新追求独立人格、悠然自得的教书匠生活方式。

云在青天水在瓶，重返厦大的两年多时间，是我日子过得最惬意的时光。举头看明月，低头读华章，除履行厦大管理学院副院长的行政职务外，其余时间心无旁骛，专心致志从事教学科研，算是度过一段"白云依静渚，芳草闭闲门"的好时光。2003年5月，在

第二部分　师从葛老　感悟治学之道

与陈箭深博士一起陪同张为国教授拜访葛家澍教授

高颜值的厦门国家会计学院校园

第二部分　师从葛老　感悟治学之道

依山傍海风景旖旎的厦门国家会计学院校园

时任财政部部长助理、长期主持我国会计改革和预算改革工作的冯淑萍女士的关心提携和葛老师的积极鼓励支持下,我调动到厦门国家会计学院工作,任分管教学科研的副院长,参与厦门国家会计学院的组建,见证了厦门国家会计学院的成长和壮大。如果没有记错,我应该是最早到厦门国家会计学院任职的五个员工之一。当时,按照财政部领导的要求,厦门国家会计学院要边筹建边培训。在没有办公场所、人员没有到位的情况下,我自己开拓培训市场,自己印制课件、自己上台授课、自己收取培训费用。好在葛老师的儿子葛南翔博士(时任厦门国际银行副行长)帮忙,我为厦门国际银行的信贷人员讲授了四天的"财务报表分析",获取的8万元培训费成为厦门国家会计学院2003年的唯一收入。2004年10月,厦门国家会计学院才正式建成投入使用。回想参与厦门国家会计学院的筹建岁

厦门国家会计学院班子为优秀毕业生和优秀导师颁奖

月,真有"筚路蓝缕,勠力前行"的感觉。厦门国家会计学院成立后,作为副院长,我主要分管教务、教研和研究生学位教育工作。2016年4月,承蒙财政部党组信任,我担任厦门国家会计学院院长,主持教学、科研和其他行政工作。这些年来,尽管行政事务缠身,我也不敢忘记葛老师的嘱咐,仍然坚持在厦门国家会计学院教学科研的第一线,并在厦门大学会计系继续招收和指导博士生、会计专业硕士(MPAcc)和高级工商管理硕士(EMBA),为国家经济建设培养会计、财税和管理人才。在财政部的坚强领导下,在国家会计学院董事会办公室的具体指导下,经过教职员工十五载的辛勤工作和奋力拼搏,厦门国家会计学院已经发展成为集高端培训(年培训学员逾5万人次)、学位教育(会计、税务、审计三个专业硕士学位,在校硕士研究生约300人)和智库建设(由"一带一路"财经发展研究中心、中国财

与厦门国家会计学院党委书记刘光忠博士一起参加硕士研究生学位授予仪式

在首届"一带一路"财经发展论坛发表主旨演讲

务舞弊研究中心、政府综合财务报告研究中心以及财务会计与审计研究所、管理会计与财务管理研究所、财政与税收研究所、经济与管理研究所组成的智库体系）于一体、致力于培养国际化、专业化、复合型高端人才的院校，力争早日建成国际知名的会计学院。

第三部分 广开门路 汲取实务经验

第三部分 广开门路 汲取实务经验

理论与实际高度契合，是我学术研究的鲜明特色。这方面除了得益于恩师葛家澍教授孜孜不倦的学术教诲，也离不开常勋教授在实务方面的栽培和提携，更离不开准则制定和担任独立董事的独特经历。我这一生最幸运的是，学术方面师从葛老师，打下了扎实的理论基础，实践方面追随常老师，汲取了丰富的实务经验。而参与准则制定和担任多家上市公司独立董事的经历，进一步扩大了实践基础。当然，以民主党派人士、人大代表和政协委员的身份参政议政，也赋予我近距离了解我国国情和制度背景的绝佳机会。这些独特的经历，涵养了我"虚实结合"的研究风格。

第一次遇见常老师，是在1981年。那年我19岁，负笈求学。当时，常老师给厦大会计79级讲授《会计专业英语》。讲台上的常老师声若洪钟，风度翩翩，气宇轩昂，谈笑风生。直至毕业后，我才偶然得知常老师那时刚结束长达20年的牢狱之灾。错愕之余，是深深的敬佩。从青壮年起，就遭受炼狱般的磨难和不公平的对待，却在过了天命之年还能有如此爽朗的笑声，足见常老师的胸襟之博大！命运待他不公，耽误他20年的好时光，重返教职后，却著作等身，高瞻远瞩，在国内开启国际会计领域的先河，足见常老师的学术功底之深厚。过了花甲之年，常老师创办会计师事务所，维护市场秩序，服务经济发展，足见常老师的实务根基之扎实。在古稀之年，仍心系教育，出任厦门第一所民办大学（华厦学院）的校长，硕果累累，泽被后人，足见常老师的教育情怀之热忱。

相处久了，常老师偶尔也会跟我们谈起他那段不堪回首的艰辛岁月。在我的记忆里，谈到受迫害的往事时，常老师从未口出怨言，也从不指责任何人，对祖国总是一往情深。回忆完往事，常老师总会说，比起其他人，特别是他的圣约翰大学校友，他已算幸运，都过去了，要朝前看！我想，常老师这种不怨天尤人、以德报怨、开阔豁达的人生观，于自己是中国历代知识分子所推崇的一种随遇而安的超然心境，于祖国则是一腔甘于奉献、情真意切的拳拳赤子情怀。2017年2月8日参加常老师的骨灰安葬仪式，看到常老师自己题写的墓志铭"晚年方遂平生愿不枉拳拳报国心"，既感伤悲，更添敬仰。

与陈箭深博士一起与国际会计两位大师常勋教授和Paul Garner教授合影

第三部分 广开门路 汲取实务经验

1988年，常老师创办了厦门大学会计师事务所（以下简称厦大所），为厦大会计系的师生提供了一个理论密切联系实际的宝贵平台。那年我26岁。自此，我和陈箭深等就一直是常老师精心栽培的徒弟，正是在常老师耳提面命的教诲下，我最终成长为厦大所的骨干，从审计员、部门经理一直做到副主任会计师，为福建省和厦门市的许多企业和上市公司提供审计服务，积累了十分难得的实务经验[①]。1998年，根据财政部脱钩改制的要求，我与陈箭深等以厦大所的班底为基础，创立了厦门天健会计师事务所（以下简称天健所），我担任首席合伙人兼主任会计师，并聘请葛老师和常老师担任高级顾问。那年我36岁。不久，我和姚立中、陈箭深等带领团队加盟由陈

常勋教授带领审计团队与厦门汽车股份公司交换审计意见

---

① 常勋教授带领我、陈箭深博士和其他徒弟做了不少审计，印象最深刻的是做外商投资企业新潮手套和新加坡大华银行的审计，当时我国还没有审计准则，审计底稿只印制事务所的名称，其余都是空白的，完全靠专业判断自由发挥。常勋教授解放前在会计师事务所工作过，积累了丰富的执业经验，我们做这两家企业的审计，可以说是常勋教授手把手教的，包括如何拟定审计计划、如何编制审计底稿、如何复核审计底稿、如何撰写审计报告。

建明、朱琪珩、胡少先和我以及其他合伙人联合发起设立天健会计师事务所集团[①]。直至2001年回归厦大，我在事务所执业了13个春秋，涉足审计、咨询、评估、税务等业务，审计的客户既有国有企业（如厦门建发集团、厦门国贸股份等）、金融机构（如民生银行、大华银行、厦门证券等），也有外资企业（如美国AB和瑞士ABB等）和上市公司（如厦门建发、厦门国贸、厦门机场、福建高速等）。事务所的执业经历，弥足珍贵，让我有机会广泛接触实践，汲取了宝贵的实务经验，使以后的教学科研更接地气，更具问题导向。

参加天健合伙人大会暨专题研讨会

[①] 天健会计师事务所集团的发起单位共有四家，分别是北京天健、深圳天健、浙江天健和厦门天健。后来，因发展理念差异和客观形势变化等因素，北京天健和深圳天健加入了德勤，厦门天健加入了容诚，浙江天健更名为天健会计师事务所。事实上，我和陈建明、陈箭深、王越豪、王鹏程等人担任中注协审计准则组成员时，就设想成立一家全国性的会计师事务所。当准则组成员随时任财政部副部长张佑才赴法国参加第十四届会计师国际大会，以及后来随时任中注协秘书长丁平准赴美国访问AICPA、FASB和安达信芝加哥培训中心时，这种想法就更强烈了。1999年，天健会计师事务所集团终于成立。最初事务所拟使用"泛华""华天"等名称，后经德高望重的杨纪琬司长指点，确定命名为"天健"，寓意"天行健，君子以自强不息"。

第三部分　广开门路　汲取实务经验

参加国内外会计审计标准的制定和咨询，是我汲取实务经验的第二个渠道。承蒙财政部领导的信任，我从1992年起就以中国注册会计师协会审计准则组成员的身份，与陈建明、刘明辉、秦荣生、王越豪、陈箭深、马贤明、王鹏程、张龙平等一起，参与我国审计准则的起草、制定、修订和培训工作，在国内外做了大量的实地调研。那时，国内审计准则仍处于空白阶段，审计准则组成员在借鉴美国、国际和中国港台地区审计准则的基础上，深入调查研究，总结内地实务的良好做法，精心起草审计准则，广泛征求各方意见，为中国注册会计师协会颁布一大批奠基性的审计准则和实务公告立下汗马功劳[1]，为我国注册会计师事业的规范发展做出重大贡献。

独立审计准则组与中方专家咨询组合影

---

[1] 值得说明的是，我们参与审计准则的起草和制定工作纯属义务，不仅分文未取，而且必须自带电脑，自找资料，差旅费经常自掏腰包，中注协只负责提供颇为简陋的住宿条件。可以说，当时的审计准则组是由一批志同道合、热衷于审计理论和实务研究而走到一起的年轻人组成的。尽管工作条件艰苦，但审计准则组的成员无怨无悔，因为这种专业历练弥足珍贵，更是财政部和中注协领导的信任。迄今，审计准则组的成员大都事业有成，且成为好朋友，保持密切联系。

国际财务报告准则咨询委员会全体委员合影

第三部分 广开门路 汲取实务经验

承蒙财政部领导的厚爱和信任,本人后来又以财政部会计准则咨询委员会委员、财政部会计准则委员会委员、财政部会计标准战略委员会委员的身份,参与我国企业会计准则的制定咨询和教育培训工作,为我国会计准则的完善和国际趋同献计出力。

参加财政部在人民大会堂召开的会计审计准则发布会

经财政部推荐,2012~2016年我连续两届当选为国际报告准则(IFRS)咨询委员会委员,每年三次赴伦敦参加国际财务报告准则的咨询会议,获取了大量一手珍贵资料,结识了Hans Hoogervorst(IASB主席)、Michel Prada(IFRS受托人委员会主席)、Joanna Perry(IFRS咨询委员会主席)等会计名流,并多次邀请Hans Hoogervorst主席、张为国教授、Darrel Scott等国际会计准则委员以及Michael Wells(IASB教育总监)到厦门国家会计学院作学术报告。参与国内外会计审计标准的制定,不仅赋予我回馈行业、服务社会的机会,也让我受益匪浅,加深了对国内外会计审计制度背景的认识,使我在教学科研上能够得心应手地把握难点、热点和重点问题。

与国际会计准则委员会主席汉斯先生合影

参加国际财务报告准则制定的咨询活动,深感准则的制定是一个充满博弈和妥协的过程。体会最深的有三点:一是国际财务报告准则的认可度不断提高,高质量的全球性会计准则体系已经形成。2001年改组以来,国际会计准则理事会(IASB)及其前身国际会计准则委员会(IASC)发布的国际财务报告准则(IFRS)和国际会计准则(IAS)的认可度不断提高。IASB的研究报告显示,截至2017年10月,在150个国家和地区(占全球GDP的98.6%)中,有126个国家和地区(占84%)要求所有具有公共受托责任的上市公司和金融机构采纳IFRS,13个国家和地区(占9%)允许或要求一些具有公共受托责任的上市公司和金融机构采纳IFRS,这139个国家和地区的GDP占到全球GDP的55%,不允许采纳IFRS的国家和地区仅占7%!影响力巨大的20国集团(G20),均公开承诺支持IFRS作为一套高质量的全球会计准则,其中14个国家要求在资本

第三部分 广开门路 汲取实务经验

在国际会计准则委员会伦敦总部留影

市场上市的所有或大部分公司采纳IFRS，3个国家（印度、日本和美国）允许国内上市公司和外国上市公司以自愿方式采纳IFRS，1个国家（中国）的会计准则已经与IFRS实现实质性趋同，1个国家（沙特阿拉伯）允许银行和保险公司采纳IFRS，1个国家（印度尼西亚）允许采纳少数IFRS但还没有宣布全部采纳IFRS的时间表。由此可见，一套高质量的全球性会计准则影响日益扩大。迄今为止，欧盟是采纳IFRS的大户，美国、中国、日本是决定IFRS能否成为名副其实的全球准则的关键。美国态度暧昧，若即若离，短期内采纳IFRS的可能性不大，但允许在美国上市的外国公司采纳IFRS。日本前几年观望态度明显，与美国亦步亦趋，但近年来越来越多的上市公司自愿采纳IFRS，其市值占27%以上。中国基于国情和立法的考虑，选择了与IFRS趋同但不等同的策略。

二是我国会计准则与国际财务报告准则的差异率逐步缩小，会计准则趋同成效显著。自2007年起，我国开始实施与IFRS高度趋同的企业会计准则,2009年10月,世界银行在实地调研的基础上,就我国会计准则与IFRS趋同和实施有效性发布的评估报告指出:"中国改进会计准则和实务质量的战略已成为良好典范,并可供其他国家仿效。"2010年4月,财政部发布了《中国企业会计准则与国际财务报告准则持续趋同路线图》,重申了我国会计准则与IFRS保持动态持续趋同的立场和决心。经过几年的不懈努力,我国会计准则与IFRS的趋同成效显著,差异逐步缩小,并先后与欧盟、中国香港实现了会计准则等效。

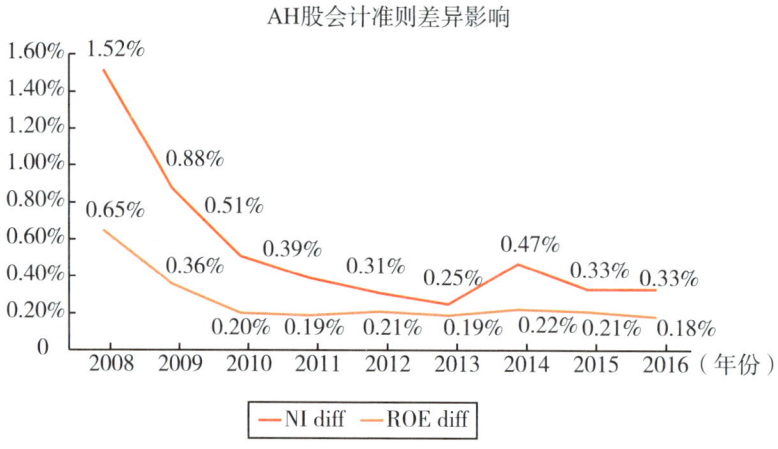

AH会计准则差异对净利润和净资产收益率的影响

数据来源:财政部

值得说明的是,财政部通过各种方式,多方筹措资金,2016年向IFRS基金会捐赠了209万英镑,中国的捐赠额仅次于欧盟(381万英镑),高于日本(196万英镑)、英国(86万英镑)、法国(85万英镑)、美国(76万英镑)和德国(75万英镑),以实际行动彰显了支持IFRS的立场。

三是国际社会对我国的期望值与日俱增，会计准则趋同压力巨大。尽管我国会计准则与IFRS实现了持续趋同，与IFRS的差异微乎其微（主要体现在公允价值的运用范围、共同控制下的企业合并、资产减值转回等方面），但国际社会对我国会计准则向前再迈出一步寄以厚望，IFRS基金会和IASB在不同场合均表达希望我国由趋同（Convergence）战略转向全面采纳（Full Adoption）的强烈愿望。IASB主席Hans Hoogervorst多次说过，既然中国会计准则与IFRS只差一小步，为何不再往前迈出一小步？此外，IFRS咨询委员会的多数委员也对我国的趋同策略持谨慎怀疑和不信任态度，他们更倾向于全面采纳的做法。财政部会计司和我方的代表，不得不再三解释中国全面采纳IFRS的实际困难和理由。

担任独立董事，是我汲取实务经验的第三个渠道。2002~2013年期间，我先后担任了厦门建发、厦门机场、厦门钨业、湖南九芝堂、鹏华基金、厦门国际港务、中钢股份、中国银行等境内外上市公司和基金公司的独立董事和审计委员会主席，直接参与重大经营决策和财务决策，增进了对公司治理的感性认识，为教学科研积累了丰富的素材。其中，2007~2013年期间担任中国银行的独立董事兼稽核委员会主席、风险政策委员会委员、薪酬委员会委员和关联交易委员会的经历尤其难忘，有机会与肖钢（时任中国银行董事长）、李礼辉（时任中国银行行长）、梁定邦（香港大律师、香港证监会前主席）、佘林发（新加坡淡马锡高级副总裁）、戴国良（新加坡星展银行前首席执行官、纽约-泛欧证券交易所董事）、周文耀（香港联交所前执行董事、行政总裁）、Peter Cooke（英格兰银行前副董事长）、F.A.Goodwin（苏格兰皇家银行总裁）、Alberto Togni

（瑞士银行副董事长）、Naut Wellink（荷兰中央银行前行长、巴塞尔银行监督委员会前主席）等国内外知名的金融专家共事六年，向他们学习了不少金融知识。特别是担任中国银行稽核委员会主席不久，就遇上了美国次贷危机及其引发的全球性金融危机，衍生金融产品如住房抵押贷款支持证券（MBS）、资产支持证券（ABS）、抵押债务债券（CDO）、信用违约互换（CDS）的估值方法、减值计提和风险披露面临极大挑战，深刻领会到公允价值会计的双重性——较高的相关性和较低的可靠性。

在中国银行担任独立董事和稽核委员会主席时的留影

以民主党派人士的身份参政议政是我汲取实务经验的第四个渠道。我加入中国民主建国会纯属偶然。1986年从加拿大学成回国后，正值改革开放热潮，民主党派迎来发展的春天。1988年10月的一个中午，我还在厦门大学海滨16号楼603宿舍（至今仍未安装电梯）午休，突然听到敲门声，开门一看，一个老者气喘吁吁，脸色发白,我赶紧让他进门坐下喝水。稍事休息后,这位老者告诉我,他是国贸系石景云教授,同时兼任民建厦门市委的主委。石景云教授是从事世界经济研究的大名鼎鼎的教授,他快人快语,简要介绍了民建这一民主党派以及厦门民建的背景,希望我加入民建。说实在的,我当时对民主党派几乎一无所知,故要求石景云教授让我考虑考虑。大约三天后的一个中午,我的午休又被中断了,这次不是敲门声,而是听到有人在楼下大声叫喊我的名字,开门一看,原来是石景云教授,走到三楼走不动了,我赶紧从六楼跑下三楼。他问我加入民建的事考虑得怎么样了,我本想说还没有考虑好,但看到这位德高望重的老教授不辞辛苦诚邀我加入民建,实在于心不忍。

厦门市委常委、统战部长张灿民与民建厦门市委新一届领导班子合影

就这样，我在 1988 年 10 月加入民建了。通过石景云教授的引荐，我有幸成为民主党派的一员，现担任民建中央委员和财政金融委员会委员、民建福建省委副主委、民建厦门市委主委。因为在民主党派兼任一些职务，我有幸被选举为福建省人大常委会委员和财政经济委员会委员（2013 年至今）、厦门市政协副主席（2011 年至今）。

应邀为北大汇丰商学院作讲座

政治协商、民主监督和参政议政是民主党派的三大职责。民建是由经济界的企业家和专家学者组成的参政党。加入民建并担任政协委员和人大代表后，不仅让我有机会近距离了解中国共产党领导的多党合作制度，而且让我有机会与民营企业家会员亲密接触，了解企业家的所思所想。这对于我在教学科研工作中深入了解国情和制度背景弥足珍贵，避免把自己封闭在象牙塔里。反过来，我所秉持的"用数据说话，靠凭据做事"的会计精神，有助于我在参政议政中形成颇具特色、颇受好评的风格。最近五年，我与民建厦门市委班子成员一起，以高度的政治责任感，发挥民建联系经济界别的优势，围绕厦门市委市政府的中心工作，参政议政、出谋献策，在参政议政中发挥表率作用，执笔、参与和指导的调研课题15篇，如《关于改革和完善厦门市财政体制的研究》《加快两岸区域性金融服务中心市场主体和平台建设的建议》《关于推进厦漳泉金融同城化的建议》《厦门市东渡港搬迁的成本效益分析》《关于发展厦门航运金融的建议》《改革和创新厦门市轨道交通投融资体制机制》《关于进一步增强厦门与金砖国家经贸往来的建议》《人口老龄化、企事业单位并轨下的养老金统筹问题研究》《关于提升厦门市轨道交通可持续发展能力的建议》《产业转型升级对标深圳的政策建议》等。近年来，作为福建省人大代表，我在履职期间提交了下列主要议案和建议：关于尽快制定《福建省社会救助》的议案，关于尽快出台《福建省预算决算审查监督条例》的议案，关于继续推动完善九龙江重点流域水环境整治和生态补偿机制的议案，关于加强福建省特殊教育的建议，关于推进福建省自贸区投资和金融自由化的建议，关于加强福建省自贸区金融风险管理的建议，关于设计福建省自贸区建设成效评估指标体系的建议，关于在福建省自贸区大力发展融资租赁的建议，关于在福建省自贸区加强与台湾金融合作的建议，关于在福建省自贸区实行大数据金融监管的建议，关于在福建省地铁建设中推广实施PPP的建议，关于大力提升福建省预决算公开度的建议，关于进一步加强福建省地方政府债务管理的建议，进一步明确社会资本办医功能定位的建议，关于统筹福建省邮轮产业发展的建议等。

在华为监事会和审计委员会作讲座

我汲取实务经验的四大渠道，既得益于葛老师的鼓励、常老师的引领和财政部、统战部领导的信任，对此我感恩不尽，更得益于改革开放的大环境，对此我十分珍惜。我1986年从加拿大学成回国，正好赶上我国的改革开放大潮，解放思想、接轨国际蔚然成风。幸运的是，我比同辈人早几年系统地接受了西方会计理论和实务的教育，让我有机会在发展社会主义市场经济和中国资本市场进程中学以致用，将国际上先进的会计思想、会计理论和会计方法用于事务所的执业、准则的制定和公司的治理，甚至用于参政议政。正因为我们这代人被时代赋予这独特的实践机会，我们的教学科研才得以生机盎然、百花齐放，才没有停留在自娱自乐、死水一潭的象牙塔里。会计是一门应用学科，脱离实践的教学科研将成为无本之木、无源之水。规范研究也好，实证研究也罢，都依存于会计实践提供的养分、土壤和阳光。

第四部分

回眸笔耕　梳理学术思想

第四部分　回眸笔耕　梳理学术思想

　　长期以来，我一直从事财务会计方面的教学科研工作，具体包括三个领域：一是国际会计与会计准则；二是企业合并与合并报表；三是报表分析与财务舞弊。就研究重点而言，我在国际会计与会计准则领域侧重研究概念框架方面的会计计量属性，特别是公允价值会计，在企业合并与合并报表领域侧重研究控制观念、编制方法和经济后果，在报表分析与财务舞弊领域侧重研究经营战略和商业模式与财务分析的融合、财务舞弊的动机和手段，审计失败的案例剖析等。研究脉络如下图所示。

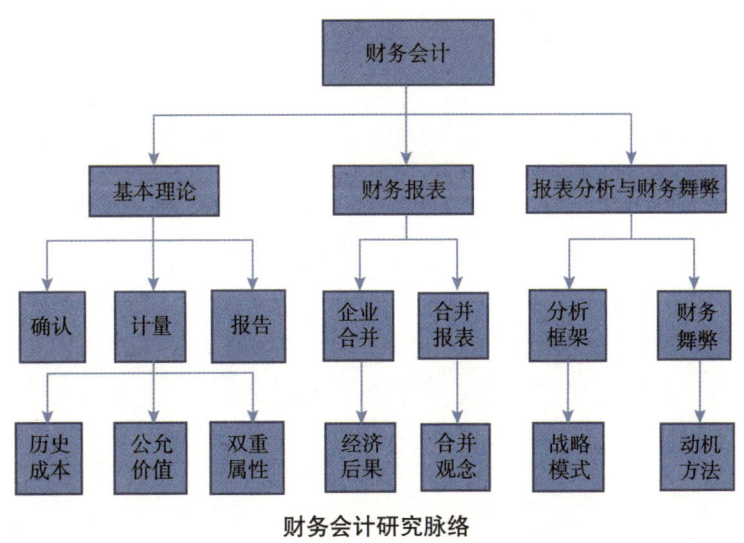

财务会计研究脉络

财务会计涵盖的领域很宽泛,我的研究兴趣主要聚焦在三个方面:(1)公允价值会计的影响分析;(2)企业合并的经济后果及合并观念对合并报表的影响;(3)报表分析的融合(报表分析与经营战略和商业模式的融合)性逻辑框架以及财务舞弊对报表分析的影响。这三个研究领域既相互独立,又互相关联,研究成果在一定程度上有助于促进财务报告目标(有助于决策和受托责任评价)的实现。

一、公允价值会计的研究成果和学术观点

历史成本与公允价值孰优孰劣，一直是会计学术界和实务界一个纷争不断的热门话题，甚至金融界和政界也经常卷入争论之中。历史成本也好，公允价值也罢，都属于计量属性范畴，看似技术问题，实际上触及财富的分配。计量属性的选择，是会计准则的核心，关乎利润及其利润分配，界定了财富的边界及其流向。因此，利益攸关者对历史成本会计与公允价值会计的关心、关注不足为奇。

我对公允价值会计的研究始于1997年，在次贷危机和全球性金融危机爆发后进入高峰期，目前仍致力于这方面的研究，时间跨度超过20年。我和我带领的研究团队对公允价值会计的研究，大致分为两个阶段，第一阶段（1997~2015年）的研究结合国内外资本市场的案例，侧重于介绍公允价值会计的难点热点问题，第二阶段（2015年至今）的研究结合财务报告概念框架，专注于分析公允价值会计的理论影响，包括对会计基本假设、会计原则、财务报告目标等基本理论的影响，探索重构财务会计基本理论体系的思路和方法。

(一) 第一阶段的研究

1997年我在《会计研究》发表了《公允价值会计：面向21世纪的计量模式》一文，开启了对公允价值会计的关注和研究。我在该文指出，公允价值会计信息由于其高度的相关性，越来越受投资者和债权人青睐。公允价值会计在20世纪90年代取得了长足发展，其运用领域已经从金融工具扩展至其他领域，大有取代历史成本计量模式之势。首先，公允价值会计的发展前景取决于可靠性和可操作性，随着信息技术迅猛发展，随着金融工具计量模型日臻完善，会计界完全有能力解决公允价值会计的可靠性和可操作性问题[①]，换言之，公允价值会计在技术上是可行的。其次，公允价值会计的发展前景取决于21世纪的经济环境的变化。可以预计，到21世纪金融业在西方国民经济中的地位和作用将进一步提高，甚至可能超过第二产业。金融业的发展、金融工具和衍生金融工具的推陈出新，为公允价值会计在21世纪发挥主导作用创造了客观环境。该文最后指出，公允价值会计既对会计界提出严峻挑战，也为计量模式的完善和发展提供了契机。公允价值计量模式极有可能在21世纪成为主流，历史成本计量模式将逐步退出会计的历史舞台。

进入了21世纪，FASB和IASB对公允价值会计的推崇，似乎印证了我在这一篇论文中所作的判断。但2007年美国发生的次贷危机，以及随之引发的全球性金融危机，似乎又昭示了公允价值会计

---

① 次贷危机及其后续引发的全球性金融危机表明，看来我当时高估了会计界解决这两个关键问题的能力。公允价值会计的可靠性和可操作性问题是否得到解决，不能仅仅假设市场交易是有序和有效的，也应考虑无序、失效和流动性枯竭等极端市场情况。

第四部分　回眸笔耕　梳理学术思想

主持会计改革沙龙

多舛的命运。看来，完全的公允价值会计模式为时尚早，纯粹的历史成本会计模式早已过时，混合的计量模式成了唯一选择，只不过公允价值会计的运用范围日趋扩大，历史成本会计的领地日渐萎缩。

2006年财政部发布了与国际财务报告准则高度趋同的《企业会计准则》，大量导入了公允价值计量。公允价值计量的导入无疑是新准则的一大亮点，但会计界和资本市场对公允价值会计存在诸多认识误区，导致空前激烈的争论，对公允价值会计的看法褒贬不一见仁见智。为此，我基于上市公司的数据和案例，于2007年在《中国证券报》发表了《公允价值的十大认识误区》[①]，在一定程度上澄清了对公允价值会计的错误认识，为公允价值会计的推广运用尽了绵薄之力。

---

① 误区1：公允价值导致公司利润剧增；误区2：公允价值加剧经营业绩波动；误区3：公允价值增大企业经营风险；误区4：公允价值增加公司税收负担；误区5：公允价值不如历史成本可靠；误区6：公允价值运用没有限制条件；误区7：公允价值难以厘清受托责任；误区8：公允价值必然是合理价值；误区9：公允价值一定是真实价值；误区10：公允价值造成净利润与现金流背离。

在理性的市场环境下，金融资产和金融负债按公允价值计量，可以提供更透明、更相关的信息。但当投资者理性缺失，甚至出现群体性的"非理性亢奋"（Irrational Exuberance）时，公允价值就要背负罪名，甚至被横加指责。2006年和2007年的中国股市，股指狂飙突进，股价"鸡犬升天"。再好的会计方法，在疯狂的市道里，也会发生"蜕变"，公允价值也不例外。对此，2007年我在《财务与会计》上发表了《公允价值变形记》一文，分析了当年中国3只"妖股"和14只认沽权证采用公允价值计量的变异。

一是杭萧钢构。该公司在2007年2月15日披露了从安哥拉获得344亿元订单的消息，随之而来的是其股价连续10个涨停。股价的异动引起了监管部门的注意。经调查，证监会认定这份天价订单子虚乌有，并在5月15日开出罚单。面对这一重大利空，杭萧钢构的股价竟然连续8个交易日出现了报复性的上涨。此时，按这种难以理喻的股价计量的金融资产价值，充其量只能称为"不识好歹"的公允价值。二是ST长控。该公司因资产重组和股权分置改革长期停牌。2007年4月13日该公司的股票复牌交易，当天上涨了849%，最高涨至85元！4月20日，该公司公布了2007年第一季度的财报，税后利润高达28693万元，与2004~2006年的业绩（分别为–2713万元、–4475万元和858万元）相比，可谓突飞猛进。但只要细读其报表附注，便可发现该公司第一季度利润的99%来自债务豁免，即使算上这笔意外之财，该公司仍然资不抵债3.2亿元。无力偿债带来的却是利润大增，股价飙升，由此，我们的会计字典便衍生出一个新的名词——"因祸得福"的公允价值。三是ST宝硕。该公司2005~2006年连续两年亏损，2007年能否扭亏为盈从而逃脱被退市的厄运，取决于其大股东能否偿还欠款。只可惜，大股东财务恶化，濒临破产边缘。依照规定，ST宝硕在4月30日至5月27日先后三次发布了大股东病危的消息，并在6月1日正式发布了讣告。面对这些接二连三的噩耗，ST宝硕的股价在5月却屡创新高，投资者"临危不惧"的风范令人叹为观止！于是乎，我们又多出了一种"宁死不屈"的公允价值。

这三家上市公司股价的"无厘头"飙升，令学过经济学的人士深感困惑和茫然。然而，与认沽权证相比，上述"妖股"的疯狂只是小巫见大巫。据《上海证券报》报道，沪深两市14只一文不值（因为其正股股价不可能在权证存续期跌破行权价，其内涵价值为零）的认沽权证在2007年6月26日的换手率达453%，总成交额高达1372亿元，仅招商银行的认沽权证就达442亿元。当日，上交所所有股票和基金的总成交额仅为1266亿元，深交所的总成交额也只有620亿元。14张"废纸"吸引规模如此庞大的资金进行交易，引"无数英雄"竟折腰。在"物欲横流、博傻博杀"的权证市场上，公允价值会计反映的只能是"群魔乱舞"的景象！面对权证市场的癫狂，会计界不禁要问：显失公允的市场价格，能否作为公允价值计量的依据[①]？

[①] 就此问题，我多次与IASB前任和现任主席以及多位委员探讨过，他们认为，只要交易量正常或足够大，哪怕市场价格显失公允，也应将其作为金融资产公允价值计量的最佳选择，因为市场价格，不论公允与否，代表的是投资者的价值判断。舍此，没有更合适的计量基础。但次贷危机和全球性金融危机发生后，FASB和IASB允许金融机构和企业在市场恐慌时期采用被严重低估的市场价格之外的其他方法（如收益现值法）进行计量，显然与他们过去所持观点相悖。这或许是准则制定机构迫于压力而不得不奉行的实用主义。

公允价值错了吗？不，一点儿没错。错的是股市的疯狂！错的是人性的贪婪！公允价值不是一面哈哈镜，当镜子出现被严重扭曲的映像时，我们不应怪罪于镜子本身，更不应打碎镜子，而应反思疯狂和贪婪的根源，寻求拨乱反正的药方。

由此，我提出了一种观点，公允价值会计的运用需要设置前置条件，只有当资本市场有效时，金融资产和金融负债才应当按公允价值计量。这里所说的资本市场有效，至少包括四大要素：(1) 投资者是理性的；(2) 市场交易是有序的；(3) 流动性是充裕的；(4) 交易量是正常的。这四大要素缺失导致资本市场无效时，采用公允价值会计将会带来意想不到的经济后果。

2007年美国发生的次贷危机和由此引发的2008年全球性金融危机印证并支持了上述观点。对此，我结合次贷危机和金融危机的市场背景以及美国财务会计准则委员会（FASB）发布的第157号会计准则《公允价值计量》（以下简称FAS157）存在的缺陷，2009年在《中国金融》上发表了《金融危机触发的论战》一文，详细分析了在极端市场条件下运用公允价值计量产生的问题。FAS157将公允价值定义为"市场参与者在计量日的有序交易中，假设将一项资产出售可收到或将一项负债转让应支付的价格"。FASB给公允价值所下的最新定义，假设计量所涉及的资产或负债存在着一个习以为常的交易市场。但金融危机表明，这一假设并非永远成立。例如，因为投资者过度恐慌和信贷极度萎缩，抵押债务债券（CDO）的市场交易早已名存实亡。同样地，FAS157也没有考虑流动性缺失的资产（illiquid assets）对公允价值计量的影响问题。不幸的是，金融危机中的资产支持证券（ABS）、住房抵押证券（MBS）和抵押债务债券（CDO）等次级债产品由于信贷萎缩大多变成了流动性缺失的金融资产。更为严重的是，当市场剧变和信贷萎缩导致次债相关产品从第一或第二层次跌落至第三层次时，FAS157却未能为这种情形下如何确定公允价值及时提供技术指引，致使第三层次的公允价值计量具有很大的主观随意性。

美国国际集团（AIG）持有的信用违约互换（CDS）就是一个典型的例子。根据AIG自己的估值模型，这类金融衍生产品的损失约9亿美元，但摩根士丹利的分析师经过测算，认为AIG在CDS上的估值损失介于30亿~130亿美元。在其审计师普华（PwC）指出AIG对CDS财务报告的内部控制存在重大缺陷后，AIG不得不在2007年度确认了110亿美元的损失，到了2008年AIG在CDS确认的损失已经超过1000亿美元。

我担任中国银行稽核委员会主席期间经历的另一个案例更是匪夷所思。中国银行纽约分行持有雷曼的结构性产品CMS，雷曼破产后，中国银行聘请了专业机构运用询价法，对该项CMS进行估值，得出的结论是中国银行对雷曼的净债权为1.03亿美元。正当中国银行对该项衍生金融产品应计提多少减值准备举棋不定时，雷曼破产清算人采用模型法也对该项CMS进行估值，并发函声称中国银行因此项CMS合约形成对雷曼净债务为1.6亿美元。同样的标的，采用不同的估值方法，竟然得出如此迥异的结果，极端市场条件下衍生金融产品采用公允价值计量，其可靠性之荒唐，由此可见一斑。

可见，对于需要利用复杂的数学模型进行估值的第三层次公允价值而言，由于要求管理层对市场情况做出大量的假设、估计和判断，按模型估算出的结果，其可靠性令人生疑。

FAS157存在的另一个重大缺陷是要求金融机构确认因自身信用等级变动对其负债公允价值的影响。如果金融机构因经营改善导致信用等级的提高，其负债的公允价值将增加，必须确认为一项损失。反之，如果金融机构因经营恶化导致信用等级的下降，其负债的公允价值将减少，则必须确认为一项利得。这种因经营好转必须确认损失，经营恶化反而可以确认利得的做法，明显有悖于正常的商业逻辑，为广大投资者所诟病。

2009年第一季度很多金融机构的"利润"就是来自因自身信用等级下降导致其负债的公允价值减少而确认的利得。花旗集团在2009年第一季度报告了16亿美元的净收益，其中包含了25亿美元因其信用情况恶化而确认的金融负债公允价值变动利得。同样地，汇丰银行2009年第一季度报告了8.72亿美元净收益，其中高达66亿美元也是因为信用等级下降而确认的金融负债公允价值变动利得。剔除这一因素的影响，花旗和汇丰在2009年第一季度显然是虚盈实亏。与此相反，摩根士丹利却因经营改善导致信用等级提高而不得不在2009年第一季度确认了15亿美元的金融负债公允价值变动损失。

FAS157对金融负债违背常理的计量要求，导致的业绩扭曲触目惊心。为此，FASB和IASB通过金融工具这一趋同项目，联手对金融工具准则进行重大修订，其中一项受到普遍欢迎的修订是，不再要求金融机构将因自身信用等级变动所导致的金融负债公允价值变动计入损益表，而是直接计入资产负债表的"其他综合收益"（OCI）。

次贷危机和全球性金融危机让金融工具准则和公允价值会计意外成为空前热门的"网红"，不仅会计界和金融界为此争论不休，而且被政治家将其列入 20 国集团（G20）的议事日程。这一独特的环境，为我深入研究公允价值会计提供了千载难逢的好机会。2009 年和 2010 年我在《会计研究》发表了《公允价值会计的顺周期效益及其应对策略》和《后危机时代公允价值会计的改革与重塑》，2009 年在《中国金融》发表了《金融危机触发的公允价值论战》以及 2015 年在《金融会计》发表了《金融工具前瞻性减值模型的利弊分析》。这四篇学术论文的发表，标志着我对公允价值会计的研究进入了高峰期。

公允价值系列论文获奖证书

《公允价值会计的顺周期效应及其应对策略》一文，系统论述了公允价值会计诱发顺周期效应（Procyclicality）的机理和传导机制，并对准则制定部门和监管部门提出的缓解顺周期效应的应对策略进行评述。公允价值会计顺周期效应的产生机理，与会计准则对银行两类不同账户的计量目标和计量要求有关。银行的账户可分为两大类：交易账户（trading accounts）和银行账户（banking accounts）。会计准则对这两类账户的计量目标和计量要求如下表所示。

交易账户和银行账户计量目标和计量要求

账户类别	计量目标	计量要求
交易账户	资产和负债的计量，应当反映假设在资产负债表日出售资产或转让负债可望实现的价值。	按公允价值计量。若可获取市价资料，尽可能采用盯市会计；若无法获取市价资料，采用模型估算其公允价值。
银行账户 ——初始计量	资产和负债的计量，应当反映入账时的公允价值。	按摊余成本计量，对贷款面值进行调整以反映溢价和折价因素。
——后续计量	如果有证据表明已经发生损失，资产的价值应当反映减值因素。	按单独评估法确认有明确证据表明已发生损失的个别贷款减值；按组合评估法确认虽没有明确证据但根据以往经验判断已发生损失的组合贷款减值。

对处于稳定经营环境下的银行而言，现行会计准则对交易账户和银行账户确立不同的计量目标、提出不同的计量要求合乎逻辑，与银行的商业模式保持一致。这是因为，交易账户是银行为了获取短期盈利或保持流动性而持有的金融资产和金融负债，因而市价的变动与之是密切相关的，而银行账户则是银行基于长远的获利性而长期持有的金融资产和金融负债，因而市价的变动与之通常是不相关的。然而，会计准则的这种制度设计在不稳定经营环境下却存在重大的缺陷，可能导致交易账户和银行账户产生预想不到的顺周期效应。

在交易账户方面，当宏观经济处于高速发展时期，包括证券在内的资产价格往往出现非理性上涨甚至形成资产泡沫。此时，采用盯市会计对交易账户中的交易性和可供出售金融资产进行计量，将导致银行在其利润表确认可观的利润或在资产负债表中确认估值利得。增加的账面利润，无疑提高了银行的资本基础，为银行管理层带来更丰厚的奖金或期权。资本基础的增强和财务报酬的提升，反过来又刺激银行管理层购买更多的金融资产，促使资产泡沫化日趋严重。而当宏观经济处于低迷发展时期，资产泡沫开始破裂，甚至出现非理性暴跌。此时，采用盯市会计对交易账户中的交易性和可供出售金融资产进行计量，将迫使银行在其利润表中确认大量的账面损失或在资产负债表中确认估值损失。按照现行资本监管要求，这些账面损失和估值损失将会侵蚀银行的资本基础，导致银行管理层的奖金和期权大幅缩水。资本基础的弱化和财务报酬的萎缩，反过来向管理层发出抛售金融资产的信号，导致资产价格进一步下跌。按照现行会计准则的规定，下跌后的资产价格又成为新的公允价值确定基础。如此往复，将诱发金融资产价格形成螺旋式下跌的恶性循环。螺旋式的价格下跌可能造成市场恐慌，在投资者心理中滋生"羊群效应"，促使他们不惜代价抛售金融资产，导致证券市场流动性枯竭。流动性缺失进一步加剧金融资产的价格下跌，使金融危机愈演愈烈。

在银行账户方面，当经济处于银根宽松、信贷投放充足的繁荣时期，企业经营业绩良好，现金流量充裕，还本付息无忧，违约概率低下，银行按单独评估法和组合评估法确认的贷款减值拨备极少。信贷成本的大幅下降增加了银行的利润，从而提升银行的资本充足率，银行管理层与经营业绩挂钩的奖金和期权也水涨船高。信贷成本下降、资本充足率提升、财务报酬增加，加上优异的外部经营环境，必定弱化银行管理层的风险防范意识，刺激银行进一步扩大信贷投放，从而在非理性繁荣和资产泡沫制造中起到推波助澜的作用。过热的经济必定带来市场的自我修正并引发监管部门的干预，经济发展逐步由繁荣时期转向萧条时期。当经济处于银根紧缩、信贷投放趋紧的萧条时期，企业经营业绩开始恶化，现金流量入不敷出，还本付息压力沉重，违约概率飙升，银行按单独评估法和组合评估法确认的贷款减值拨备大幅增加。信贷成本的攀升将严重挤压银行的盈利空间，降低银行的资本充足率，银行管理层的奖金和期权也相应缩水。所有这些反过来将增强银行管理层的风险意识，改变其风险偏好，促使银行采取更加稳健和严厉的信贷政策，大幅减少信贷投放。信贷投放的萎缩，迫使企业压缩经营规模，控制资本支出，裁减多余人员，消费者也随之抑制消费冲动。所有这些无疑将放大经济恶化的程度，使本已脆弱的经济状况不堪重负。日益恶化的经济环境，反过来又迫使银行计提更多的贷款减值拨备，形成极具破坏性的连锁反应。

公允价值会计到底通过何种机制传导顺周期效应？我认为，公允价值会计主要通过资本监管、风险管理和心理反应这三个机制传导顺周期效应。

（1）资本监管传导机制。众所周知，银行业涉及公众利益并关系到金融稳定，因而历来是个被高度管制的行业。监管部门主要通过资本充足率[①]调控银行的商业行为，以确保银行具备偿付能力并防止银行的机会主义行为和道德风险。在计算资本充足率时，监管部门通常以银行提供的会计数字为基础，作少量的剔除以确定银行的资本基础。尽管资本监管规定比会计处理规定略微稳健（主要表现

---

① 资本充足率（CAR）=（一级资本+附属资本）÷加权风险资产，其中一级资本包括投入资本和留存收益。

为剔除可供出售金融资产的估值利得），但资本基础的确定基本上依赖于会计处理。正是资本监管过度依赖于会计处理，才导致公允价值会计（严格地说，计提贷款减值准备也蕴涵着公允价值计量的理念）通过资本充足率这一机制传导顺周期效应。在经济不景气时期，公允价值会计的顺周期效应将更加明显，因为监管部门在计算资本充足率时，将证券投资的未实现估值损失以及贷款的减值损失直接从资本基础中扣除。

（2）风险管理传导机制。银行业现行的一些风险管理惯例无意中成为公允价值会计传导顺周期效应的管道。在信贷风险管理方面，银行业经常用"贷款对资产价值比率"（简称LTV比率）来控制和规避抵押贷款风险。其他条件保持不变，LTV比率越大，抵押贷款风险越高，反之风险越低。在经济繁荣时期，房地产公允价值上涨，LTV比率下降，可能增大银行对抵押贷款的风险偏好，促使银行发放更多的抵押贷款，从而加剧房地产市场的泡沫。而在经济萧条时期，房地产公允价值下跌，LTV比率上升，银行对抵押贷款的风险偏好趋于保守，收紧抵押贷款的发放，使本已不景气的房地产市场日趋恶化。

在市场风险管理方面，"风险价值"（简称VaR）自20世纪90年代初以来被银行等金融机构广泛用于计量和管理证券投资组合的市场风险。VaR是指证券投资组合在特定持有期间（通常为10天）内和在给定的置信区间（通常为99%）内，因市场价格波动所可能导致的最大预期损失值。然而，由于涵盖的观察期间（通常为一年）太短，VaR却成为传导顺周期效应的渠道。在经济繁荣时期，证券投资组合的公允价值上升且波动幅度较小，此时VaR发出市场风险较低的信号，促使银行的管理层提高风险偏好和杠杆比率，扩大证券投资组合的头寸，从而刺激金融资产公允价值的进一步上涨。而当市场开始修正证券价格的非理性繁荣时，伴随着证券投资组合公允价值的下降，往往是证券价格的大幅波动，VaR也变得越来越大。VaR显示出与日俱增的市场风险，将导致银行管理层降低风险偏好和杠杆比率，大幅降低或清理证券投资组合的头寸。如果不同银行按照VaR发出的信号同时调整证券投资策略，就可能引发证券价格的下跌潮，形成系统性金融风险。

（3）心理反应传导机制。2008年7月，帕兰登等人（Plantin et al., 2008）发表的《公允价值会计与金融稳定》一文，以伦敦千禧桥为例，说明投资者针对市场价格变化所做出的同步心理反应将导致市场恐慌，引起证券价格出现极具破坏性的螺旋式下跌。千禧桥的例子从一个侧面凸显了心理反应与"羊群效应"相互作用的危害性。所谓"羊群效应"（herd effect），是指众多个体同时采取的理性行动可能导致集体的非理性行为。在投资活动中，由于信息不充分且不对称，个体投资者很难对未来市场走势形成合理的判断和预期，只好通过观察周围投资者的行为间接获取或消化信息。在这种信息传递过程中，投资者的信息将日益趋同且彼此强化，从而产生从众心理和随波逐流行为。如果所有的投资者对未来市场走势形成高度一致的判断和预期，且同步买入或卖出证券，将不断聚积系统性风险。而一旦投资者对未来市场走势的判断和预期产生分歧时，聚积的系统性风险就会以激烈的方式释放出来，引发市场的大幅波动，甚至可能导致市场崩溃。

公允价值会计蕴涵了这样一个假设，即市价代表企业出售资产可望实现的价格。这一假设显然没有考虑到极端情形下可能出现的"羊群效应"。如果所有企业都按市价出售一项资产，则该资产的价格将一落千丈。次贷危机爆发后，MBS、ABS和CDO价格的非理性暴跌，最终演变成有价无市，在很大程度上就是"羊群效应"的典型写照。在缺乏深度和流动性的证券市场中，即使少量投资者采取步调一致的买卖行动，市价也会受到大幅影响。可见，市价并不总是代表可实现的价值。在这次金融危机中，众多的个人和机构投资者对金融资产公允价值不断下跌所发出的信号同时做出理性的心理反应，所产生的意想不到的"羊群效应"终于催生了这场几乎令市场崩溃的灾难。具有讽刺意味的是，投资者在这场百年一遇的金融危机中遭受的惨重损失，在一定程度上是由他们个体的理性行为引发的。从技术层面上说，公允价值会计通过投资者的理性心理反应这一传导机制，向宏观经济和金融系统注入了极具破坏性的顺周期效应。

金融危机结束后，金融监管部门和准则制定机构开始从这场危机中汲取教训，从政策层面提出了包罗万象的应对策略，涵盖了从公司治理、风险管理、资本监管到减值拨备、公允价值和信息披露等一系列改革方案和路线图。不难发现，这些应对策略的主要政策目标在于降低顺周期效应。在缓解顺周期效应的众多研究报告中，FASB、IASB、金融稳定理事会（FSB）、国际货币基金（IMF）和英国金融监管局（FSA）提出的应对策略特别全面和深刻。综观这这些机构的研究报告，顺周期效应的应对策略大致可分会计层面和监管层面两类。这两类应对策略各有利弊，值得认真分析和研究。

FASB和IASB从会计层面上提出应对顺周期效应的策略主要包括：（1）金融资产重分类，允许在极少数情况下（如证券市场发生系统性风险），将原本按公允价值计量的非衍生交易性和可供出售金融资产重新划分为按摊余成本计量的金融资产；（2）以内部估值取代市场价格，对因流动性缺失导致有价无市的特定金融资产（如MBS、ABS和CDO），若管理层认为市价不能代表其真实价值，允许按内部模型（即未来现金流量折现值）进行估值和计量；（3）从资产减值中剔除非信用因素，对持有至到期和可供出售金融资产，在减值测试过程中，剔除非信用风险因素（如流动性缺失）导致的公允价值低估，或允许将非信用风险因素导致的公允价值变动列入其他综合收益，而不计入当期损益；（4）完善公允价值会计准则，一种做法是将金融资产由四分类改为二分类，对于具有基本贷款特征且以合同收益为基础进行管理的金融资产，按摊余成本计量，其余金融资产均按公允价值计量（IASB的建议），另一种做法是对所有金融资产和金融负债全部按公允价值计量（FASB的建议），以缓解金融工具计量基础不匹配所导致的业绩波动；（5）改变贷款减值计提方法，由现行的"已发生损失模型"改为"预期损失模型"。

FSB、IMF和FSA从监管层面上提出应对顺周期效应的策略主要包括：（1）弱化资本监管对会计数据的依赖，以降低公允价值会计的估计误差波动和混合计量波动放大金融波动的潜在效应；（2）提高资本充足率的弹性，在经济繁荣周期严格资本基础的认定标准，在经济萧条周期中放松资本基础的认定标准；（3）完善风险计量的方法，扩大VaR的观察期，并辅以严格的压力测试；（4）扩大减值测试覆盖的周期，贷款减值测试由时点法改为周期法，将贷款减值计提方法由目前的静态拨备法改为动态拨备法；(5) 设定杠杆比率的上限，防止金融机构因过度举债而遭受金融资产公允价值不利变动的不对称消极影响。

从会计层面提出的应对顺周期效应策略，本质上属于权宜之计，旨在降低金融动荡环境下公允价值会计对金融波动的放大作用，缓解来自金融界和政界的不当压力。这些应对策略在消除顺周期效应方面能够起到立竿见影的作用，有助于在危机时期恢复市场信心，且可最大限度地降低金融监管成本，维护金融监管机构的威信。但这类应对策略既伤害了准则制定机构的独立性，也有损会计的专业性和严肃性，不仅加大了会计信息的监督成本，而且赋予金融机构管理层更大的盈余操纵空间。至于FASB和IASB拟议中的扩大公允价值会计运用范围的建议方案，虽可以在一定程度上缓和混合计量波动，但由此加大估计误差波动所带来的降低会计信息质量的负面效应不容忽视。

从监管层面提出的应对顺周期效应策略，具有标本兼治的性质，既能从制度安排上建立维护金融稳定的长效机制，且可在会计与金融之间构筑一道"放火墙"，在保留公允价值会计继续向投资者提供相关、透明、可比的高质量信息的同时，最大限度地降低公允价值会计潜在的顺周期效应。但监管部门所倡导的动态拨备法，却为银行管理层提供了难以监督的自由裁量权，可能诱导他们从事收益平衡化游戏，这不仅会降低银行的会计信息质量，还可能在短线和长线投资者之间产生不公平的财富转移。

《后危机时代公允价值会计的改革与重塑》一文，首先从正反两个方面，概述反对和支持公允价值会计的观点。我认为，尽管对公允价值会计优劣与存废的争论见仁见智，但反对和支持的论点无疑为IASB改革和重塑公允价值会计和金融资产减值计提方法提供了正反两方面的视角和依据。反对公允价值会计的令人信服的论点从技术层面为IASB指明了改革的方向和领域，而支持公允价值会计的令人信服的论点也从技术层面上增强了IASB对公允价值的信心和信念，避免IASB在改革过程中矫枉过正。

其次分析了公允价值会计改革的方向和领域。后危机时代公允价值会计的改革，主要聚焦在两个方向：降低金融工具会计准则的复杂性、缓解公允价值会计的顺周期效应。在降低金融工具会计准则复杂性方面，当时IASB准备在2010年底前，分三个阶段完成对第39号国际会计准则（IAS39）的替换：（1）简化金融资产的分类和计量，将金融资产由过去的四分类改为二分类；（2）采用单一的减值模型，终结多种减值模型并存的格局；（3）改革套期繁琐规则，简化套期会计处理。在缓解公允价值会计顺周期效应方面，IASB采取的改革举措包括：（1）改革金融资产减值模型，探索以预期损失模式（ELM）取代已发生损失模型（ILM）；（2）为缺乏流动性的金融资产公允价值计量提供更详细的指引，允许报告主体在业务模式发生变化的情况下对金融资产进行重分类；（3）赋予金融机构和企业更大的公允价值选择权，以降低金融资产和金融负债在计量上产生的错配效应。

经过5年多征询意见和激烈争论，IASB于2014年7月发布了第

9号国际财务报告准则（IFRS 9），取代2008~2009年金融危机时期备受争议的IAS39。IFRS 9最大亮点包括两个方面。一是根据现金流量特征和商业模式这两个标准，将金融资产由原来的四分类改为三分类，即按摊余成本计量的金融资产、按公允价值计量且将其变动计入损益的金融资产、按公允价值计量且将其变动计入其他综合收益的金融资产。二是对金融工具（包括按摊余成本计量的金融资产、按公允价值计量且其变动计入其他综合收益的金融资产、应收租金、应收账款、贷款承诺和财务担保合同）减值会计做出颠覆性的变革，要求企业和金融机构在确认和计量金融工具减值准备时摈弃沿用多年的具有明显时滞性的ILM，转而采用全新的颇具前瞻性的ELM。

IFRS 9明确规定，企业和金融机构应当采用三阶段法，确认和计提金融工具的减值准备。具体做法如下：

第一阶段：在获得或购入一项金融工具（如发放贷款、投资债券和股票、赊销商品）时，即使没有任何证据表明该项金融工具已发生信用风险，也应当在损益表中确认该项金融工具12个月内的预期信用损失，并在资产负债表建立相应的减值准备。与该项金融工具相关的利息收入仍按扣除预期信用损失前的账面总额计算。值得说明的是，12个月的预期信用损失并非未来12个月预期少收的现金，也不是预测将在12个月内实际发生的信用损失，而是指报告日后12个月内可能的违约事件导致该项金融工具存续期间预期会发生的全部信用损失中，按概率权重测算的将在12个月发生的预期信用损失。

第二阶段：初始确认后获得的证据表明，该项金融工具的信用风险已大幅增加且其信用质量已不再被视作低信用风险，即使违约事件尚未实际发生，也应将存续期间的全部预期信用损失予以确认。这里所说的存续期间全部预期信用损失，是指按现值计算的债务人倘若在金融工具存续期间违约将导致的预期信用损失，确切地说，是以违约概率为权重计算出的加权平均损失。与第一阶段一样，第二阶段与该项金融工具相关的利息收入也是按扣除预期信用损失前的账面总额计算。例如，商业银行发放贷款后，获得的证据表明该客户所在行业存在严重产能过剩，该笔贷款可能出现信用损失，但目前客户还本付息尚未出现违约现象，在风险管理上对该笔贷款仍然采用组合评估，在这种情况下，该笔贷款就应按照第二阶段的要求确认预期信用损失并计提减值准备。

第三阶段：当该项金融工具的信用风险增至被认为信用已减损时，即违约事件已实际发生，则不仅应确认存续期间的全部预期信用损失，而且与该项金融资产相关的利息收入应改按净额（账面总额减去预期信用损失）计算。例如，因客户违约已实际发生，商业银行在风险管理上将其贷款从组合评估调至个别评估，此时，该笔贷款就应按照第三阶段的要求确认预期信用损失并计提减值准备。

在《金融工具前瞻性减值模型的利弊分析》一文中，我提出，三阶段法本质上属于ELM的范畴，与ILM存在两个重大差别。其一，ILM要求以触发事件或减值迹象作为确认金融工具减值的前提，报告主体只有在获得充分证据（如贷款或货款逾期未还、抵押品贬值等）

表明信用损失已经发生的情况下,方可确认金融资产的减值损失。而在ELM下,金融工具减值的确认不以触发事件或减值迹象为前提,报告主体因发放贷款、投资债券股票等活动获得金融资产时,就必须测算信用损失,将金融资产未来现金流量现值低于其账面价值的差额确认为减值准备,并在信用已减损时改按净额计算利息收入。其二,按ILM确认的金融工具减值仅限于资产负债表日已发生的信用损失,而按ELM确认的金融工具减值不仅包括已发生的信用损失,而且涵盖尚未实际发生但预期12个月内或存续会发生的信用损失。

IASB要求采用三阶段法的ELM,实际是为了回应金融界和政治界在金融危机时期对ILM的严苛指责。他们认为,ILM在确认金融工具减值方面"太慢、太少",对信用损失的确认被系统性推迟,当触发事件或减值迹象表明金融工具确已发生减值时,就必须在当期确认损失,从而产生所谓的"悬崖效应"。就是说,商业银行发放贷款时因无需立即确认预期信用损失,确认了较高的收益,而在损失事件发生时期,必须确认已发生的信用损失,造成当期收益骤然下降。在经济不景气时期,这种"悬崖效应"极易引发严重的顺周期效应,加剧并放大金融系统的不稳定。

三阶段法的ELM即将付诸实施,意味着IASB在会计理念上发生了重大的变化,会计只确认已发生信用损失,不确认预期信用损失的传统惯例将被彻底颠覆,这固然有助于消弭会计界与金融界的长期纷争,但也在一定程度上体现了会计界对金融界的妥协。IASB认为,按ELM计提金融资产的减值损失和减值准备,具有以下好处:

(1)更好地反映了金融资产的经济实质,弥合了信用损失会计处理与信用风险管理之间的鸿沟;(2)减值测试不再需要触发事件或减值迹象,消除了实务中由此导致的不一致现象,增强了金融资产相关信息的可比性;(3)收益确定和利息收入(第三阶段)的确认及时考虑了预期信用损失,更好地反映了报告主体在金融资产存续期间内预期可赚取的经济利益;(4)避免不恰当地在金融资产持有的前期确认较多的利息,大幅缓解"悬崖效应",从而降低减值计提可能滋生的顺周期效应,真正体现"居安思危、平抑波动"的理念。

IASB以ELM取代ILM,其主要逻辑基础是风险与报酬应保持对称。以金融业为例,商业银行通过发放贷款获取报酬(利息收入)的同时,也面临着信用损失风险。商业银行做出信贷决策时就清楚地预计到潜在的信用损失风险,并通过定价机制将这一风险因素考虑在内。换言之,实际利率的确定已经包含了预期信用损失的补偿,即信用风险溢价。因此,商业银行在发放贷款时就必须考虑预期信用损失对其利息收入确认的影响,并在贷款存续期间持续不断地评估预期信用损失及其对各期利息收入确认的影响。唯有如此,才能避免信用风险溢价与相关信用损失的确认产生时间上的错配,财务报表才能真正反映商业银行实际赚取的经济报酬(利息收入减去信用损失),才能防止这种错配造成的"悬崖效应"引发在这次金融危机中被广为诟病的顺周期效应。此外,发放贷款并对其信用损失风险持续监控和管理,本来就是商业银行正常的业务模式。为此,巴塞尔新资本协议(Basle II)规定,商业银行在信用风险管理中,必须定期估算预期信用风险损失及其对资本充足率的影响，估算的公式为：EL=PD×LGD×EAD。其中，EL代表预期损失；PD代表违约概率；LGD代表违约损失率；EAD代表违约暴露敞口。因此，以预期损失模型取代已发生损失模型，既与商业银行的业务模式保持一致，也与商业银行估算预期信用损失所蕴涵的理念相互契合。

从理论上说，预期损失模型既可缓解顺周期效应，增强金融系统的稳定性，亦有助于会计界的信用损失确认与金融界的信用风险管理在做法上实现偶合，弥合会计界与金融界由来已久的分歧。IASB在征求各利益攸关方的意见时，绝大多数反馈意见认为，ELM所蕴涵的逻辑和理念明显优于ILM，但同时对ELM在实务操作上的复杂性和高昂的成本密切关注。从实务操作层面看，ELM这种前瞻性金融工具减值模型，在金融监管、利率环境、基础设施、模型构建、内部控制、独立审计、成本效益七个方面面临巨大的挑战。

（二）第二阶段的研究

公允价值会计从次贷危机和全球性金融危机中的激烈争论中存活下来，不仅没有被取缔，反而有扩大运用的趋势，呈现出越来越旺盛的生命力。公允价值会计的普遍运用，使现有的财务报告理论体系支离破碎，不足以解释和指导现行的会计实务。鉴于此，2015年以来，我带领研究团队，结合国内外财务报告概念框架修订的讨论，专注于研究公允价值会计的理论影响，包括对会计基本假设、会计原则、财务报告目标的影响，以此作为重构财务会计基本理论体系的切入点和着力点，从修订和完善财务报告目标、会计信息质量特征、会计要素、会计确认、会计计量、信息列报与披露等六个方面，基于公允价值计量的视角，提出具体的建议。此外，我们还根据IASB修订概念框架的最新进展和主流观点，结合我国具体国情，从七个方面提出修订和完善我国基本会计准则的政策建议。

主持新会计准则沙龙

1. 公允价值会计对会计基本假设的影响

公允价值计量对四大会计基本假设造成的冲击和影响是巨大的，有必要对会计基本假设重新审视，进行补充解释。

（1）公允价值计量对经济主体假设的影响。

作为财务会计基本假设的基石（Paton & Littleton，1940），经济主体假设（Economic Entity Assumption）规定了财务会计在空间上的界限，即财务报告的内容和边界，将主体与市场、其他主体以及主体的所有者严格区分开来。在传统的产品经济时代，企业信奉的是"单打独斗闯天下"的经营理念，企业与企业之间的边界泾渭分明，且有形资产在资产总额中占据绝对主导地位，对主体的识别相对容易且稳定。而在新经济、新业态中，服务业占比不断提高，无形资产的地位日益凸显，企业普遍接受了全新的"资源整合定成败"的经营理念，生产厂商、原材料供应商、技术开发商、品牌代理商和经销商之间结成了"荣辱与共"的利益共同体，"无边界组织"理论应运而生。换言之，在新经济、新业态时代，知识经济与互联网深度融合，企业基于供应链管理、价值链管理和生态网管理而普遍采用了外包、众包和联盟等资源整合战略。所有这些，都在很大程度上模糊了主体的传统边界，人才、技术、资本可以借助互联网平台临时组合创造财富，在完成任务后随即转手或解散，处于供应链、价值链和生态网不同环节的主体，可以通过互联网信息平台分工协作，整合资源，优势互补，利益共享、风险共担。对价值创造的重视促使企业高度重视市场环境变化、商业模式创新、组织结构演化和资源整合效应的影响，传统的主体假设所界定的企业边界，其财务报告只提供源于与其他主体的交易（transaction）所产生的历史微观信息，既无法满足使用者评估市场环境变化对企业价值产生影响的信息需求，也不能反映组织创新和商业模式创新对企业价值创造能力的影响。外部环境的变化，客观上要求经济主体延伸财务报告的覆盖范围，及时反映市场波动、模式创新和资源整合等事件的财务影响，这显然是历史成本会计无法满足的，而这恰恰是公允价值计量的优势所在。

经济主体假设要求，报告主体应按照企业特定因素（firm-specific factors）对其资产和负债进行计量，这显然与公允价值会计要求按通行的市场因素（market factors）对报告主体的资产和负债进行计量背道而驰。FASB、IASB和财政部将公允价值定义为，"市场参与者在计量日发生的有序交易中，出售一项资产所能收到或者转移一项负债所需支付的价格"。该定义清楚说明，公允价值是基于市场的计量，而不是特定主体的计量。在计量公允价值时，报告主体应当使用市场参与者在当前（计量日）市场条件下对相关资产和负债进行定价时所采用的假设，并以主要市场（principal market）或最有利市场（most advantageous market）中发生的有序交易中的价格计量其公允价值。

以非同一控制下的企业合并为例，会计准则要求采用购买法反映这类企业合并，收购方必须按公允价值对被收购方的资产和负债重新进行计量，并把收购价格与被收购方净资产公允价值之间的差额，确认为商誉。若按主体假设的要求，收购方应根据企业特定因素，包括整合效应（收购方利用其高超的规模经济、技术优势和管理能力，对被收购方的资产和负债进行整合、利用以提升其价值效用）对被收购方的资产和负债进行计量。而按照公允价值会计的要求，收购方只能按照收购日被收购方资产和负债的一般市场价格进行计量，包括整合效应在内的企业特定因素，不应在计量被收购方的资产和负债时加以考虑，而只能在购买方编制合并报表时，作为商誉计量的考量因素。

此外，按照公允价值的定义，市场价格只能是彼此独立的市场参与者之间达成的交易（non arm-length transactions）价格，而不能是关联方之间达成的交易价格。这也与经济主体假设的要求相悖。在狭义的经济主体假设中，一个主体往往是独立核算的会计主体，其与关联方达成的交易价格也被视为公允价值，只有该主体编制合并报表或被纳入合并报表编制范围时，才需要考虑消除公司间交易。

最后，如前所述，通过组织结构和商业模式创新带来的资源整合优势日益为企业所重视，基于外包、众包和联盟战略的资源整合效应日益显现，供应链管理、价值链管理以及生态网管理日益盛行。供应链管理、价值链管理和生态网管理这些基于"无边界组织理论"的新兴管理模式，其共同特点是，供应链、价值链和生态网的成员企业之间，只有业务关系，没有资本纽带。如何在只有业务关系而没有资本纽带的管理模式下，实现整个供应链、价值链和生态网的一体化财务管理，是会计界必须认真面对的新课题、新挑战。同样地，如何编制整个供应链、价值链和生态网的财务报告，也是会计界无法回避的问题。随着新经济、新业态的快速发展，基于资本纽带、囿于单个企业的经济主体假设与不断创新的管理模式格格不入，客观上需要与时俱进，不断丰富其内涵，拓展其外延。

我们认为，在商业模式和组织结构创新以及公允价值计量日趋普遍的环境下，经济主体假设应当作必要的修正和诠释。首先，应当明确经济主体假设所界定的财务报告边界是一个相对的概念，既可以单个企业为边界，也可以企业集团为边界，甚至可以整个供应链、价值链和生态网为边界；其次，经济主体假设意味着财务报告不仅应提供源自与其他主体的交易信息，而且应提供市场波动、资源整合、商业模式和组织结构创新等重大事件对企业价值影响的信息；再次，关联交易与公允价值的相互关系，应当从超越传统的狭义经济主体假设的角度进行解读和分析；最后，经济主体假设意味着资产和负债的计量，既要考虑企业特定因素，更应考虑市场因素。

(2) 公允价值计量对持续经营假设的影响。

持续经营假设（Going Concern Assumption）对会计计量属性的选择至关重要。如果持续经营假设成立，通常表明企业持有的资产将用于正常的生产经营活动，而不是为了出售或处置，企业的负债也将在正常的生产活动中有序逐步清偿，而无需像破产清算企业那样在无序中一次性清偿。基于持续经营假设，历史成本就成为资产和负债的首选计量属性。存货成本的分期结转、固定资产的折旧、无形资产的摊销等做法，依据的就是持续经营假设。然而，公允价值计量的出现和运用，对持续经营假设产生了巨大冲击。

例如，公允价值准则规定，按公允价值对非金融资产进行计量时，必须遵循"最佳用途假设"（highest and best use premise）。就是说，如果非金融资产在实物形态上、法律上和财务上有可能（physically, legally, and financially feasible）改变用途以实现最佳使用效果，则这些资产必须按最佳用途预期所能够取得的效益扣减改变用途的预计成本，作为其公允价值的计量基础。以土地使用权为例，企业目前取得的土地使用权属于工业用地，只要该地块在实务形态上可以改为商业用地，相关法律并不禁止将该地块变更为商业用地，且企业有财务能力支付变更用途的相关支出，即使企业目前没有变更用途的意图，但预计变更后该地块的使用价值高于目前工业用地的使用价值，则企业也必须按商业用地的预期使用价值扣减变更用途的成本，来计量该土地使用权的公允价值。可见，"最佳用途假设"从根本上否定了持续经营假设关于存货、固定资产等非金融资产是为了用于生产经营，而不是为了出售的一贯主张。

此外，企业合并准则的规定，也突破了持续经营假设的约束。按照我国企业会计准则的规定，在非同一控制下的企业合并中，购买方通过企业合并取得被购买方100%股权的，被购买方可以按照合并中确定的可辨认资产、负债的公允价值调整其账面价值。也就是说，非同一控制下的企业合并中购买方取得被购买方100%股权的，应将购买成本分配到被购买方的资产和负债上，并确定被购买方的固有商誉。由于被购买方作为独立的持续经营主体存在，上述会计处理改变了企业合并前后的会计计量基础（由历史成本改变为公允价值），这显然突破了持续经营假设要求持续企业必须按历史成本计量其资产和负债的固有约束。

而对于非100%股权收购的非同一控制下的企业合并，购买方在购买日必须对被购买方的可辨认资产及负债按公允价值重新进行计量，并将购买价格与被购买方净资产公允价值之间的差额确认为商誉。尽管被购买方仍然应当按照合并前的账面价值报告资产负债、核算成本利润，不因企业合并改记有关资产、负债的账面价值，但购买方在嗣后期间编制合并财务报表时，必须按照购买日确认的商誉和被购买方资产和负债的公允价值，对纳入合并财务报表中的被购买方资产和负债进行调整。也就是说，从合并财务报表角度看，被购买方的计量基础已经改变为公允价值，持续经营假设要求持续经营企业按照历史成本计量的约束，在编制合并报表中已经被突破。

事实上，不论取得多少股权比例的非同一控制下的企业合并，被购买方不仅在法律形式上，而且在经济实质上，都仍处于持续经营中。并购交易一般并不影响被购买方的资产价值，并未给其带来任何现金流入或现金流出。然而，根据企业合并中公允价值计量的相关规定，被购买方将因其股权的交易而改变资产、负债的计价基础，企业合并中的公允价值计量动摇了持续经营假设。

可见，在公允价值计量日趋普遍的情况下，持续经营假设对计量属性选择的约束已经松懈，其内涵需要重新进行界定和诠释。从现状和未来看，持续经营假设只是假定企业是个永续经营的主体，仅此而已。持续经营假设不再意味着企业的资产和负债由于假定将用于正常的生产经营活动而只能按历史成本计量，换言之，资产和负债计量属性的选择，与持续经营假设是否成立没有必然的关系。

（3）公允价值计量对会计分期假设的影响。

会计分期假设（Accounting Period Assumption）与持续经营假设相辅相成。如果持续经营假设不成立，则会计分期的必要性将荡然无存。正因为将企业视为持续经营的主体，才有必要从企业的持续经营长河中以月度、季度和年度等形式截取若干"财务报告期间"，以便让投资者和债权人及时了解企业在特定报告期间的经营业绩、现金流量和特定时点的财务状况。按照会计分期假设的要求，企业只须反映财务报告期间已发生的交易、事项和情况，不必反映财务报告期间尚未发生的交易、事项和情况。

公允价值计量改变了会计分期假设只反映已发生交易、事项和情况的传统要求。以金融资产为例，如果企业持有金融资产的商业模式是为了赚取价差，且获取的现金流量不仅仅限于本金和利息，则应按公允价值对这些金融资产进行计量，报告期内公允价值的变动计入当期损益或其他综合收益，而不论企业是否将金融资产出售。企业据此确认的公允价值变动金额，显然属于尚未实际发生且没有相应现金流量的"账面利润"或"账面综合收益"。

如果说金融资产按公允价值计量改变了会计分期假设只反映报告期间已实际发生的交易、事项和情况的要求。那么，前瞻性金融资产减值模型则彻底动摇了会计分期假设的固有内涵。如前所述，已经在2019年付诸实施的前瞻性金融工具减值模型（可视为公允价值会计的广义范畴），要求金融机构和企业采用"三阶段法"计提金融资产未来12个月的减值准备，而不论是否有确凿证据表明信用风险是否已实际发生。若有确凿证据表明金融资产信用风险已经严重恶化或者信用风险已实际发生，则必须确认和计提金融资产存续期间（而不是财务报告期间）的全部减值准备。这种跨越多个财务报告期间的前瞻性减值计提模型，加上在会计估计和判断时对期后事项（subsequent events）的倚重，严重弱化了会计分期假设的实质内涵，只确认和计量财务报告期间的交易、事项和情况这一最重要的实质内涵早已消亡，将未来报告期间的交易、事项和情况提前至本报告期间反映，已成为常态，司空见惯。换言之，确认、计量环节已不再严格遵循会计分期假设的传统要求，划分财务报告期间以便及时提供信息，已然成为会计分期假设的唯一功效。

（4）公允价值计量对货币单位假设的影响。

货币是价值唯一可以表现的、能够量化的形式（葛家澍，2002）。公允价值计量对货币单位假设（Monetary Unit Assumption）的影响和冲击是显而易见。货币计量假设包含两层涵义：一是以货币作为计量单位；二是作为计量尺度的货币保持币值不变。尽管货币计量假设的第一层次的涵义在公允价值会计下仍然适用，但第二层次的涵义在公允价值会计下全然失效。在静态外部环境下，币值保持稳定，即不同时点的货币具有相同的价值，以历史成本对不同时期所形成的资产和负债进行会计核算才有其存在的意义，但这种前提假设显然与企业所面临的现实经济环境相去甚远。由于通货膨胀等原因，加之全球经济联动，保持不同时点的币值稳定更加困难，间接冲击着货币计量假设。

与历史成本会计不同，公允价值会计不需要以币值稳定假设为前提，而是承认币值持续变动的客观现实，直面币值变动、供求关系等因素导致市场价格等公允价值的波动，并要求企业按报告日的公允价值对资产和负债的价值影响，及时加以确认、计量和报告。

可见，只要资产和负债按公允价值计量，货币单位假设关于币值稳定的假定，就不再成立，也毫无必要。只有在纯粹的历史成本计量模式里，假定币值保持稳定才有继续存在的必要，问题是，纯粹的历史成本计量模式少之又少。在融历史成本与公允价值于一体的混合计量模式日益成为主流的财务报告环境下，货币计量单位假设第二层次的涵义，其适用性和相关性日益降低，只有以货币作为计量单位的第一层涵义依然成立和有效。

公允价值会计对财务会计四大基本假设产生重大冲击，会计理论界不应固步自封，而应与时俱进，对历史成本会计模式下的经济主体假设、持续经营假设、会计分期假设和货币计量假设的内涵和外延进行修正和完善。此外，鉴于公允价值会计的运用范围日趋扩大，有必要探讨财务会计应否提出新的基本假设。

Milburn（2012）认为，公允价值会计隐含着有效市场假说（Efficient Markets Hypothesis，EMH）。在审视了 FASB 和 IASB 所提出的支持公允价值相关性的观点后，Milburn 指出，虽然这些理由并没有直接提及市场有效性，但是实际上隐含着合理有效市场的前提。有效市场假说满足了公允价值的外部视角和市场参与者的假设，在某些情况下它们所要求的条件是重合的，例如市场开放度、频繁活动、公开信息基础、公平交易的参与者等。

FASB 在第 7 号财务会计概念公告（SFAC 7）提到，市场有多种功效，其中之一是以价格形式传递信息。市场参与者在为资产定价时，已经将不同资产的风险和报酬区别开来。换言之，市场定价程序可以确保不同的东西不会看起来相似，相同的东西也不会看起来不同。可观察的市价包含了市场参与者对一项资产或负债的共同判断，包括资产或负债的效用、未来现金流量及其不确定性，以及市场参与者因承担这些不确定性所要求的额外回报金额。这为公允价值外部视角的合理性提供了支持，这种外部视角尊重了市场机制对价格的调控，将市场中好的特性引入到会计系统。

因而，学术界有人主张，在公允价值计量日益兴盛的环境下，应当将市场有效性作为公允价值会计的一个会计假设。对此，我们认为不妥。首先，市场有效性和公允价值定义中所要求的条件部分重合，市场有效性是与公允价值第一层级所要求的条件相似，但是对于第二和第三层级则相距甚远，视角不一致；其次，市场有效性不是公允价值会计达到决策有用性所必要的前提，公允价值会计需要面对非活跃市场下如何确定公允价值的问题，而且准则制定机构也给出了相应的指引；再次，如果将市场有效性作为会计假设之一，则存在一个悖论，半强式有效市场假说认为反映在股价中的信息是包含公司所披露的所有财务信息，而会计系统又将其列为假设之一，存在内生性问题；最后，市场有效性的假说是针对证券市场，而公允价值会计所涵盖的市场范围更广，用一个局部假说来推理出整体的假设显然是不合适的。

值得说明的是，在会计学领域曾经出现过一个与市场相关的假设——市场价格假设。1961年，美国注册会计师协会（AICPA）发表了第1号会计研究公告（APB No.1）《会计基本假设》，提出了

3 类 14 条基本假设①，其中就包括了市场价格假设。将市场价格称为假设，有其合理性，因为来自于市场价格的信息最客观而且有可靠的支持。也就是说，无论是否发生资产或负债的转让交易，会计信息都必须能够向使用者传递一个资产或负债真实价值的信号。随着公允价值会计的蓬勃发展，对公允价值内涵的探索也在不断深入，其取代历史成本的趋势也越发明显。我们认为，基于现有定义的公允价值，可以不需要重新提出市场价格假设。首先，葛家澍（2002）认为市场价格是财务会计计量的基本属性。目前公认的计量属性包括历史成本、现行成本、现行市价、可实现净值、公允价值等均是从市场价格衍生而来，是按照时态观所划分的市场价格的呈现。由于会计核算主要是价值的核算，在存在活跃交易市场的情况下，通常市场价格就是公允价值。而在不可能取得市价的情况下，通过未来现金流折现或其他估值模型等估算公允价值，实际上也是对在虚拟市场上基于有序交易的市场价格的估计。从这个角度看，市场价格作为基本属性或基本价值衡量尺度只能更为突出。其次，以目前准则制定机构对公允价值计量的规定看，市场价格本来就是公允价值的主要来源，即使不提出市场价格假设，它依然是使用者最认可的、最客观的、最如实反映的价值载体。而如果将其作为假设，则当市场不存在时，作为对这种假设的背离，需要更多的指引来予以规范。最后，会计作为一个人造的信息系统，市场价格假设并非是

---

① 第一类为经济环境假设，包括量化假设、交换假设、主体识别假设、时间假设和计量单位假设；第二类为会计环境假设，包括财务报表假设、市场价格假设、主体假设和暂时性假设；第三类为必要性假设，包括连续性假设、客观性假设、一致性假设、稳定单位假设和披露假设。

系统赖以支持的不可缺的条件之一，这点从以上葛家澍教授所提出的对假设的修改中可以印证，基于成本效益原则的考虑，我们认为目前暂不需要重新提出该假设。

此外，有观点提出，对公允价值定义中所提及的交易条件假设，一旦公允价值会计成为主要会计模式，则该假设也应相应地上升为会计假设。交易假设假定市场参与者在计量日出售资产或者转移负债的交易是有序的，且该交易在相关资产或负债的主要市场或最有利市场进行。由于公允价值计量是基于市场的计量，模拟构建一个正常有序交易的市场，一方面为公允价值计量创造了相对稳定和合理的外部条件，另一方面也明确限定了其只能在市场的范畴内估值，而不能脱离市场条件孤立进行，在一定程度上避免了估值受到主观因素的影响。

我们认为，将交易条件假设设置在公允价值准则层面更为合理。首先，公允价值计量成为主要会计模式并不意味着排斥其他计量属性，如果将公允价值的适用前提上升到整个财务理论基础的层面，一方面可能导致该假设与其他计量属性不匹配，从而影响了准则体系内部的一致性和严谨性，另一方面，贸然增加会计假设会动摇其作为财务理论基础的稳定性。其次，对于公允价值的交易假设，目前还处于探索之中，对于"有序"交易的理解尚存不同见解，在未充分论证其合理性并进行统一诠释的情况下，将现有解释直接上升为会计假设，可能会牺牲未来操作的灵活性，因此，将交易条件假设作为公允价值准则运用的前提条件更符合其角色设定。

2. 公允价值会计对会计原则的影响

在公允价值会计对会计原则的影响中，谨慎性原则（Prudence）首当其冲。在以受托责任观为目标的传统会计模式中，主要采用历史成本进行计量以强调可靠性，对于外部经济变动对资产和负债的影响，则采用不对称的会计处理方式。当经济处于上行期时，物价上涨，资产的市价虽然大于账面价值，但在历史成本会计模式下，出于谨慎性的考虑，不得对该部分资产的增值进行调整，以防止虚增资产泡沫。而在经济下行期时，却是通过资产减值的会计处理，对账面价值小于市价的部分及时进行调整。此外，谨慎性原则还体现在对确认利润的不确定性程度要求远高于确认损失。由此可见，在以历史成本为主的会计模式下，会计信息整体趋于稳健。而公允价值计量遵循决策有用观的财务报告目标，要求会计信息质量符合相关性和如实反映，强调中立观，即在选择和列报财务信息时不带有倾向性，特别是在提供有关不确定性的信息时，应双向对称反映，以便及时全面地反映各项资产的真实市场价值，为投资者提供决策相关的信息，这显然与受托责任观下的谨慎性原则所传递的价值理念相冲突。同时，不完美市场下的公允价值计量引入了主观估计，改变了风险偏好态度，从谨慎性的角度考虑，可能会导致整个会计系统趋向相对高风险。另外，公允价值与谨慎性的对立关系受到公允价值自身顺周期效应的影响。在经济上行时，公允价值的运用确认了外部经济变动对资产增值的影响，因而减少了会计稳健性，而在经济下行时，顺周期效应放大了经济恶化的后果，公允价值信息反而表现得过度谨慎。从长远来看，公允价值会计和谨慎性原则的冲突主要体现在对市场变化的反映时点不同，特别是对这种反映的对称性存在差别。在决策有用观的目标下，公允价值更及时地反映经济实质，在一定程度上弥补了谨慎性原则所导致的信息反映滞后的缺陷，可以视为是对历史成本下会计信息追求可靠稳健的一种修正。

传统的历史成本会计模式以收入费用观为基础，实现与配比原则（Realization and Matching Principles）是其中的两条核心会计原则，用于收入和费用项目的确认。随着会计模式的演进，有观点质疑，基于资产负债观的公允价值会计是否还需要实现和配比原则？

在收入费用观下，实现原则的重心在于明确最恰当的收入记录时点，而配比原则的思路则是在收入已实现时，已被消耗的资产或已提供的劳务成本应该配比相应的收入并在同一个期间内予以确认。在实践工作中，受到实务的限制或基于成本效益原则的考虑，通常采用因果关系、系统而合理的分配、以及直接作为当期费用确认等三种方法进行配比。在外部经济环境平稳，交易简单明了的情况下，基于权责发生制，采用实现和配比原则的收入费用观是一个相对平衡的系统。但是当外部物价波动，引入非交易观之后，扩大了收入的范畴，交易性质和交易日期变得模糊，在收入实现与否都很难判断的情况下，费用更是无从配比，即便采用系统而合理的配比程序都无法保证符合经济实质，甚至会造成经营结果的扭曲。另外，由于收入费用观关注损益表的呈报及其预测性，采用实现和配比原则会导致一些不符合资产和负债的定义、没有经济意义的项目进入到资产负债表，容易对使用者决策造成混淆。反观资产负债观，其以资产和负债为起点研究变动的净值，运用盘存制的思想，基于价值的变动判断收入和费用的产生，更能应对外部环境的变化。同时，由于它立足于资产和负债，能够确保所有进入到资产负债表中的项目都符合资产和负债的定义，更能准确地反映当下时点的经济实质。因此，资产负债观重新占据会计主流。从以上分析可见，资产负债观和收入费用观分属两种不同的系统，体现了不同的会计确认逻辑。

会计界对配比原则持正反两种观点。支持配比原则的观点认为，资产负债观确认未实现利得，而反映这种未实现利得是不恰当而且不符合经济实质的，配比原则防止确认这种利得，有效地解决了资产负债观下产生的问题。他们认为递延更合乎情理，应该报告采用这种原则的结果。显然，这种观点不符合会计反映经济价值和经济利益的大趋势。另外，有一种观点认为，将公允价值引入到收入费用会计体系中，将未实现的利得纳入特定期间已实现利得（净利润）中，将产生一个不匹配甚至没有意义的结果，反而影响到通过估值模型对企业价值进行估值的准确性。这种观点虽然支持收入费用观的存续，但也间接说明了公允价值和收入费用配比属于两个独立的性质不同的体系。

反对配比原则的观点则提出，配比的三种方法中，因果关系随着交易的复杂程度增加变得很难识别，其他两种方法都是基于主观判断，无论程序或过程看起来多么系统合理，这种配比的结果都不能反映经济实质，配比原则自然也不是有用财务报告的基础。

另外，也有观点认为资产负债观为收入和费用提供了相对于配比原则更为恰当的基础。其一，资产负债观至少确保了资产负债表反映了唯一的权利和义务。而在配比法下，资产负债表包含了递延的收入和费用，这些与现时的任何经济权利和义务都没有对应关系，即没有经济实质。它们的存在是采用会计程序方法的结果，而不是对经济实质的反映。其二，资产负债观改进了财务报告。在采用资产负债观之前，一些被视为与报告期间无关的收入和费用可能被全部确认或在相关性尚存在疑虑的期间内被摊销。例如，不确认养老金赤字，或者认为某些外币价格波动可转回因而递延外币折算差异。其三，它能够在概念框架层面提供比权责发生制的内在逻辑更加一致的标准，特别是在收入费用观导致资产负债表中出现无法满足资产和负债定义的应计项目时。

尽管SEC早在2003年就宣称收入费用观将被资产负债观所代替，但是时至今日，受到会计实务的局限，在两大准则制定机构的准则体系中仍可看出资产负债观和收入费用观的成份，即以资产负债观为主导，但收入费用观仍保持运行的状态，从而体现对交易或事项的重视，这属于两种会计模式转型中的过渡，是渐进式改革中的必然产物。但是，随着公允价值会计在更大范围内的使用，实现和配比这些属于另一个系统程序内的原则将逐步消失。

3. 公允价值会计对财务报告目标的影响

受托责任观和决策有用观是关于财务报告目标最具代表性的两种观点。受托责任观可以视为财务报告最初始的目标，它以委托代理关系为基石，强调以恰当的形式有效地反映和报告资源受托者的经管责任及其履行情况。该理论把企业视为一系列契约的集合体，为了抑制或减少代理人出于自身利益而对会计信息进行操纵的"道德风险",会计信息必须是客观的,因而强调以事实性数据为基础并具有可验证性[1]。受托责任观代表人井尻雄士将该过程称为"硬"计量。这种观点通常将历史成本作为主要的计量属性。

而决策有用的概念首次出现在1966年美国会计学会的专著《基本会计理论公告》(ASOBAT)中。1978年,FASB在第一号财务会计概念公告(SFAC 1)中明确将决策有用观作为会计基本目标提出。决策有用观以决策理论作为基础,主要向现有的尤其是潜在的投资人、债权人和其他类似使用者提供对投资决策和信贷决策有用的信息,包括为上述使用者提供有助于他们预测、评估现金收入来源、金额、时间安排和不确定性的信息,以便投资者、债权人、职工等利益攸关者评估作为风险投资报酬的股利收入、作出股票买卖或持有决策、分析企业还本付息能力、判断职工工薪收入合理与否,等等。由于决策是立足现在面向未来的,因而采用现时计量属性通常能够得到及时反映环境变化的、与经济决策最相关的会计信息。

相比历史成本,公允价值作为现时计量属性,更加注重及时反映外部市场的变化对会计的影响,尽可能提供与经济决策最相关的会计信息,因而它是面向未来的,其决策有用性不断地被相关文献研究结论所印证。

但是对于受托责任的财务报告目标,由于其一直将历史成本作为主要的计量属性,更强调会计信息的客观性以及可验证性,因此,

---

[1] 谢诗芬.公允价值:国际会计前沿问题研究[M].长沙:湖南人民出版社,2004:P37.

被视为与历史成本"对立"的公允价值的全面推进必将对该目标产生冲击,那么,公允价值是否真的不符合受托责任观的要求呢?现代财务报告目标到底应该采用决策有用性的单一目标还是回归到决策有用性和受托责任并存的双目标呢?

(1) 公允价值会计是否不符合受托责任观的要求?

在公司制中,受托责任产生于两权分离下的委托代理关系。在市场的相关制度尚未完善时,为了抑制"道德风险",以井尻雄士为代表的受托责任观支持者强调了会计信息的客观性,要求基于事实性数据并具有可验证性,因而满足这些特征的历史成本被视为是受托责任观下的主要计量属性。但是,这并非是受托责任观的本质要求,而是受制于当时外部市场发展和估值技术局限的权宜之计。实际上,资产保全才是受托责任的主要关注点。

依托于不同的资本概念,传统资本保全理论存在财务资本保全观和实物资本保全观两种不同观点。财务资本保全以财务资本为基础,在调整所有者在本期的分配和出资后,如果净资产期末的货币金额超过期初金额,即产生利润。相比之下,实物资本保全以实物资本为依托,在调整本期所有者的资本变动后,企业期末的实际生产能力或运营能力超过期初的部分则可以视为利润。两种观点的差别体现在对待资产和负债价格变动的处理上。财务资本保全观将此变动视为持有损益,计入到资本所得中,归属于资本增值。而在实物资本观下,该部分增值可能是用于资本保值,即为了在不同时间点保持同样的实际生产能力所付出的必要代价。因此,实物资本保

参加学术研讨

全观要求采用现行成本进行计量,而财务资本保全观则没有计量属性的要求。

　　资本保全观的不同诠释,会极大地影响对受托责任的评价。坚持受托责任要求采用历史成本进行评价的观点,看似秉持财务资本保全观,突出了损益计量的真实可靠,但实际上忽略了这一观点成立需要重大的前提条件,即一般币值假设和物价稳定。一旦前提不存在,以历史成本计量的财务资本将背离现时的经济价值,造成会计信息失真。首先,通货膨胀或紧缩都会导致不同时期单位货币的购买力发生变化,进而影响会计信息的可比性,以此信息评价受托责任会掺杂很多"噪音";其次,基于历史成本的财务资本保全观可能导致实物资产无法保全。以通货膨胀为例。传统会计模式对收入费用的确认采用配比原则,在物价上涨时,以现时收入配比存货或固定资产的购买成本,不仅会导致虚增利润,而且使得计提的成本费用难以补偿实际生产折耗,无法保证企业按照原有规模持续经营。同时,虚增利润又会增加企业税负和超额分配股利,间接造成企业资本流失,难以保证企业原有经营能力。

因此,采用实物资本保全或基于现行计量属性的财务资本保全,更符合受托责任所要求的内涵,只有对委托人投入资源的实际生产能力实现保全,才能确保企业拥有持续经营的基础。公允价值会计是满足这两种观点的恰当的会计模式。采用公允价值会计能够更真实地呈现资产在财务报告日的实际生产能力或实际价值,这是更好地评价资本保值增值情况的基础。它调整了传统会计利润中由于通货膨胀或购买力变化所产生的所谓的"资本增值",排除了管理层不可控外部因素的影响,明确地区分了实质上的保值和增值部分,为使用者更好更及时地理解财务业绩、解决税赋和绩效评价问题,提供了更真实客观的基础。受托责任并不排斥公允价值,过去采用历史成本进行评价,主要是基于可靠性和成本效益原则的考虑,随着外部市场逐步成熟以及公允价值计量技术的发展,公允价值在评估受托责任上的优势已经超越历史成本。

另外,从产权理论的角度看,会计的本质是受托责任,财务报告目标是认定和解除受托责任,这客观上要求会计提供基础性的"真实公允"的会计信息。既然利益相关者的产权利益是多次博弈均衡的结果，价值计量便成为唯一能够被普遍接受的计量属性。诚如谢诗芬所言，公允价值计量是基于现值与价值的会计计量，公允价值计量属性实质上是价值计量属性的实现形式，是理想与现实的最佳耦合。曹越和伍中信认为，采用公允价值计量属性，会计就可以比较准确地界定产权和保护产权。阿尔钦提出，在经济组织问题上有两个重要的需求-投入的生产率，以及对报酬的测度。如果测度准确，报酬支付与生产要素"贡献"相一致，组织将提供生产性努力激励，反之则破坏组织生产力。而会计作为主要的计量机制，通过对投入产出的直接计量，实际上是将分配给要素所有者的报酬与贡献相匹配，采用公允价值能够保持二者的步调一致，有效地提供生产性努力激励，提高经济组织效率。德姆塞茨认为，在产权与价值的比较与衡量中，任何资源配置机制，要为社会所接受，都必须解决好两类任务：一是不管资源如何使用，必须充分揭示资源收益的信息；二是必须促使人们认真考虑这些信息。这实际上强调了产权价值信息必须要真实地、公允地、充分地予以披露。采用公允价值计量，可以使会计收益（账面收益）的资金流向经济学收益（真实收益）的价值流逼近，在全面公允价值下，资金流、产权流和价值流三者金额相等。

同时，受托责任还要求管理层和治理层有效履行风险管理职责。奈特早就指出，现实充满着风险，风险产生不确定性，而不确定性又产生利润。在全球化的推动下，传统静态经济进一步被打破，全球风险联动又加剧了经济的动态性。采用公允价值计量既迫使管理层和治理层采取更加积极主动的风险管理措施，降低价格波动、竞争格局、技术进步、商业模式创新以及利率、汇率和税率等市场因素变化对受托资源价值的负面影响,有助于投资者以更加直观、及时、透明的方式评价管理层和治理层对受托资源进行风险管理的有效性。

最后,公允价值会计会促进受托责任观的变革。基于投入产出分析的传统受托责任观的评价方式已经无法满足使用者的信息需求,转而倚重于价值管理、市值管理和风险管理的分析,这是以历史成本为主的会计模式所无法满足的。20世纪80年代以来,随着企业对货币市场和资本市场的依赖日益增加,财务管理也发生了巨大的变革,逐步进入以"价值"为中心,以企业价值最大化为目标的价值管理阶段。这要求管理层拓展传统受托责任的范围,围绕价值最大化目标,及时把握投资机会,适时调整组织战略,合理配置企业资源,以提高组织的灵活性和环境的适应性,为投资者创造更多的财富。管理层采用最优的财务政策,应充分考虑资金的时间价值和风险与报酬的关系,因而更需要面向未来的决策信息。公允价值会计注重对价值的计量,尽可能充分考虑企业所面临的风险,并试图计量这种不确定性,因而符合现代财务管理目标的信息需求。

综上,我们认为,公允价值会计比历史成本更符合受托责任观关于资本保全的内在要求。在评价受托责任履行方面,公允价值会计不仅不逊色于历史成本会计,而且丰富了受托责任观的内涵,拓展了受托责任观的外延。可见,推行公允价值会计并不排斥受托责任观。恰恰相反,公允价值会计在财务会计领域里的推广运用,其所提供的信息有助于更好地实现评价受托责任这一财务报告目标。

(2) 单目标还是双目标并存？

如上分析，公允价值会计并不排斥受托责任目标，那么，财务报告两大目标的关系，究竟是应该像FASB那样坚定地奉行"大决策有用观"，还是如IASB在二者之间犹豫不决，最终倾向于回归双目标共存？

通过总结和梳理概念框架修订项目启动以来准则制定机构的征求意见和反馈意见，我们发现，回归双目标备受青睐，大势所趋，主要理由是：第一，受托责任是公司制主体的初始目标，是委托代理关系的基石，它的存在可视为财务报告所固有的，而决策有用观的兴起和发展得益于资本市场的发展与壮大，但它只是一个递增的目标，无法取代使用者对受托责任信息的原始需求；第二，单独提出受托责任能起到强调和指引的作用。决策有用性关注未来预期现金流，它是面向未来的，而受托责任目标的并行提出能平衡这种导向，整体上确保了对公司业绩的恰当关注；第三，受托责任不完全从属于决策有用性，二者虽有重合，但将受托责任限制在决策有用性之下是一种狭隘的理解和约束；第四，适用国的法源和法律形式会对受托责任的重要性产生一定的影响。例如，英国是基于公司法，美国是基于市场规范（证券法），前者更侧重于公司治理和受托责任，后者则更强调市场机制和市场价格，因而信息与未来现金流相关。FASB的概念框架反映了美国的制度安排，因而更偏爱市场基础。欧洲国家在会计法规方面有着强大的法律传统，因而更偏好公司法，强调公司治理机制包括受托责任。

从以上分析可以看出，关于财务报告目标的争论，主要停留在对受托责任与决策有用观的包含关系与强调功能的对抗，并未否定受托责任的重要性。从公允价值的视角看，财务报告侧重于服务资本市场，强调了"通用"财务报告的目标是满足那些没有授权获取主体内部信息的"外部使用者"的信息需求，因而，其所提供的会计信息需要有预测的功能，包括从市场参与者的角度（而非特定主体）来预期未来现金流。这种视角基于一种理想的完美市场假设，即外部市场至少是半强式有效市场，相关市场是完整和充分竞争的，虽然在一定程度上占据理论制高点，但是相较实践而言，尚过于前瞻。现实生活中并不存在完美的市场，全球资本市场的发达程度参差不齐，未上市的中小企业依然占有很大比例，即便是资本市场发达区域，也不能过于强调潜在投资者而忽视现有投资者的需求，因而，基于公允价值的视角重新审视财务报告目标，仍无法从根本上撼动受托责任根深蒂固的地位，亦不能得出"受托责任观"过时或应该退出历史舞台的武断结论，这是来自于市场、委托代理制度、公司治理等基本制度层面的要求。因此，公允价值导向下依然应该重视有助于评价受托责任的信息需求。

4. 重构财务报告概念框架的政策建议

基于上述分析，我和研究团队从公允价值计量的视角，从六个方面提出重构财务报告概念框架的政策建议：

在修订和完善财务报告目标方面，我们建议：（1）恢复决策有用观和受托责任观并行的双目标制。与传统观点不同，我们认为公允价值计量并不排斥受托责任观，恰恰相反，公允价值计量丰富了受托责任观的内涵，使受托责任观由侧重对投入产出的分析，拓宽至评价管理层和治理层是否对价值变动和风险进行有效的管理；（2）规范"受托责任"这一专业术语的用法，以Accountability取得Stewardship，能更好地突出管理层和治理层对受托资产的说明和报告责任；（3）修改资本保全概念，采用现实计量属性更加符合资本保全的内涵。

在修订和完善会计信息质量特征方面，我们建议：（1）保持如实反映（faithful representation）对可靠性（reliability）的替代，如实反映所蕴含的对经济实质的关注、对现实价值的重视观念，更加符合会计发展趋势，也是公允价值会计所要求的恰当质量特征；（2）将可验证性（verifiability）重新列入如实反映的次级质量特征，概念框架已经拓宽了可验证性的涵义，不仅包括单一的点估计和直接验证，也包括期间估计和间接验证，这些都是公允价值会计能够且必须满足的；（3）将谨慎性（prudence）作为专业判断的约束条件之一，将谨慎性作为面临不确定性时发挥专业判断的约束标准，既限制了运用谨慎性的情景和对象，又保持了概念框架与准则体系的内在一致性，有利于提高公允价值计量的信息质量。

在修订与完善会计要素方面，我们建议：（1）在计量环节设置不确定性标准，而不应在会计要素定义层面设置存在与否的不确定性标准，否则，绝大部分的衍生金融产品将可能被排除在财务报告之外，增加潜在风险；（2）改进要素的定义，保留资产定义中"由过去的交易和事项所形成的"措辞，否则将无限扩大财务会计的边界；（3）增设"综合收益"（CI）要素，有助于为公允价值会计的产物"其他综合收益"(OCI)的存在合理性提供支持;(4)不宜增设与现金流量相关的会计要素,否则,间接法这种符合成本效益原则的现金流量表编制方法将会失去正当性。

在修订与完善会计确认方面,我们建议:(1)在概念框架层面突出非交易观,唯有如此,公允价值会计确认未实现的持有利得和损失才有正当性;(2)引入现金流动制,与权责发生制共同构成会计确认基础。公允价值计量,既可以说是依据权责发生制,因为它如实反映了企业实际承受的风险和报酬,也可以说是依据现金流动制,因为它是基于未来可能的现金流入;(3)协调解决概念框架与准则体系对待不确定性的不一致性,如果在概念框架层面上消除会计要素定义中的不确定性,就应尽快修订准则体系中涉及不确定性的规定;(4)约束配比原则的使用范围,因为公允价值会计不需要配比。

在修订和完善会计计量方面,我们建议:(1)设置单独的计量目标或核心计量属性,"公允价值"更适合作为计量目标或计量框架的默认计量属性;(2)明确商业模式的角色,基于市场原则构建计量原则。既然商业模式已经成为金融资产如何分类和计量的关键标准,概念框架就有必要明确商业模式在计量属性选择上的角色和理由。

在修订和完善信息列报与披露方面,我们建议:(1)保持损益合计数,结合商业模式考虑业绩报告的分类汇总;(2)设定有关损益和OCI的高层次原则,将广义OCI法作为补充;(3)明确列报与披露在概念框架与准则体系的划分界线;(4) 保留"重要性"(materiality)披露原则并增加"内在一致性"(cohesiveness)原则。

此外,我们还根据IASB修订概念框架的主流观点,结合我国国情,对适时修订和完善我国基本会计准则提出政策建议。我们认为:(1) 在财务报告目标方面,坚持决策有用观和受托责任观的财务报告双目标制,对国有企业和非上市公司占据主导地位、资本市场还不是特别发达的中国特色社会主义市场经济尤其必要,评价企业管理层和治理层的受托责任,在相当长时期内将会一直是我国财务报告的一大重要目标;(2) 在会计信息质量特征方面,用"如实反映"取代"可靠性",符合我国越来越重视经济实质、价值管理和风险管理的环境变迁。此外,经济转型升级、技术进步迭代、商业模式创新以及公允价值的导入和推广等,使得我国的会计环境和会计信息系统面临诸多不确定性,将"谨慎性"作为约束条件,有其现实必要性;(3) 在会计要素方面,随着公允价值会计的推广,CI和OCI在业绩报告中日益重要,有必要在会计要素中增设"综合收益"要素,在确认环节中确立"非交易观"的思想;(4) 在会计计量方面,有必要明确商业模式在计量属性选择方面的角色和地位,将商业模式作为计量属性的选择标准,有利于应对新经济、新业态的商业模式创新和交易性质多元化给会计核算带来的挑战;(5) 在列报与披露方面,基本准则应借鉴四个报表的提法,赋予管理层适度的列报和披露选择权,同时借鉴IASB的做法,适时启动"披露框架"研究项目,并将其纳入概念框架,以弥补基本准则缺乏披露要求的不足;(6) 在会计假设方面,虽然没有必要增加新的会计假设,但鉴于我国公允价值会计的普及程度不如发达国家,有必要针对公允价值适用的外部环境和交易条件,在具体会计准则的层面明确公允价值计量的前置条件,至少包括投资者是理性的、市场交易是有序的、流动性是充裕的、交易量是正常的;(7)在基本准则角色定位方面,可以考虑弱化其在准则体系中的统驭地位,借鉴IASB的做法,允许具体准则在例外情况下可以背离基本准则,但必须在具体准则中说明背离的原因,这样既能保持基本准则的稳定性,又能赋予准则制定机构必要的灵活性。

二、企业合并与合并财务报表的研究成果和学术观点

作为财务会计"三大难题"①之一，合并报表既令人生畏，又枯燥无味，之所以成为我的研究领域，与我在厦大的教学活动和在事务所的执业经历有关。1986年从加拿大学成回国后，我走上讲台讲授的第一门课《西方财务会计专题》以及后来为研究生讲授了10多年《高级财务会计》，主要涉及合并报表问题。1988年参加厦门大学会计师事务所的审计工作后，又接触了大量报表合并的问题，让我切身感受到，研究财务会计和合并报表时，如果不触及合并报表的深层次问题，只能是一种自欺欺人的鸵鸟心态。唯有直面合并报表问题，将其研究透彻，对财务会计和报表

与陈箭深等合写的论文获奖证书

与冯淑萍主任合作编写的专著

---

① 财务会计"三大难题"是指合并报表、外币折算和物价变动会计，一些学者如常勋教授将金融工具视为财务会计的另一大难题，故也有财务会计"四大难题"之说。

分析的科研才有底气可言，才不至于在财务会计和报表分析的教学中误人子弟。

在合并报表方面，我们取得的主要研究成果是主编了两部专著，在《会计研究》等学术刊物上发表了五篇学术论文。这些研究成果既有探讨合并报表理论问题的，如《合并会计报表若干理论问题探讨》（2001）、《企业合并会计的经济后果分析》（2004）以及《企业合并与合并财务报表研究》（2005）等，也有探索合并报表实际问题的，如《长期股权投资会计与合并会计报表》（1996）、《会计年度内取得控股权是编制合并报表的若干问题探讨》（2000）、《论资不抵债子公司的报表合并》（2002）、《购买法和权益结合法下合并报表编制研究》（2006）。

《合并会计报表若干理论问题探讨》和《企业合并会计的经济后果分析》这两篇学术论文以及《企业合并与合并财务报表研究》这部专著，集中体现了我和我的研究团队对合并报表研究的学术思想：一是主体观念具有理论优势，应成为我国合并报表的优先选择，二是购买法和权益结合法具有明显的会计后果，在特定因素和我国特殊融资和监管环境下可能转化为严重的经济后果。

（一）合并观念的优化选择

合并报表之所以成为财务会计的一大难题，既有技术层面纷繁复杂的因素①,也有合并观念观点纷呈的原因。为此,我在"合并会计报表若干理论问题探讨"一文中,系统追溯了合并报表三种基本观念(所有者观、主体观、母公司观)的理论渊源和合并理念的差异,并进行深入评述和分析,最后指出主体观念是我国合并报表的最优理论选择。

1. 合并报表的所有者观

(1) 理论渊源。

所有者观是业主理论在合并报表中的具体运用。业主理论的基本立论是:会计主体与其终极所有者是一个完整且不可分割的整体。从产权理论角度看,业主理论强调的是终极财产权,即所有者对财产具有独占性、排他性的一切权利,拥有对法人主体财产的绝对支配权和最终处置权。业主理论认为,会计主体充其量只是其终极所有者财富的存在形式或载体,会计主体就是所有者的化身,会计主体的资产是终极所有者正财富的一种具体表现形式,会计主体的负债是终极所有者的负财富,会计主体的资产与负债之差代表终极所有者投放在这一会计主体的净权益。会计主体的任何收益实质上是终极所有者财富的增加,同样地,会计主体的任何支出都可看作是终极所有者财富的减少。终极所有者从会计主体获得的现金股利,

---

① 合并报表在技术层面的复杂性,主要源自公司间交易的抵销分录。对此,我在教学中提出了采用"三步法"编制抵销分录的做法,在很大程度上降低了报表合并的复杂性,颇受学生欢迎。"三步法"的步骤为:一是还原母子公司针对公司间交易所编制的会计分录,二是将母子公司所编制的会计分录合并,分析公司间交易的净影响,三是根据净影响编制借贷方向相反的抵销分录。

并没有改变终极所有者的财富存量,而只是改变财富的储存空间,现金股利的分派导致财富发生位移,由会计主体向终极所有者转移。

业主理论所依据的会计基本恒等式为"资产-负债=所有者权益",它突出体现了确认、计量和报告所有者权益是财务会计的核心目标,因此,业主理论又称"所有者权益中心论"。

业主理论与现代会计的主体假设格格不入,它认为把会计主体的交易、事项或情况与其终极所有者截然分开,缺乏实质性的经济意义。换言之,它认为会计主体与其终极所有者的分离是形式上的,二者的统一才是实质。因此,在会计核算上强调主体假设显然与"实质重于形式"的原则相悖。

(2) 合并理念。

所有者观认为,母子公司之间的关系是拥有与被拥有的关系,编制合并报表的目的,是为了向母公司的股东报告其所拥有的资源。这里所说的资源,是一种净资源的范畴,即正资源(资产)与负资源(负债)之间的差额。合并报表只是为了满足母公司股东的信息需求,而不是为了满足子公司少数股东的信息需求,后者的信息需求应当通过子公司的个别报表予以满足。根据这一观点,当母公司合并非全资子公司的会计报表时,应当按母公司实际拥有的股权比例,合并子公司的资产、负债和所有者权益。同样地,非全资子公司的收入、成本费用及净收益,也只能按母公司的持股比例予以合并。概而言之，所有者观主张采用比例合并法，其主要特点是：(1) 在组建母子公司联合体过程中因收购兼并而形成的资产、负债升（贬）值及商誉，按母公司的持股比例合并和摊销；(2) 母子公司之间的交易及其未实现损益，按母公司的持股比例抵销；(3) 合并会计报表上既不会出现"少数股东权益"，也不会存在"少数股东损益"。

(3) 评述分析。

在所有者观下，按比例合并法编制的合并报表强调的是合并母公司实际拥有的，而不是母公司实际控制的资源。这种做法固然稳健，但违背了控制的实质。控制一个主体实际上是控制该主体的资产，即按照控制者的意愿和利益运用或指导被控制主体全部资产的运用。控制具有排它性，当母公司控制子公司时，它不仅有权直接统驭其所实际拥有资产的运用，而且可以统驭子公司全部资产的运用。因此，按所有者观采用比例合并法编制合并报表，忽略了企业并购中的财务杠杆作用，即母公司通过控制略高于50%（在股权分散的情况下，甚至不需要50%）的股权，就可统驭子公司100%资产的运用并使母公司从中获益。此外，子公司的盈利能力是全部资产、资产与负债的组合等一系列因素共同作用的结果，作为一个独立的法人，子公司的资产和负债、收入、成本费用是一个不可分割的整体，比例合并法将子公司的报表要素按母公司的持股比例人为地分割成两部分（合并部分与非合并部分），所形成会计信息的经济意义令人生疑。

正是基于上述局限性,按照所有者观设计的比例合并法在实务工作中的应用受到大多数会计准则制定机构的限制。欧盟采纳国际财务报告准则之前,比例合并法只在欧洲大陆少数国家如荷兰、法国运用。当一个公司由两个或两个以上主体联合控制(Joint Control)时,该公司既不存在单一的控股母公司,也没有少数股东,既不存在法定控制,也不存在单一的经济主体。在这种情况下,按照不强调法定控制和单一经济主体,而只强调拥有关系的所有者观,采用比例合并法对被联合控制主体的会计报表进行合并,不失为权宜之计,但其违反资产不可分割性的弊端依然存在。

2. 合并报表的主体观

(1) 理论渊源。

主体观源自主体理论,其基本立论是:会计主体与其终极所有者是相互分离、独立存在的个体。从产权理论的角度看,主体理论强调的是法人财产权,而不是终极财产权。法人财产权指法人有独立于其最终所有者的权利和义务,所有者投入资本后,与之相关的资产和负债的产权已经转移至法人主体,任何所有者都不能对法人主体的财产提出要求权,但法人主体对财产的占用、使用、处置和分享收益的权力不是绝对的,而是受到其所有者意志的支配。主体理论认为,一个会计主体的资产、负债、所有者权益、收入、费用以及形成这些报表要素的交易、事项或情况都独立于终极所有者,它们是会计主体所固有的,不应将会计主体与其终极所有者的法律和经济行为混为一谈。根据主体理论,资产是会计主体自身收取一定商品、劳务或其他未来经济利益的权利，负债是会计主体自身的偿付义务，而资产与负债的差额——所有者权益是会计主体对其终极所有者的义务。从这个意义上说，债权人与所有者都是会计主体的资源提供者（Resource Providers）或利益攸关方（Stackholders），只不过债权人的利益索偿权优先于所有者。同样，收入代表会计主体的经营成果，费用代表会计主体为了获得收入而付出的代价，净收益则代表会计主体的经营净成果。对于所有者来说，会计主体的净收益并不会自动归属于所有者，只有会计主体宣布发放现金股利，净收益才成为所有者的财富来源。会计主体向其终极所有者派发现金股利，既减少了会计主体的财富存量，也部分地解除了会计主体对所有者所承担的义务。

为了体现主体理论的上述观点，会计的基本恒等式应改为"资产＝负债＋所有者权益"。根据这一恒等式，所有者不再是财务会计的唯一中心，而是与债权人居于同等地位。由于将债权人与所有者都视为同等重要的利益当事人，主体理论十分强调"资本保全"，不允许所有者在会计主体存续期间抽回资本，以免侵害债权人的正当权益。

可以说，主体理论是现代财务会计中主体假设的理论基础。主体假设将会计主体与其终极所有者严格区分，分别对待，会计主体的资产、负债、所有者权益、收入和费用以及与之相关的交易、事项或情况，必须与其终极所有者截然分开，独立核算，否则，会计主体的法人财产权将难以维护。

（2）合并理念。

在合并报表中率先引入主体观的是 Moonitz 教授[①]。主体观认为，母子公司之间的关系是控制与被控制的关系，而不是拥有与被拥有的关系。根据控制的经济实质，母公司对子公司的控制意味着母公司有权支配子公司全部资产（而不仅仅是所拥有的资产）的运用，有权统驭子公司的经营决策和财务分配决策。由于存在控制与被控制的关系，母子公司在资产的运用、经营和财务决策上便成为独立于其终极所有者的一个统一体，这个统一体就应当是编制合并会计报表的主体。编制合并报表的目的，是为了满足合并主体所有股东的信息需求，而不仅仅是为了满足母公司的信息需求。具体地说，合并报表是为了反映合并主体所控制的资源。根据这一观点，当母公司合并非全资子公司的财务报表时，应当将该子公司的全部资产、负债、所有者权益予以合并。同样地，在合并利润表上，也应当将子公司的全部收入、费用及净收益合并。这种合并方法往往被冠以"完全合并法"，其主要特点包括：（1）在组建母子公司联合体过程中因收购兼并形成的资产、负债升（贬）值及商誉，应全部予以合并和摊销；（2）母子公司之间的交易及其未实现损益，应全部予以抵销；（3）在合并资产负债表上，母公司未实际拥有的所有者权益反映为少数股东权益，作为合并所有者权益的一个项目单独列示；（4）少数股东在子公司应分享的损益，视为合并净收益在不同股东之间的利润分配，应通过合并利润分配表予以反映，而不作为合并净收益的一个减项。

---

① 1944 年，美国会计学会（AAA）发表了 Moonitz 教授题为 The Entity Theory of Consolidated Statements 的专著，开创了主体理论在合并会计报表运用的先河。

(3) 评述分析。

在主体观下，按完全合并法编制的合并会计报表，合并的是母公司所控制的资源，而不是母公司所拥有的资源。这种合并方法与控制的经济实质相藕合，承认了企业并购过程中母公司通过产权控制而产生财务杠杆效应的客观事实。此外，在完全合并法下，编制合并报表时不需要对子公司的资产、负债进行人为分割，克服了比例合并法的弊端。更重要的是，完全合并法因对子公司的全部资产、负债升（贬）值及商誉进行合并，事实上采用单一的计量属性（相当于公允价值）对子公司的全部资产、负债进行计价，弥补了比例合并法对子公司的资产和负债进行双重计价的局限。

从现代企业制度的产权关系（重视法人财产权，而不是终极财产权）看，主体观比所有者观更加合理。然而，主体观也并非完美无缺。主体观的最大缺陷在于其对商誉的计算原理存在瑕疵。根据主体观的合并理念，商誉的计算原理如下：

商誉＝子公司的整体价值－子公司可辨认净资产的公允价值

其中，子公司的整体价值＝母公司支付的收购价÷母公司收购的股权比例

可见，按照上述原理计算的商誉具有推定性质，缺乏可验证性。在主体观下，子公司的整体价值是通过母公司所支付的股权收购价格除以母公司收购的股权比例推定的。这种推定实质上假设子公司

的少数股东也愿意与控股股东支付同样的价格来购买其相应的股权。但实际情况是，只有多数股东（即母公司）才真正愿意按高于子公司可辨认净资产公允价值的价格购买子公司的股权，它所支付的价格包括为了获得控制权及其相关的财务杠杆效应而额外支付的代价。少数股东并没有掌握控制权，它当然不愿意支付与控股股东一样的价格来购买子公司的股权，少数股东的股权获得价格在大多数情况下只是它的原始投资，通常大大低于可辨认净资产公允价值的相应份额。正因为这一推定过程所隐含的假设与实际情况严重背离，按主体观计算出的商誉，其合理性一直为会计学术界所质疑。

其次，主体观关于合并报表编制目的的看法，也存有争议。主体观认为，合并报表不是为母公司的股东编制，而是为合并主体的所有利益当事人（包括构成合并主体的子公司的少数股东）编制的。这种观点显然有失偏颇。少数股东只持有子公司小比例的股权，并没有持有母公司的股权，它既无法控制子公司的资产运用，更无权享受子公司之外的合并主体成员公司的权益，因而，合并会计报表对于少数股东是毫无意义、毫不相关的。

3. 合并报表的母公司观

（1）理论渊源。

严格地说，母公司观并没有独立的、逻辑一致的理论基础，而仅仅是所有者观和主体观的折衷。母公司观的理论渊源既有业主理论的成分，也有主体理论的色彩。具体到合并会计报表的运用，母公司观是通过对所有者观和主体观"扬长避短"，继承了所有者观的合理内核,同时吸收了主体观的合理外延而形成的。在合并报表目的方面,母公司观继承了所有者观关于合并报表是为了满足母公司股东的信息需求而编制的理论,否定了主体观关于合并报表是为合并主体的所有资源提供者编制的理论;在报表要素合并方法方面,摈弃了所有者观狭隘的"拥有观",采纳了主体观所主张的视野更加开阔的"控制观";在少数股东权益确认方面,则明显体现了对所有者观和主体观的折衷和修正,既反对所有者观将少数股东权益完全排除在合并报表之外的保守做法,也反对主体观全额确认子公司可辨认净资产的升(贬)值并按股权比例分摊给少数股东的激进做法;在商誉确认方面,考虑到商誉是不确定性最高的资产,完全秉承了所有者观的稳健惯例;在消除集团公司间交易及其未实现损益方面,又认同了主体观的做法。因此,我们很难说母公司观到底更接近于所有者观,还是更倾向于所有者观。从理论上说,母公司观由于缺乏主见和逻辑严谨性而逊色于主体观和所有者观。但从实务上看,由于坚持了"修正主义",母公司观在合并报表编制实务方面的可操作性,却是主体观和所有者观不能相媲美的。

(2) 合并理念。

母公司观的基本合并理念主要包括:①编制合并报表的目的,是为了向母公司的股东反映其所控制的资源;②子公司的少数股东为合并主体提供了不可分割的经济资源,少数股东对子公司净资产及净利润的相应权益,应予明确体现;③子公司资产、负债以及净资产的账面价值与母公司对这些净资产的购买价格是两个独立的因素,后者包括母公司为了获得控股权而额外支付的溢价,子公司的账面价值是不可分割的,应100%予以合并,而母公司购买价格超过子公司净资产账面价值的部分只与母公司的投资活动有关,因而应当按母公司持股比例予以合并。鉴于此,编制合并报表时,子公司的净资产及相关资产和负债宜采用双重计价基础——成本(账面价值)与市价(公允价值)。

由于母公司综合运用了完全合并法和比例合并法对报表要素进行合并,按照这种观念合并非全资拥有的子公司的财务报表时,具有以下主要特点:(1)子公司的资产、负债、净资产、收入和费用100%予以合并;(2)资产、负债的升(贬)值以及商誉按母公司的持股比例确认和合并;(3)集团内公司间交易及顺流交易(down stream transaction)所形成的未实现损益100%予以抵销,但逆流交易(up stream transaction)所形成的未实现损益则按母公司的持股比例予以抵销;(4)在合并资产负债表上,少数股东权益既不作为负债,也不作为所有者权益,而是作为一个单独项目列示于负债与所有者权益之间,在合并利润表上,少数股东应享损益作为合并收益的一个扣减项目。

(3)评述分析。

母公司观可以看作是所有者观和主体观的折中和修正,它继承所有者观和主体观各自的优点,克服了这两种极端的合并观念固有的局限性,因而在实务中广为采用。然而,折中和修正也使母公司观丧失独立的、自成体系的理论基础。特别是,母公司观因要求采用双重计价基础(历史成本与公允价值)而遭受学术界的批评。此外，母公司观将少数股东列示于负债与少数股东权益之间的权宜做法，被认为是一种回避矛盾的做法，使合并报表的使用者对少数股东权益的性质（负债抑或所有者权益）产生困惑。这种列示方法平添了新的报表要素，动摇了"资产＝负债＋股东权益"这一基本会计恒等式，导致新的恒等式的出现："合并资产＝合并负债＋少数股东权益＋合并股东权益"。尽管这一恒等式并不难理解，但计算负债比率、净资产比率、负债对股东权益比率、股东权益报酬率等财务指标时，对少数股东权益性质的认定问题仍然无法回避。

4. 我国合并报表的理论选择

（1）我国合并报表的理论定位。

我国1995年颁布实施了《合并会计报表暂行规定》（以下简称暂行规定），极大地促进我国合并报表理论与实务的发展。然而，从暂行规定所规范的内容和方法上看，我国合并报表的理论定位不是十分清晰，既不是所有者观，也非主体观，更非纯粹的母公司观。在合并报表编制目的的表述方面，暂行规定采纳的显然是所有者观和母公司观，主张合并报表是为母公司的股东编制的；从报表要素的合并方法上看，暂行规定综合体现了主体观和所有者观的合并理念，对于控股子公司的财务报表，要求采用完全比例合并法，而对于共同控制子公司的财务报表，则要求采用比例合并法[①]；在计价基础方面，暂行规定认同了所有者观和母公司观，即采用双重计价基

[①] 比例合并法尽管为国际会计准则所认可，但并非国际上通行的做法。事实上，FASB就反对比例合并法，对于共同控制的子公司，要求采用权益法核算或完全合并法。参见Accountancy，2000年第9期第104页。

础，在计算合并价差（其中包括股权购买价格中所蕴涵的商誉以及资产和负债账面价值与公允价值之间的差异）时，对于母公司所拥有的那部分净资产，只按母公司的持股比例推算并确认公允价值，对于少数股东拥有的那部分净资产，仍维持历史成本基础；在少数股东权益性质的认定方面，暂行规定采纳了母公司观那种回避矛盾的做法，将少数股东权益单独列示在负债与股东权益之间；在抵销集团内公司间交易未实现损益方面，暂行规定则完全秉承了主体观的做法，不论是顺流交易，还是逆流交易或平流交易，均100%予以抵销；在收益确定方面，暂行规定强调反映母公司股东所享有的净收益，将少数股东损益视为一项费用，作为合并净利润的一个扣减项目，与母公司观的合并理念如出一辙。

可见，暂行规定具有十分浓厚的实用主义色彩，其理论定位有待进一步完善。

(2) 我国合并报表理论的未来选择。

暂行规定颁布实施以来，我国财务会计规范发生了重大变化。投资准则、现金流量表准则、《企业会计制度》的颁布以及财政部关于股权购买日确定和计提减值准备等相关规定的贯彻实施，都要求我国重新制定有关合并报表方面的规范。在制定合并报表准则或修订暂行规定时，有必要借鉴国际惯例，结合我国实际情况，选择适合我国的合并报表理论。

如前所述，目前可供选择的合并报表理论主要包括所有者观、主体观和母公司观。从整体上看，我国当前的合并报表理论更为侧重的是母公司观和所有者观。基于以下理由，我们认为，我国未来在选择合并报表理论时，应当以主体观为主。主要理由如下：

①从国际上看，主体观成为合并报表主流理论已是大势所趋，FASB和IASB近年来在这方面的立场尤其明显。

②从我国信息需求的角度看，对合并报表产生信息需求的，决不仅仅是母公司的股东，合并报表对企业集团债权人的决策也是相关的。在母子公司之间或子公司之间相互提供贷款担保的情况下，合并报表对于商业银行等债权人了解整个企业集团真实的财务状况、经营业绩和现金流量是至关重要的。因此，主体观所倡导的开放型的合并报表编制目的（即合并报表是为企业集团的所有资源提供者编制的）显然与我国会计信息需求的实际情况相适应，而其他合并观念所阐述的合并报表目的则过于封闭。

③从少数股东权益和少数股东损益的性质认定看，主体观的立场与我国会计要素的定义相吻合。在主体观下，少数股东权益是合并股东权益的一个组成部分，因为对合并主体而言，少数股东权益并不是一项义务，也不会导致经济利益的流出。同样地，少数股东损益也不是一项费用，而是对合并主体实现的合并净利润的一项分配。相比之下，所有者观和母公司观对少数股东权益和少数股东损益性质的认定与我国对会计要素的定义是不相容的。

④从集团内公司间交易未实现损益的抵销看，主体观要求100%

抵销，而不是按母公司的持股比例抵销，有助于抑制企业利用集团内的关联交易操纵利润的现象。

⑤从计价基础上看，主体观可克服其他合并观念对子公司的净资产及相关资产和负债采用双重计价标准的缺陷。尽管以主体观所主张的公允价值作为计价基础，可能在初次合并时夸大子公司的净资产和商誉，但另一方面我国的会计准则和《企业会计制度》已要求计提资产减值准备，因此，在编制合并报表时以母公司支付的股权购买价格为基础，对子公司的有形净资产和商誉重新计价，也可避免资产计价基础因过度稳健而失实。

第四部分　回眸笔耕　梳理学术思想

访问曼彻斯特大学

(二) 企业合并会计的经济后果分析

企业合并会计历来是个难点、热点和重点问题,学术界和实务界对购买法(purchase method)和权益结合法(pooling of interest method)的抉择见仁见智,莫衷一是,争论的焦点之一就是这两种会计政策是否具有不同的经济后果。企业是否偏爱权益结合法?权益结合法和购买法的选择是否会产生不同的经济后果?我国在制定企业合并会计准则时,是选择权益结合法与购买法并存的二元格局,还是选择只允许采用购买法的单元格局?为了回答这些问题,我带领研究团队对此做了深入研究,并在《会计研究》上发表了《企业合并会计的经济后果分析》一文。在回顾相关文献的基础上,我们提出,购买法和权益结合法的选择不仅具有明显的会计后果,而且在企业特定因素和我国特殊融资和监管环境的作用下可能转化为严重的经济后果。该文最后采用"二分法",勾勒出"共同控制"与"非公共控制"情景下,我国企业合并会计逻辑框架的构建思路。

尽管国外对企业合并会计的经济后果进行了大量的实证研究,但由于采用了不同的方法,选取了不同的样本,研究得出的结论差异很大。研究结论既有支持有效市场下会计政策的选择不会影响企业价值或投资决策行为的观点,也有与之截然相反的观点。我们认为,研究结论之所以产生如此之大的差异,根本原因在于有效资本市场假说(EMH)本身是否成立以及在什么程度上成立仍是悬而未决的问题。检验会计信息的市场反应是要冒一定风险的,即使采用市场模型,也不能确保影响股票价格的其他所有因素(如投机心理、风险偏好和虚假盈利等）都得到剔除。因此，要确定购买法和权益结合法是否具有经济后果，除了检验这两种会计政策的市场反应外，还应从企业特定因素（Firm Specific Factors，如激励机制、财务杠杆和企业规模）的角度加以分析。在我国，则还需要从融资和监管环境的角度进行分析。通过这些新视角，我们或许能够发现购买法和权益结合法的会计后果和经济后果之间的相互转化关系。换言之，在企业特定因素以及融资和监管环境的作用下，购买法和权益结合法的会计后果有可能转化为经济后果，并对企业价值和决策行为产生影响。

1. 企业特定因素作用下的会计后果与经济后果分析

Watts和Zimmerman于1978年提出的实证会计理论三大假说，即分红计划假说（Bonus Plan Hypothesis）、债务契约假说（Debt Covenant Hypothesis）和政治成本假说（Political Cost Hypothesis）对于理解购买法和权益结合法的会计后果是如何在企业特定因素作用下转化为经济后果的机理很有启迪。分红计划假说认为，其他条件保持相同，在实施分红计划的企业中，其管理层更有可能选择将报告收益从未来期间提取至当期确认的会计政策。根据这一假说，如果企业实施的激励机制将管理层的收益与会计利润相挂钩，企业管理层在确定企业合并会计政策时，通常会倾向于选择权益结合法，因为权益结合法能够报告较高的利润，从而增大管理层的报酬效用。此外，如果有效资本市场假说不完全成立或者只是弱式有效，报告较高的利润将有助于股价的上升。基于此，可以推断，实施股票期权激励计划的公司，其管理层一般倾向于选择权益结合法，以提升其股票期权的价值效用。

债务契约假说指出，其他条件保持不变，企业面临着违反以会计数据为基础的债务契约条款时，其管理层就越有可能选择将未来期间收益提前至当期确认的会计政策。债务契约假说对于企业合并会计政策选择的解释较为复杂。一方面，选择权益结合法有助于提高合并当期和合并后的利润，从而降低违反债务契约的概率。另一方面，选择购买法可报告较高的资产和净资产，从而大幅度降低负债率和违约概率。相对而言，资产的大幅升值比利润的提升对于降低负债率的功效更加明显。鉴于债务契约假说的实质是企业将选择有助于降低违约概率的会计政策，据此推断，财务杠杆较高的企业，其管理层越有可能选择购买法。

政治成本假说是指，其他条件保持不变，企业面临的政治成本越大，其管理层就越有可能选择将当期报告收益递延至以后各期确认的会计政策。按照这一假说，规模较大或盈利能力极高的企业，其管理层将更乐意选择购买法，以免因报告太高利润而招致不必要的政治成本。显然，政治成本假说并不能合理地解释标的较大的企业合并采用权益结合法的比例也较高的现象。合乎情理的解释是，对于标的巨大的企业合并，企业管理层出于保存现金流量的考虑，往往采用换股合并的方式。而在换股合并的情况下，采用权益结合法的可能当然比较大。

作为理性经济人，企业的管理层为了追求自我利益最大化，往往乐于选择权益结合法。在这种情况下，购买法和权益结合法的选择所产生的会计后果甚至可能转化为经济后果。就是说，为了确保能够采用权益结合法，企业管理层往往愿意支付较高的购买溢价，而这显然有损购买方股东的利益。AT&T 的一个收购案例充分说明了会计后果在特定因素作用可能转化为经济后果。1991 年，AT&T 收购了 NCR，由于担心购买法下商誉的摊销对未来股票价格的影响，AT&T 的管理层说服了 NCR 将合并前已回购的数百万股股票重新出售（否则就不符合采用权益法的 12 个标准之一），并承担了由此发生的全部 5000 万美元费用。此外，为了在采用权益结合法上获得 NCR 的配合，AT&T 将购买 NCR 的出价提高了 3.25 亿美元。从股东的角度看，AT&T 为采用权益结合法额外付出了 3.75 亿美元的代价，显然具有严重的负面经济后果。更有甚者，一些企业甚至将能否采用权益结合法作为并购协议的一个先决条件。合并交易是否达成，并不完全取决于合并本身的经济性。即使能够带来规模效益和协同效应的合并，也有可能因为无法采用权益结合法而遭企业管理层舍弃。

从债务契约的角度看，企业管理层基于降低违反债务契约风险选择购买法，虽然降低了负债率，但并没有改变企业创造现金流量的能力，因此，采用购买法往往高估了企业的实际偿债能力，并有可能导致债权人对企业偿债能力的误判。从这个意义上说，高度举债经营的企业，其管理层偏好于选择购买法，不仅具有会计后果，而且对于债权人而言显然也有严重的经济后果。同样地，从政治成本假说的角度看，规模巨大或盈利能力超强的企业，也可能通过选择购买法人为地降低报告盈利而逃避消费者团体、行政和立法部门的监管，从而为社会带来负面的经济后果。

由此可见，购买法和权益结合法是否具有经济后果，不应狭隘地仅仅从股票价格的市场反应角度分析，还应结合企业特定因素，分析其会计后果是否可能转化为经济后果。

2. 融资和监管环境作用下的会计后果与经济后果分析

我们认为，要确定购买法和权益结合法是否具有经济后果，还应结合中国独特的融资和监管环境进行具体分析。对于上市公司而言，融资渠道包括债务融资和股权融资。从理论上说，信贷决策取决于上市公司的还款能力，而还款能力又取决于上市公司核心经营业务创造现金流量的能力、资产抵押和信用担保能力。但在实际工作中，银行等金融机构在评估贷款人的还款能力时，对盈利能力的重视并不亚于对现金流量的考虑。因此，盈利能力、资产抵押和信用担保往往是信贷决策的重要依据。在这种融资评价环境下，购买法和权益结合法的选择完全有可能影响到上市公司能否得到银行等金融机构的资金支持。在利率随盈利能力和财务风险浮动的情况下，二者的选择甚至会影响到上市公司的借款成本。此时，购买法和权益结合法的选择决策不仅具有明显的会计后果，而且可能带来严重的经济后果。

与权益结合法相比，购买法报告的利润较少，但报告的资产和净资产较高。结合我国的融资环境，其他条件保持相同，盈利能力和财务杠杆较低的上市公司，其管理层越有可能选择权益结合法，而盈利能力较高和高度举债经营的上市公司，其管理层越有可能选择购买法。但在现实世界中，盈利能力与财务杠杆并非都处于理想的组合。此时，上市公司管理层在会计政策的选择上就会陷入"囚徒困境"。以绩差公司为例，由于其回报低（表现为较低的净资产收益率），风险高（表现为较高的负债率），其管理层往往左右为难。选择权益结合法可以提高报告盈利，但却无法改善财务状况。反之，选择购买法尽管降低了负债率，但却使净资产收益率雪上加霜。面对这种"囚徒困境"，业绩特别差的上市公司，其管理层只好选择购买法，因为既然股权融资受绩差拖累而落空，债务融资便成为唯一可行的途径，而采用购买法至少能够对财务状况的改善起到立竿见影的效果。从这个意义上说，选择购买法对绩差公司具有正面的经济后果，而对金融机构等债权人却具有负面的经济后果，因为它们的信贷决策显然受到了会计政策选择的不当影响。这是因为，采用购买法固然可以降低绩差公司的负债率，但却没有从实质上改变其财务风险。绩差公司并不会因为采用购买法而提高其现金流量创造能力。

从股权融资的角度看，购买法和权益结合法的会计后果和经济后果更加明显。众所周知，在我国证券市场上，上市公司的新股发行、配股和增发新股等融资战略能否实现，在相当大程度上取决于其净资产收益率能否达到中国证监会的要求。在对外报告的盈利直接关系到上市公司能否通过中国证监会的融资审查这种独特的融资环境下，净资产收益率俨然成为上市公司的"生命线"。李树华等所揭示的上市公司净资产收益率不规则分布现象（明显集中在10%至11%之间），既说明上市公司通过盈余操纵规避融资限制的客观事实，也意味着上市公司的会计政策选择受到融资条件的不当影响并反过来对融资结果产生影响。在会计数据具有如此神奇功效的市场环境下，购买法和权益结合法的选择导致会计后果转化为经济后果并非天方夜谭①。

从监管环境看，根据中国证监会的相关规定，上市公司连续2年发生亏损时，其股票将被特别处理（简称"ST"），连续3年发生亏损时，其股票将被停止交易（简称"退市"）。在我国，面临ST或退市的上市公司，摆脱困境的常见手法就是所谓的资产重组，包括

---

① TCL案例清楚地说明了购买法和权益结合法的会计后果完全有可能转化为经济后果。2003年9月30日，TCL集团发布公告，决定以换股合并的方式吸收兼并其拥有56.7%股份的TCL通讯公司，并通过新股发行实现整体上市。TCL通讯的8145万股流通股按每股21.15元的价格交换为TCL集团的40439.6万股（发行价4.26元）。合并于2004年1月7日完成。2003年年度报告显示，TCL集团的合并净利润为57057万元，股东权益为226338万元，净资产收益率为25.21%。TCL集团采用权益结合法反映了这项吸收兼并，并在证券市场和会计界引起激烈争论。

假定TCL集团采用购买法而不是权益结合法，2003年度TCL集团的经营业绩会发生什么变化呢？在合并基准日，TCL通讯的每股账面净资产为3.07元，而换股价格为21.15元，仅吸收8145万股流通股就将形成14.73亿元的合并价差，并相应使其股东权益增加14.73亿元。假设合并价差的摊销年限为10年，则从2003年7月1日起，TCL集团的净利润将减少14730万元。据此测算，TCL集团2003年度的净利润将由57057万元降至49692万元，而股东权益将由226388增至366273万元，净资产收益率将由25.21%降至13.57%，降幅高达46.17%。

需要说明的是，上述分析仅仅考虑吸收流通股所形成的合并价差。假定TCL集团原先并没有持有TCL通讯56.7%的股份，并按相同的换股价吸收TCL通讯的全部18810万股股份，则其他条件保持相同，此项吸收兼并将形成约34亿元的合并价差。TCL通讯1月至6月实现的净利润为14518万元（在购买法下并购日前的净利润不得纳入合并报表），据此测算，2003年度TCL集团的净利润将由57057万元降至25539万元，而股东权益将由226338万元增至549338万元，净资产收益率将由25.21%降至4.64%，降幅高达81.59%！

根据上述模拟情况，TCL集团还会以同样条件吸收兼并TCL通讯吗？答案是，如果允许采用权益结合法，则TCL集团照样会吸收兼并TCL通讯，因为在这种会计政策下，即使合并价差再大，TCL集团也无须确认，合并报表的利润并不因此而减少。如果要求采用购买法，TCL集团肯定会放弃对TCL通讯的兼并，因为采用这种会计政策就意味着TCL集团完成吸收兼并的当年，净资产收益率还达不到中国证监会规定的配股门槛。整体上市的当年就丧失再融资资格，TCL集团的股东显然是不能接受的。

可见，在特定情况下，吸收兼并决策主要取决于对购买法和权益结合法的选择，而不是吸收兼并本身能够带来多大的规模效应和协同效应。在这种情况下，会计后果转化为经济后果一点儿也不足为奇。

资产置换或收购兼并。其他条件保持相同，要求此类上市公司采用购买法，则其经营业绩可能雪上加霜，甚至被淘汰出局，而允许它们采用权益结合法，则其经营业绩可能迅速改观，甚至脱胎换骨，一夜之间由绩差公司变成绩优公司。可见，对于这类上市公司而言，是陷入万丈深渊，还是起死回生，与它们是选择购买法还是选择权益结合法休戚相关！会计后果转化为经济后果的巨大潜能由此可见一斑。

总之，我国的融资和监管环境严重依赖于以会计利润为基础的财务评价和监控体系，上市公司的融资能力、融资成本以及上市资格的维护，在很大程度上取决于它们对外报告的账面利润。在这种独特的融资和监管环境下，购买法和权益结合法的选择不仅具有明显的会计后果，而且具有严重的经济后果。

3. 我国企业合并会计规范的逻辑框架

鉴于购买法和权益结合法在我国特殊融资和监管环境下的双重性（会计后果与经济后果并存）以及企业合并会计准则的国际发展趋势，构建一个既与国际惯例保持一致又符合中国国情的企业合并会计逻辑框架，将是财政部面临的一项艰巨而紧迫的任务。我们认为，构筑这样的一个逻辑框架，既要权衡购买法和权益结合法的利弊，也要考虑合并主体之间的实质关系。

（1）购买法和权益结合法的利弊分析。

从准则制定的角度看，这两种会计政策的利弊应从合并业绩计量、并购决策优化和收益操纵防范三个视角进行分析。

就合并业绩计量而言，购买法明显优于权益结合法。FASB前主席Jenkins指出："第141号准则要求企业合并只采用购买法，将显著地提高企业合并会计处理和财务报告的透明性。并且，购买法在价值交换基础上对企业合并进行记录，能够向投资者提供一个公司购买另一个公司所支付价格的全部信息，从而让投资者对投资项目的后续业绩进行有意义的评价，而采用权益结合法则不能提供类似的信息"（2001）。就是说，购买法以公允价值为新的计价基础，在报表上对被购买方的资产和负债价值变动以及合并中产生的商誉进行确认和摊销，在合并业绩的计量上实现了投入（表现为全部购买价格）与产出（表现为合并日后实现的利润）的对称性配比①。而在权益结合法下，投入与产出的配比具有明显的不对称性，合并业绩往往被夸大。

从并购决策优化的角度看，购买法有助于增强企业管理层的受托责任感，迫使他们在做出并购决策时，以股东价值最大化为首要标准对购买出价进行审慎权衡，防止他们出于私利或为了追求自我价值的实现而从事"价值毁灭式"的并购行为。这是因为，购买法要求企业对合并的全部初始成本（表现为全部购买价格）进行全面反映，如果企业管理层不惜代价进行非理性并购，在个别报表或合并报表就会出现巨额的商誉。而对巨额商誉进行摊销或计提减值准备，将大幅降低企业对外报告的利润。利润的下降不仅将影响企业

---

① 这一结论是建立在商誉按期摊销的基础上，如果商誉只进行减值测试而不是分期摊销，则合并业绩计量时就不能实现投入与产出的对称性配比，其结果是可能诱导企业管理层的非理性并购。截至2018年第三季度末，我国A股上市公司的商誉累计余额高达1.45万亿元，这显然与我国与国际财务报告准则趋同后商誉不再分期摊销而是改用减值测试有关。与其他学者一样，我也主张恢复商誉摊销的做法，以抑制非理性并购。

第四部分　回眸笔耕　梳理学术思想

参加国际财务报告准则咨询委员会会议在伦敦塔桥留影

管理层的分红或股票期权价值，而且可能引发股票价格大幅下跌，甚至导致股东逼迫管理层辞职，美国在线兼并时代华纳的案例就是前车之鉴。相比之下，由于权益结合法既不必反映全部购买价格，也无需确认商誉，股东难以对企业管理层并购决策进行有效监督，受托责任可能因此被弱化，容易诱发企业管理层做出不经济、不理性的并购决策。

在收益操纵防范方面，购买法与权益结合法均存在明显的缺陷。利用购买法操纵收益主要表现为三种方式。一是利用公允价值确定或资产减值计提的自由裁量权，蓄意低估被购买方的资产或高估其负债，以便为合并后报告较高的盈利创造空间；二是以拟采取协同效应举措（如压缩经营规模、调整业务结构、精简机构人员等）为借口，蓄意高估重组准备，并在合并后秘密转回或用于冲减经营费用；三是利用SEC前主席Arthur Levitt称之为"合并魔术"的伎俩，高估未完工研发费用（In Process R & D），蓄意低估合并商誉。在这三种收益操纵手法中，第二种手法在采用权益结合法时也经常出现。此外，采用权益结合法时，由于无需对被并购方的净资产和相关资产及负债进行重新计价，合并后，通过出售另一方已增值但却未在账面上体现的资产，即可瞬间实现经营收益（如出售存货）或非经营收益（如处置长期资产），同样也会夸大合并效益。

可见，购买法和权益结合法都不是完美无缺的会计政策。但总体而言，购买法在近年来日益受到准则制定机构和会计职业界的青睐。

(2) 合并主体的相互关系与合并会计逻辑框架的选择。

在购买法日益受到青睐的情况下，购买法与权益结合法长期并存的二元格局看似即将退出历史舞台。以单一的购买法格局取代二元格局，主要的理由是可提高企业之间会计信息的可比性，避免投资者因对具有相同性质的企业合并采用不同的会计政策而做出次优的资源配置决策。尽管有效市场学派认为只要充分披露，投资者可自行调整并识别会计政策差异对经营业绩的影响，但购买法和权益结合法并存将导致较高交易成本却是不争的事实，这也是准则制定机构主张只保留购买法的一个重要理由。

我国是随大流选择单元格局，还是根据国情选择二元格局呢？鉴于我国特殊的融资和监管环境，购买法和权益结合法的选择不仅具有会计后果，而且具有严重的经济后果，此外，相对于发达国家而言，我国的企业总体上规模偏小，难以与通过长期并购而不断壮大的跨国公司进行有效的竞争。不顾国情，为了时髦而盲目取缔权益结合法，将不利于我国企业扩大规模和提升国际竞争力。再者，我国的市场化程度还不高，产权交易仍处于发育阶段，采用购买法不可逾越的公允价值计量问题短时间内还难以解决，购买法的潜在收益操纵问题不容忽视。另一方面，发达国家尤其是美国的经验表明，权益结合法可能带来非理性的并购行为，这也应当引起我们的高度关注。基于上述考虑，我国应当选择的是允许购买法和权益结合法并存并对权益结合法的适用范围实施严格限制的二元格局。

具体地说，选择购买法和权益结合法的逻辑基础应当以企业合并主体之间的相互关系为标准。众所周知，企业合并主体有独立主体与关联主体之分。当企业合并在独立主体之间进行时，各主体基于自身利益的考虑必定进行讨价还价。在这种情况下，并购价格和净资产公允价值的确定相对可靠，采用购买法能够比较贴切地反映独立主体之间对企业并购的价值判断。当企业合并在关联主体之间发生时，并购价格和净资产公允价值的确定由于缺乏独立的价值判断而带有较大的主观臆断色彩。在这种情况下，企业合并更多的是"共同控制"下企业集团成员之间的组织架构调整或资产和负债的重新组合。采用购买法反映"共同控制"下的企业合并，极易诱发收益操纵。为此，我们设想的企业合并会计逻辑框架是，对于"共同控制"下的企业合并，采用权益结合法反映，而对于非"共同控制"下的企业合并，采用购买法反映。

上述企业合并会计的逻辑框架不仅与企业合并会计的国际趋势基本保持一致，也兼顾了我国国情。现阶段，我国的绝大多数企业合并和资产重组主要是在"共同控制"下的企业集团内的关联成员之间发生的，采用权益结合法既有其合乎逻辑的基础，亦可降低这类企业合并的交易成本。在我国产权交易市场完全发育成熟之前，在公允价值不公允现象司空见惯的环境下，保留购买法和权益结合法并存的二元格局是唯一明智和现实的选择。

值得说明的是，我们在2004年及以前提出的理论分析和政策建议，与财政部2007年发布实施的企业合并准则高度契合，在一定程度上得到采纳。

三、报表分析与财务舞弊的研究成果和学术观点

报表是财务会计的最直接最重要产品，对其进行科学分析和有效利用，是提高财务会计功效的最佳捷径。《财务报表分析新思维》是我在厦门大学给EMBA和在厦门国家会计学院给财务总监讲授的课程，由于将竞争战略、商业模式和财务舞弊有机融合到报表分析中，视角独特、思维新颖、方法实用，这门课深受学生欢迎。根据多年的教学心得，我带领研究团队，编写并出版了《财务报表分析：理论、框架、方法和案例》（2007），深受读者好评。

我们对报表分析的最深刻体会是，纯

颇受好评的教材

《财务报表分析》获奖证书

工具性的分析方法（如以财务比率为核心的分析方法）只能作为基础性的入门知识，唯有将三大报表的分析目的研究透彻，并将竞争战略和商业模式①与所分析的目标企业的报表深度融合，报表分析才能由低端走向高端，实现工具方法向诊断方法的跃升。

譬如，戴尔公司的财务报告显示，其2005~2013年的净资产收益率介于23.7%~87.2%，远高于微软的15%左右。微软从事的是高度垄断、毛利率极高、属于蓝海市场的软件开发业务，而戴尔从事的是充分竞争、毛利率极低，属于红海市场的电脑硬件业务。如何解释这一有悖常理的现象？仅仅从财务分析的角度，是无法解释的，但从戴尔所奉行的低成本战略分析，就迎刃而解了。戴尔的低成本战略，核心在于运营资本管理。现金转化周期是衡量运营资本管理好坏的最重要指标，2005~2013年期间，戴尔的现金转化周期（应收账款周转天数＋存货周转天数－应付账款周转天数）介于－21~－43天，这意味着，通过占用供应商的资金，戴尔不仅解决了占用在应收账款和存货上的流动资金，而且还能获得长期的"免息贷款"。换言之，戴尔净资产收益之所以长年高企，主要是因为其运营资本管理卓有成效，不仅基本实现零库存，而且与供应商的赊购和集团客户的赊销谈判能力极强。

万科的例子，则说明了不将商业模式纳入报表分析，只能是雾里看花。报表显示，2010~2014年，万科的负债率分别是75%、

---

① Osterwalder等人在《商业模式新生代》提出，商业模式是描述企业如何创造价值、传递价值、获取价值的逻辑方式。他们还提出商业模式画布的概念，指出商业模式由九大要素组成：客户细分、价值主张、营销渠道、客户关系、收入来源、核心资源、关键活动、合作伙伴、成本结构。

77%、78%、78%和77%,而房地产行业这一期间的平均负债率分别为63%、63%、63%、64%和65%。表面上看,万科的财务风险似乎高于行业平均水平,但若剔除预收账款、应付工程款等无需支付利息的负债项目,则万科的实际负债率分别为40%、40%、44%、46%和46%,明显低于行业的平均实际负债率(分别为47%、50%、48%、51%和58%)。可见,虽然万科的账面负债率远高于行业平均水平,但其付息负债率却明显小于行业平均水平,表明万科实际的财务风险低于行业平均水平。万科账面负债率之所以居高不下,恰恰是因为销售情况良好,形成大量预收账款。伴随着预收账款的增加,是现金流量的流入,这不仅不会增大万科的财务风险,反而大幅降低其财务风险。此外,万科过去几年的净资产收益率之所以持续高于行业平均水平,显然与其"预收账款+应付工程款>银行借款+应付债券"这一独特的OPM(Other People's Money)商业模式密不可分。就是说,万科在房地产开发中,通过大量无偿占用来自购房客户的预付款(体现为万科资产负债表上的预收账款)和来自建筑公司垫付的资金(体现为万科的应付工程款),减少对银行借款的依赖,大幅降低资金成本,据以提高盈利能力。实际上,万科过去几年的利润总额有一半以上来自预收账款和应付工程款带来的利息节约的贡献。这些分析表明,万科较高的账面负债率和净资产收益率源自其独特的商业模式,OPM这一商业模式在万科的价值创造中扮演的角色举足轻重。

在探索报表分析的基础理论方面,我们以信息不对称理论为基础,提出了创新性的观点:(1)识别财务舞弊(包括报表粉饰),是报表分析的前置条件。分析目标企业的财务报表前,最好根据"舞弊三角论"所提供的框架性思维，判断企业是否存在着舞弊的动机、机会和借口；（2）竞争性信息收集，是报表分析的有效保障。由于信息不对称的存在，财务报表分析者无法获得完全的内部信息，因此，必须依靠对公司所处行业及其竞争战略、商业模式的了解来解释财务报表。成功的财务报表分析者不仅需要了解行业经济特征，而且应很好地把握目标公司的竞争战略。尽管相对于公司管理层而言，财务报表分析者处于信息劣势，但是他们可以通过信息源的扩展以及处理信息时更为客观的态度来弥补这一信息劣势，通过正确的财务报表分析从各类信息源中"提取"出公司管理层所掌握的内部信息。只有收集到充分、恰当的相关信息，才能得到科学合理的报表分析结果。任何一张财务报表背后都有着极为丰富的"故事"，是各种因素相互作用所产生的综合结果。恰当的财务报表分析不能只将目光局限于三张主要财务报表（资产负债表、利润表和现金流量表），而应当深入了解了财务报表背后的故事（如公司经营、投资和筹资活动的特点，以及对这些活动所产生的经济后果进行确认、计量和报告的会计系统），才能对财务报表数据有更为深入的了解。

在提出分析框架时，我们认为，三大报表既有分工，又有合作。利润表所提供的信息，旨在帮助使用者评价和判断企业的盈利能力。资产负债表所提供的信息，旨在帮助使用者评价判断企业的风险所在，包括退出风险、经营风险和技术风险。现金流量表所提供的信息，旨在帮助使用者评价和判断企业的财务可持续性，包括还本付息、分红能力和财务弹性（利用市场的机遇和应对市场逆境的能力）。换言之，报表分析的三大逻辑切入点是盈利质量、风险所在和财务可持续性。

据此,我们提出将报表分析的三大逻辑切入点与财务舞弊和竞争战略以及商业模式融为一体的整合框架,如下图所示。

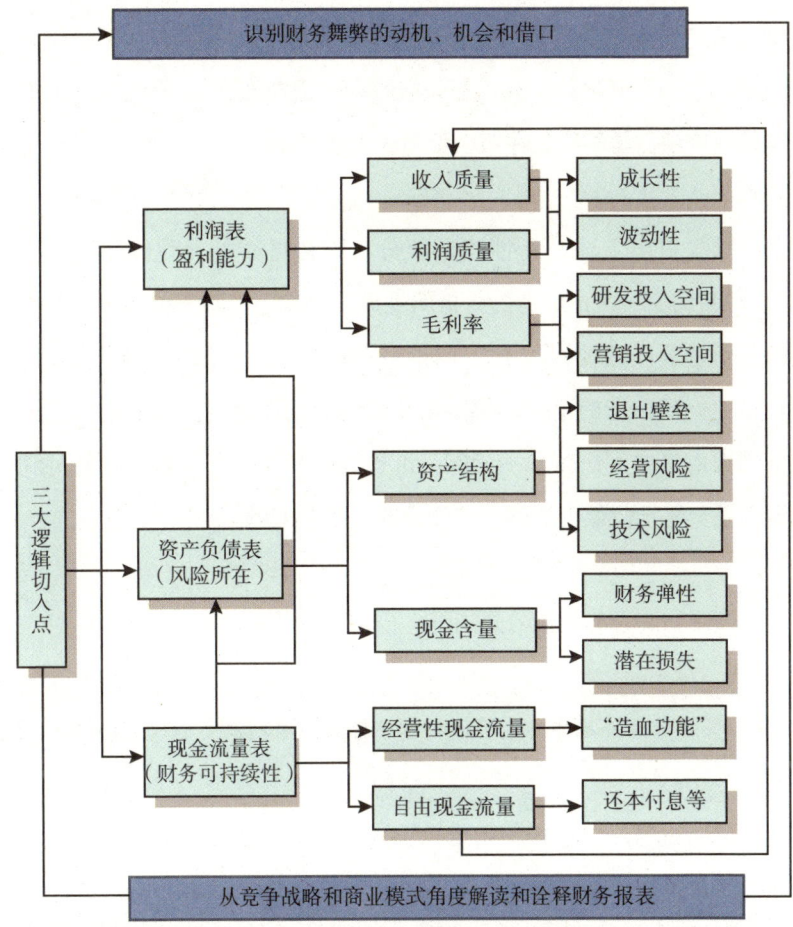

财务报表分析的整合框架

必须指出,利润表、资产负债表和现金流量表是相互关联的。盈利质量的高低受到资产质量和现金流量的直接影响。如果资产质量低下,计价基础没有夯实,报告再多的盈利都是毫无意义的。同样地，如果企业每年都报告盈利，但经营性现金流量却入不敷出，那么，这种没有真金白银流入的盈利，实质上只能是一种"纸面富贵"。这种性质的盈利，要么质量低下，要么含有虚假成分。同样地，资产质量也受到现金流量的影响。根据资产的定义，不能带来现金流量的资产项目，充其量只能称为"虚拟资产"，严格对说，这样的资产项目是不应该在资产负债表上确认的。

除了提出上述创新性的报表分析整合框架外，我们还提出了"宏观利润表"这一独特的分析新视角。传统上，基于价值创造的绩效评价主要以微观利润表为基础。这种做法固然重要，但不足以反映企业价值创造的全貌，更难以反映企业创造出的价值是否在不同要素提供者之间进行公平分配。惟有同时从微观利润表和宏观利润表入手，基于价值创造的绩效评价才会不失偏颇。

微观利润表的表述公式如下：

收入－成本－工资－利息－税收＝净利润　　　（公式1）

可以看出，微观利润表是以股权资本提供者为中心，用于评价企业是否有效履行对全体股东的受托责任（Accountability）或经管责任（Stewardship）。这种利润确定方式，是典型的股东中心主义。

可持续发展理论说明，一家企业要成为永续经营的百年老店，真正做到基业长青，不仅要有效履行对股东的受托责任或经管责任，也要切实履行对其他利益攸关方即要素提供者的社会责任。鉴于此，很多企业和金融机构纷纷编制社会责任报告。从财务会计的角度看，社会责任报告的财务机理就是宏观利润表。

宏观利润表与微观利润表是密切相关的，将微观利润表下公式1左边的工资、利息、税收进行移项至右边，就可获得宏观利润表，即：

$$收入-成本=工资+利息+税收+净利润 \qquad （公式2）$$

公式2的左边代表企业在一定期间内为社会创造的价值总量，右边代表企业创造的价值总量如何在不同要素提供者之间进行分配。具体地说，公式的右边说明企业创造的价值有多少以工资（包括福利）的方式分配给人力资本提供者、有多少以利息的方式分配给债权资本提供者、有多少以税收的方式分配给公共服务提供者（政府）、有多少以净利润的方式分配给股权资本提供者。

可见，宏观利润表以要素提供者为中心，用于评价企业是否有效履行对要素提供者的社会责任。宏观利润表不仅可以反映企业为社会创造价值的全貌，而且可以用于评估企业创造的价值是否在不同要素提供者之间进行公平分配。我们提出的宏观利润表理论，不仅可以使财务会计提供增量的信息，而且改变了会计只能是微观的传统看法。

我们以宏观利润表理论，分析了五大发电集团、四大商业银行、万科地产和华为集团等典型案例，发现一些颇为有趣的独特现象，如以下表格所示。

五大发电集团2015年宏观利润表 单位：亿元

	价值创造			价值分配			
	收入总额	成本总额	价值总额	人力资本提供者（工资福利）	债权资本提供者（利息费用）	公共服务提供者（税收费用）	股权资本提供者（税后利润）
华能	2682	1797	885 (100%)	248 (28%)	292 (33%)	139 (16%)	206 (23%)
大唐	1662	1093	569 (100%)	151 (26%)	225 (40%)	93 (16%)	100 (18%)
华电	1976	1369	607 (100%)	168 (27%)	236 (39%)	89 (15%)	114 (19%)
国电	1918	1253	665 (100%)	202 (29%)	237 (34%)	102 (15%)	124 (22%)
中电	1924	1309	615 (100%)	216 (35%)	233 (38%)	81 (13%)	85 (14%)
合计	10162	6821	3341 (100%)	985 (29%)	1223 (37%)	504 (15%)	629 (19%)

四大银行2016年宏观利润表 单位：亿元

	价值创造			价值分配			
	收入总额	成本总额	价值总额	人力资本提供者（工资福利）	债权资本提供者（利息费用）	公共服务提供者（税收费用）	股权资本提供者（税后利润）
工行	9698	1562	8136 (100%)	1134 (14%)	3196 (39%)	1015 (13%)	2791 (34%)
农行	7700	1613	6087 (100%)	1115 (18%)	2591 (43%)	540 (9%)	1841 (30%)
中行	7481	1746	5735 (100%)	811 (14%)	2601 (46%)	482 (8%)	1841 (32%)
建行	8961	2118	6843 (100%)	928 (14%)	2788 (41%)	803 (11%)	2324 (34%)
合计	33840	7039	26801 (100%)	3988 (15%)	11176 (42%)	2840 (11%)	8797 (33%)

第四部分 回眸笔耕 梳理学术思想

万科地产宏观利润表

单位：亿元

	价值创造			价值分配			
	收入总额	成本总额	价值总额	人力资本提供者（工资福利）	债权资本提供者（利息费用）	公共服务提供者（税收费用）	股权资本提供者（税后利润）
2012	1031	626	405	30	57	163	155
2013	1354	894	460	35	66	175	184
2014	1464	965	499	46	68	192	193
2015	1955	1334	621	55	49	258	259
2016	2405	1676	729	61	55	329	284
合计	8209	5495	2714 (100%)	227 (8%)	295 (11%)	1,117 (41%)	1,075 (40%)

华为宏观利润表

单位：亿元

	价值创造			价值分配			
	收入总额	成本总额	价值总额	人力资本提供者（工资福利）	债权资本提供者（利息费用）	公共服务提供者（税收费用）	股权资本提供者（税后利润）
2014	2882	1501	1381 (100%)	718 (52%)	47 (3%)	337 (24%)	279 (20%)
2015	3950	2115	1835 (100%)	1008 (55%)	69 (4%)	389 (21%)	369 (20%)
2016	5216	3114	2102 (100%)	1219 (58%)	81 (4%)	431 (21%)	371 (18%)
合计	12048	6730	5318 (100%)	2945 (55%)	197 (4%)	1157 (22%)	1019 (19%)

上表显示，五大发电集团为社会创造的价值，主要分配给金融机构等债权资本提供者，金融本应服务实体经济，但在五大发电集

在中国舞弊研究中心成立仪式上作主旨演讲

团却异化为实体经济服务金融。四大商业银行为社会创造的价值，大部分不是分配最大资本提供者（企事业和个人等储户，2016年四大银行的客户存款高达61.2万亿元），而是分配给最小资本提供者（股东，2016年四大银行的股东权益仅为6.4万亿元），在利率没有完全市场化的背景下，由储户向银行的股东转移支付财产性收入的现象十分突出。万科地产为社会创造的价值，主要以税收和利润的方式分配给公共服务提供者（政府）和股权资本提供者（股东），对其最大的债权资本提供者（支付预付款的购房者，2016年末高到2746亿元，超过股东、银行和债券持有者提供的2638亿元资金总额）尤为吝啬。华为集团为社会创造的价值，大部分以工资福利（2013~2016年占社会价值的55%）和员工持股权益（2013~2016年占社会价值的19%）的方式分配给管理人员和职工，尊重知识、尊重人才蔚蓝成风,以人为本理念落到实处。

将财务舞弊的识别嵌入报表分析,是我在报表分析研究方面形成的特色,这与我和研究团队长期关注财务舞弊有关。安然事件发生后,葛家澍教授敏锐地意识到财务舞弊是影响会计信息质量的重大因素和变量,建议我利用在外语、审计和公司治理等方面的优势,组建研究团队,从制度层面和诚信机制等角度,做一些深层次的挖掘和研究。在广泛收集一手资料(如舞弊公司的财务报告、董事会的舞弊调查报告、证券监管部门的起诉和监管报告、法院的舞弊案件审理判决书等)和多年潜心研究的基础上,先后在《会计研究》上发表了"安然事件的反思"(2002)、"巨额冲销与信号发送"(2002)、"美国财务舞弊症结探究"(2002)、"市场、政府与会计监管"(2002)、"美国南方保健公司财务舞弊案例剖析"(2003)、"扭转造假成本与效益失衡的重要砝码"(2005),在《财务与会计》《中国注册会计师》《财会通讯》等发表了"提防收入确认陷阱:美国在线收入操纵手法剖析"(2003)、"财务舞弊行为特征及预警信号"(2004)、"收入操纵的九大陷阱及防范对策(上中下)"(2004)、"上市公司报表粉饰新动向:手段、案例与启示(上下)"(2006)等20多篇论文,

揭开财务舞弊迷雾的专著

反思财务舞弊和审计失败的专著

在中国财政经济出版社等出版了《安然丑闻及其审计失败的深度剖析》(2002)、《会计数字游戏：美国十大舞弊案例剖析》(2003)、《会计舞弊之反思：世界通讯公司治理、会计舞弊和审计失败剖析》(2004) 等三部专著。

围绕银广夏和安然等国内外恶性财务舞弊事件，我们通过数以百计的大样本案例分析，主要从财务舞弊动因分析、财务舞弊手法剖析、财务舞弊识别和防范等三个方面，对中美上市公司的财务舞弊进行比较分析，积累了大量的文献资料和数据，取得了比较丰硕的研究成果，并在教学科研中实现了财务舞弊识别与财务报表分析的有机融合。

通过研究，我们系统地总结了中美上市公司财务舞弊的动因。就国内而言，财务舞弊的动因主要包括：(1) 公司治理结构的缺陷，特别是独立董事由大股东和管理聘用以及审计委员会不专业、不作为，导致对大股东和管理层权力制衡缺失，客观上助长了财务舞弊的滋生和泛滥；(2) 由大股东和管理层主导的注册会计师聘任制度，危害注册会计师的独立性，导致财务舞弊的最后一道防线形同虚设；(3) 造假成本与造假收益严重失衡[①]，为财务舞弊提供了强烈的经

[①] 上市公司的造假成本和造假收益可用以下公式表示：$C=P \times P+T$，$B=\Delta C=FP \times PE$，其中C代表财务造假成本（Cost），第一个P代表财务造假一旦被发现所面临的罚款（Penalty），第二个P财务造假被发现的概率（Probability），T代表虚增利润多缴纳的所得税，B代表财务造假收益（Benefit），ΔC代表财务造假所带来的市值（Capitalization）增值，FP代表虚假利润（Fake Profit），PE代表市盈率（Price Earnings Ratio）。譬如，ABC上市公司适用的所得税率为25%，其上市的股票市盈率为20倍，在特定年度该公司虚增了2000万元的利润总额。假定其财务造假被证券监管部门发现的概念为50%，面临《证券法》所规定的最高罚款为60万元，则其财务造假成本和财务造假收益分别为530万元和30000万元。

济动机和刺激；（4）发行额度的审批制迫使企业采用剥离和模拟的方法改制上市，为财务舞弊提供了便利和机会；（5）缺乏经济实质的资产重组和关联交易为财务舞弊提供可乘之机，有使会计沦为"魔术"之虞。此外，业绩考核动机、信贷资金获取动机、股票发行动机和上市资格维护动机、税收策划动机、政治利益动机以及责任推卸动机，也是我国财务舞弊常见的动因。就美国而言，我们指出，华尔街本末倒置的盈利预期、企业界扭曲的股票期权激励机制、独立董事流于形式的督导模式、管理咨询机构有失偏颇的出谋献策、首席财务官重理财轻会计的思维定式、准则制定机构对规则基础会计准则的偏好，以及注册会计师职业定位紊乱，重心偏离审计业务，是滋生财务舞弊这一顽症并侵蚀着美国资本市场机体的七大病因。

就财务舞弊手法而言，我们的研究表明，中美上市公司所采用的舞弊伎俩惊人地相似。操纵收入确认是中美上市公司最常见的舞弊手法。在"收入操纵的九大陷阱及其防范对策"一文中，我们在研究了数十个案例的基础上，系统地揭示了中美上市公司收入舞弊的九个典型手法：（1）寅吃卯粮，透支未来收入；（2）以丰补歉，储备当期收入；（3）鱼目混珠，伪装收入性质；（4）张冠李戴，歪曲分部收入；（5）借鸡生蛋，夸大收入规模；（6）瞒天过海，虚构经营收入；（7）里应外合，相互抬高收入；（8）六亲不认，隐瞒关联收入；（9）随心所欲，篡改收入分配。

除了操纵收入确认外，我国上市公司还大量通过虚拟资产、期间费用资本化、股权转让、存货成本结转以及利用其他应收应付款隐瞒亏损或藏匿利润等传统手法进行财务舞弊。这些传统的财务舞弊手法比较容易识别，更为隐蔽的是现代的财务舞弊手法，主要包括：（1）以资产重组为名，行会计造假之实；（2）通过关联交易，不当输送利益；（3）滥用"八项准备"，上演"洗大澡"闹剧；（4）随意追溯调整，逃避监管规定；（5）借助补贴收入，编造经营业绩；（6）利用收购兼并，进行数字游戏。与传统手段相比，现代手段具有粉饰效果立竿见影，粉饰手段没有逾越法律法规界线等特点，因此，其危害性更应当引起报表使用者的高度重视。

在财务舞弊的识别和防范方面，我们在借鉴 Albrecht 教授、美国特许舞弊审查师协会（ACFE）、美国注册会计师协会等的研究成果上，通过系统梳理和归纳，总结出了财务舞弊的 68 个一般预警信号（包括 15 个管理层面的预警信号、22 个关系层面的预警信号、13 个组织结构和行业层面的预警信号、18 个财务结果和经营层面的预警信号）和 107 个财务舞弊的具体信号（包括 23 个销售收入舞弊预警信号、26 个销售成本舞弊预警信号、29 个负债和费用舞弊预警信号、21 个资产舞弊预警信号、8 个信息披露舞弊预警信号），为构建财务舞弊预警模型提供变量，奠定基础。

财务舞弊的研究可分为事后研究和事前研究两种。我国的财务舞弊大多停留在事后研究阶段上，事前研究仍属凤毛麟角。此外，在财务舞弊研究所运用的数据方面，目前仍以财务数据为主流，将财务数据与业务数据结合运用的尚不多见。在财务舞弊研究的团队组建方面，学术界和实务界未能形成合力。为了改变财务舞弊研究的这种不科学、不合理局面，厦门国家会计学院联合厦门大学会计系、厦门天健咨询公司、深圳东方富海投资公司、容诚会计师事务所和唯你网信息科技公司，于 2017 年 4 月 15 日合作设立产学研一体化的"中国财务舞弊研究中心"，致力于打造中国最权威的财务舞弊研究智库，力图打破学术界和实务界各自为政、重研究轻应用、就财务论财务的格局，力求形成"五个结合"的财务舞弊研究特色，即理论与实务相结合、财务与业务相结合、会计数据与大数据技术相结合、财务舞弊识别与防范相结合、理论研究与实际应用相结合，努力实现财务舞弊研究由事后分析向事前预警和识别的重大转变。"中国财务舞弊研究中心"的预期重大成果包括：构建财务舞弊识别模型和防范框架；发布财务舞弊指数。"中国财务舞弊研究中心"成立以来，我们已初步构建了财务税务、行业业务、股东治理、内部控制、数字特征等五个纬度的财务舞弊识别模型并上线试运行。"中国财务舞弊研究中心"的成立，体现了厦门国家会计学院不忘初心、不辱使命的决心，是我们用实际行动践行朱镕基总理给国家会计学院确立的校训——"诚信为本，操守为重，坚持准则，不做假账"。我们希望通过在财务舞弊的识别和防范方面取得的突破性研究成果，让不做假账成为自觉，让不敢做假账形成氛围。

中国财务舞弊研究中心成立暨揭牌仪式

在中国财务舞弊研究中心成立仪式上发表主旨演讲

第五部分
抛砖引玉 寄语会计
学界

　　回顾我的学术之路,感慨万千,既有取得成绩的喜悦,也有遭受挫折的困顿。以下提出九点不成熟的体会和认识,仅供会计学界参考,权当抛砖引玉之用,与大家共勉。

一、懂得感恩，学会珍惜，是成长成才的必经之道

回顾求学经历，我庆幸自己遇上拨乱反正的好时光，感恩总设计师邓小平同志力排众议，恢复高考，赋予我们这些来自农村的学生打破阶层固化藩篱向上流动的机会。回顾学术之路，我庆幸自己赶上改革开放的好时代，政治清明，环境稳定，使我们这代人不必像葛家澍教授、余绪缨教授、常勋教授等前辈在战火纷飞中颠沛流离，在各种动荡中夹缝求生。回想成长历程，我十分感激恩师栽培指点、领导赏识提携、朋友鼎力相助、同事融洽相处、学生拥戴鼓励。我时常在想，如果1986年我在Dalhousie大学学成后，选择留在加拿大，而没有回国，那我的人生轨迹将是另一番我想也想象不出的景象，但肯定没有机会参与国家级会计审计标准的制定，肯定没有机会出任像中国银行这样知名的金融机构的董事，肯定没有机会参与组建像天健这样声誉卓著的会计师事务所，当然也没有机会追随葛家澍教授、余绪缨教授、常勋教授等会计大家。缺少其中的任何一个环节和机会，我都将沦为平庸，难以成才。懂得感恩，学会珍惜，归根结底，就是要学习老一辈会计学家常怀拳拳报国之心，爱岗敬业，继承他们实事求是、治学严谨的优良传统，培养人才，出谋献策，报效祖国，回馈社会。

二、博闻强记，独立思考，是求学治学的黄金法则

在瞬息万变的信息社会，技术进步日新月异，商业模式创新风起云涌，传统被颠覆，方式被改变，格局被打破。在这种时代背景下，做学问的既忌讳孤陋寡闻，闭门造车，更忌讳人云亦云，偏听偏信，缺乏独立思考。我认为，《礼记·中庸》的"博学之、审问之、慎思之、明辨之、笃行之"是求学治学的黄金法则。博学之意味着会计学界既要不断丰富会计的内涵，也要拓展会计的外延，既要走得进去，更要跳得出来，拓宽视野，广泛涉猎经济[①]、管理、金融、财政、税收、法律、信息等学科知识，融会贯通，学以致用，并将这些学科的先进思想和方法吸纳入会计学科。审问之意味着会计学界应当详细地询问、系统地了解会计理论和实务的历史脉络和发展趋势，知其然并知其所以然。慎思之意味着会计学界应当以批判性的思维，对会计审计和财务管理的新旧流派、观点和做法进行全方位、多角度地思考和审视，探索改进之道，提出对策建议。明辨之意味着会计学界要充分发挥专业判断能力，识别会计理论和实

---

① 譬如，经济学中的信息不对称理论、代理理论、收益理论、企业理论等，为会计学提供了丰富的理论基础。

务的良莠、局限和适用前提，不要被徒有其表的伪理论所蒙骗。笃行之意味着会计学界应身体力行，理论密切联系实际，努力践行国内外的前沿理论、先进理念和最佳实践。

三、教书育人，为人师表，是传道授业的行为准则

传道、授业、解惑是包括会计学界在内的教育工作者的职责所在，要切实履行好这一神圣职责，关键在于铭记教书育人的责任感，树立为人师表的道德观。我认为，教学与科研必须并重，不可偏废，唯有如此，才能真正做到教书育人。只会当教书匠，不会搞科研，教学质量的提升，只能是缘木求鱼。反过来，将全部精力用于科研，对教学马虎应付，那是极端的利己主义，对学生是不负责任的。唯有两者兼顾，适度平衡，才能通过著书立说、传道授业解惑的方式教书育人。为人师表要求会计学界要有崇高的道德情操，起表率作用，言传身教，以德治教，以德育人。"其身正，毋令则行，其身不正，虽令毋从。"不可低估为师者道德风范潜移默化的影响，教师的一言一行，有可能影响学生的一生一世。对会计教育工作者而言，我们不仅应当信守职业道德，还应当向学生传授职业道德的思想，让朱镕基总理的训诫"诚信为本，操守为重，坚持准则，不做假账"沁入会计学子的心扉，形成不做假账的自觉。

四、瞻前顾后、顶天立地，是选题破题的有效利器

从事会计学术研究 30 多年，我的体会是，选题破题直接关系到学术成果和学术质量。在研究领域的选择上，要"瞻前顾后"，选题既要有一定的前瞻性，又要为后续的研究留有余地。我在公允价值会计、企业合并和合并报表、报表分析与财务舞弊这三个主要领域的研究，短则 10 多年，长近 30 年。这种长跨度的研究，在规范研究领域备受推崇，最大好处是可以形成学术积淀，比较容易获得系统性、深层次的研究成果，既可避免学术研究上的功利性，又可为教学提供新素材、新方法、新视角、新思维。在研究方法的运用上，要尽可能"顶天立地"，既要与国际会计惯例接轨，又要立足中国的制度环境。对于学术研究来说，应当摒弃照搬国外文献中的理论框架和数学模型来研究中国的会计问题，用国外的数学模型和中国的经验数据来检验国外研究结论在中国的适用性。这种貌似高大上的研究模式既不具备学术原创性，也不接地气，对中国会计实践缺乏指导意义。学术界应进一步关注新兴加转轨的具体国情和制度安排，创建基于中国制度环境的会计学术研究框架，把中国的会计问题，置入到国际规范的研究范式中，讲好中国故事，推介中国经验，形

成具有典型意义的本土性、原创性的研究特色，开展紧扣中国会计实践的案例研究、实证研究和规范研究，形成百花齐放、生动活泼的氛围。

第五部分　抛砖引玉　寄语会计学界

五、虚实结合，学以致用，是教学科研的应有态度

学术上的自由探索值得倡导，但天马行空、自娱自乐，罔顾实务需要，却是学术界经常被诟病的一大顽症。会计是一门应用学科，如果会计学术界长期不关注实务界的需要，课堂上只讲理论，不问实务，研究成果仅供学术圈子欣赏，不能用于解释和指导会计实务，不能回馈社会，教学科研的社会功效就令人生疑。为此，我历来主张会计界应重视和加强案例教学，因为案例教学不仅可以培养学生发现问题、分析问题和解决问题的能力，而且是理论联系实际的最有效方式之一。在研究成果上，要尽可能"虚实结合"，既要有理论高度，又要有实践指导意义。理论源自实践，高于实践，但会计实践永远是检验会计理论的重要标准。会计理论是优是劣，关键在于能否走出"象牙塔"，为实务界所拥戴，为实务界提供理论指导，为实务界答疑解惑，推动会计实务的创新和发展。Hendriksen教授和Belkaoui教授的《会计理论》、Kieso教授的《中级会计》[①]、葛家澍教授的《会计学基础》、余绪缨教授的《管理会计》、常勋教授的《国

[①] Donald E. Kieso教授与Jerry J.Weygandt教授等主编的《中级会计》，有两种版本，分别基于FASB的GAAP和IASB的IFRS。我一直认为，这两种版本的《中级会计》是系统、深入地了解美国公认会计准则和国际财务报告准则的最有效途径。我在教学科研中从这两种版本的《中级会计》受益良多。

际会计》、郑丁旺教授的《中级会计学》等著作，之所以在会计界脍炙人口，备受好评，经久不衰，就在于它们都弥补了理论与实务之间的缝隙，拓宽了会计学人的思路，为会计学人知其然并知其所以然提供了丰富的精神食粮。要在研究成果上"虚实结合"，唯有秉承"学以致用"的研究态度。会计学界迫切需要寻求学术研究与实务工作分道扬镳的破解之道，让学术界走出"自娱自乐"的"象牙塔"，服务于我国的会计改革大潮，推动会计实务的创新发展。会计理论工作者应当秉持基于实务、服务实务、超越实务的研究态度，而不应仅仅为了评职称而发表一些无关痛痒的论著。我认为，只有通过实地调研和担任董事等形式多样的方式，广泛接触实践，走出高高在上的学术殿堂，深入丰富多彩的会计实践，才能真正要做到研究成果的"虚实结合"，研究态度的"学以致用"。当然，目前高等院校普遍存在的重科研轻教学、重理论轻实务的考核评价机制也必须作出相应的改革和创新，努力营造理论与实务密切结合、相得益彰、共同发展的学术氛围。

六、与时俱进，跨界思维，是转型升级的必然趋势

作为一门古老的学科，会计之所以历经千载仍然焕发青春活力，在于其适应环境变迁、与时俱进的进化精神，突出表现为顺应技术进步潮流。技术进步不仅是推动人类发展的动力，而且是彻底改变会计发展轨迹的主要动力。18世纪英国发明了蒸汽机，引发了第一次工业革命，机器生产取代了手工生产，催生了火车轮船等重大基础设施，庞大的融资需求改变了企业的组织形式，从此有了股份有限公司，随之而来的是现代财务会计制度和独立审计制度的蓬勃发展。19世纪美国发明了流水线，引发了第二次工业革命，大规模生产方式取代了小规模作坊，由此派生了直接成本归集和间接成本分摊的问题，成本会计应运而生。20世纪美国发明了计算机，引发了第三次工业革命，集约型管理模式取代了粗放型管理模式，会计的决策职能超越核算职能，管理会计和财务管理得以长足发展。进入21世纪，互联网、物联网、区块链、人工智能、大数据、云计算、工业机器人等信息科技迅猛发展，日新月异，引发了第四次工业革命，智能制造即将取代规模制造，会计学科与信息科技迎来了历史性的大融合，大数据、区块链和人工智能赋予会计转型升级无限的

机会和空间。信息技术进步打破了学科边界，会计界应当与时俱进，发扬"跨界思维、跨界创新、跨界竞争、跨界颠覆"的精神，冲破会计的传统边界，倡导会计与税务、会计与金融、会计与信息技术的融合发展，拥抱大数据、区块链和人工智能等信息技术对传统会计的颠覆，不断提高会计的科技含量，重构会计学科的理论框架和方法论。唯有如此，会计精神（用数据说话，靠证据做事）才能永存。

在财务会计方面，随着信息科技和金融科技的飞跃式发展，大数据时代的信息资源已然成为第四大生产要素，比有形资产和其他无形资产更加弥足珍贵，会计界应当积极探索信息资源的确认、计量和报告问题。技术进步带动了颇具颠覆性的商业模式创新，同样的资产和负债，按照不同的商业模式加以运用，会产生不同的现金流量，创造的价值迥然不同，会计界应当积极探索商业模式在财务报告中的地位和作用，分析其对资产负债的分类、计量属性选择、资产减值的影响。在管理会计方面，基于物联网的"工业4.0"将彻底颠覆传统的制造模式，具有"个性化订制、脱媒化营销、网络化协作"等特点的智能制造，要求会计界提供基于每笔订单的以精细化成本核算为基础的差异化定价决策支持，更加注重生产厂商、材料供应商、技术开发商、品牌代理商和产品经销商之间的协同效应分析，探索如何通过分工协作，优势互补，实现轻资产、去库存、低成本、快周转、高回报这些智能制造模式的财务目标。在财务管理方面，移动互联网时代已经不再是"单打独斗闯天下"的年代，而是"资源整合定成败"的年代。在生态网络日益盛行、资源整合纵横交错的营商环境下,企业之间的相互依存度不断提高,企业之间的传统边界日益模糊,财务管理的范畴已经超越企业边界,会计界应当积极探索财务管理的边界拓展问题,寻求破解在只有业务关系、没有资本纽带的网络生态下,协作各方如何实现一体化财务管理问题的难题。

七、审时度势,顺应变化,是教育改革的不二选择

我曾在"会计的未来"一文中指出,概念框架潜移默化的影响、准则制定导向的改变、收益确定观念的转变,导致会计愈来愈依赖于对未来现金流量的预计。会计只反映过去不反映未来的信条正在被颠覆。作为会计审计职业的灵魂,专业判断的内涵和外延随着会计的演进和经营环境的变迁已发生嬗变,仅仅依靠会计审计知识和经验,无法确保专业判断的质量。牵引会计审计教育改革的能力框架,亟需重新审视和修订,以顺应会计从滞后性向前瞻性演进、专业判断从经验型向专家型转变的发展趋势。基于这些判断,我提出,会计审计以单一学科为特点的因循守旧教育模式,已经不适应会计本质和专业判断的变化,必须进行大刀阔斧的改革。

会计审计的教育模式,惟有从单学科向多学科发展,鼓励学科交叉和跨学科教育,才能适应会计的演进趋势和专业判断的嬗变。会计审计教育模式的改革,目标在于提高专业判断的胜任能力,关键在于重构起牵引作用的能力框架。会计审计的学历教育和后续职业教育(CPE),应当以能够将会计学科与其他学科有效融合的能力框架为基础,重新调整课程设置。会计审计的本科教育不应再以强

参访都柏林大学

调技能性的职业教育为导向，而应当以强调知识性的素质教育为导向。宽口径的通识教育理应成为会计审计教育的主流，本科阶段不应过分强调专业性，更不宜将专业再细分为会计、审计、国际会计、财务管理等专业。本科教育应当强化数学、外语、经济、金融、统计、商务、法律、信息技术、商务沟通和职业道德等方面的课程设置，专业课程的设置应尽量做到少而精，只需要设置会计、审计和财务管理等原理性课程，再辅以会计审计理论、会计审计准则、财务报表分析等基本课程即可。只有在研究生阶段，才应以模块化的方式强化专业课的课程设置。这里所说的模块化专业课程，主要包括四个方面：财务会计（如概念框架、合并报表、金融工具、收入确认、租赁和外币折算等）、审计方面（如绩效审计、风险评估、内控审计、舞弊识别、尽职调查、金融保险审计、事务所战略管理等）、财务管理（如内部控制、风险管理、预算管理、成本控制、绩效评价、收购兼并、融资投资、尽职调查等），税务筹划（如比较税制、税收法规、转移定价等）。同样地，后续职业教育除了提供会计审计的知识更新外，应更加侧重从其他学科领域为从业人员提供有利于其更好发挥专业判断的专题培训（如企业估值、金融工程、商业模式、资本运作、技术管理等）。

八、搭建团队，梯次配备，是协同发展的根本保证

葛家澍教授、余绪缨教授、常勋教授等前辈之所以成为令人敬仰的学界泰斗，除了其过人的智慧、禀赋和勤奋外，善于搭建和带领梯次明显、结构合理的研究团队，也是一个重要原因。国内外高校的会计学科，凡是名扬四海的，都有一个令人羡慕的研究团队。会计学科的团队建设，没有放之四海而皆准的方法，但学术带头人的学识、眼光、胸襟和领导力是灵魂、是关键。梯队配备，老中青相结合是传承学术思想、永葆学术活力的保障。更重要的是，研究团队的组建，要尽可能做到知识结构的多样性、互补性，优势互补，相得益彰，唯有如此，才能实现交叉融合，协同发展，取得突破。就公允价值会计的研究而言，如果研究团队的知识背景都是清一色的会计，是难以有所建树的，只有树立学科交叉的思维，将金融证券、数理统计、信息科技等方面的人才吸纳其中，才有希望破解公允价值会计的难题，尤其是计量方面的难题。在企业合并和合并报表研究团队的组建方面，成员既要有学术界的，也要有从事合并报表编制和审计的实务界（企业和事务所）人士，如果可能，还应吸纳准则制定和监管部门的人士参与，唯有如此，才能兼顾理论和实务，才能解释实务、指导

实务、规范实务。至于报表分析和财务舞弊的研究，最好能够将管理、会计、审计、法务和IT等知识背景的人士融合到一个团队中，唯有如此，才能将竞争战略、商业模式、财务舞弊有机地融合到报表分析中，报表分析才能透过现象看本质，避免成为数字游戏。

九、承前启后，发扬光大，是学术传承的历史使命

"为天地立心，为生民立命，为往圣继绝学，为万世开太平"，北宋著名理学家张载这一耳熟能详的名句，不仅道出读书人应有的志向，也阐明了承前启后、发扬光大，在继承中创新和发展，是学术传承的历史使命。就会计学界而言，大家经常感叹，现在再也找不到像杨纪琬教授、娄尔行教授、葛家澍教授、余绪缨教授、阎达武教授等令人敬仰的学界泰斗了。这既有研究环境使然的因素，也有学术传承不力的原因。学术传承与学术创新看似矛盾，其实不然。2014 年以来，日本已连续三年在物理、化学、医学和生物学等自然科学研究领域获得诺贝尔奖，成为可以与美欧相媲美的亚洲国家。这些成就的取得，既得益于日本对基础研究的重视，在很大程度上也与日本重视学术传承有关。基础研究、基本理论要获得世界公认的成就，有时要通过几代人的奋斗才能实现。以汤川秀树为代表的理论物理学派，自 1949 年以来，已经有 11 人获得诺贝尔奖的殊荣。这 11 人中间，有 7 人师出同门，足见前后传承之重要，可见学术传承与学术创新并行不悖。我国会计学界过去也比较重视学术传承，不论是会计名家工程，还是全国会计学术领军工程，都可以看出入选者背后大师林立的身影。另一方面，我们也应看到，会计学界的

学术传承这几年备受挑战。由于实证研究风靡学界，规范研究已经无人问津，老一辈会计学者开创的"绝学"，为政策制定提供决策参考、为会计实务提供指导的学统、风格和思想，面临着断层的风险，极有可能出现"孟子之后无儒学"的尴尬局面。学术研究提倡百花齐放，百家争鸣。规范研究和实证研究，都是缺一不可、不可替代的学术范式。只有实证研究，假设检验何来理论支撑？只有规范研究，归纳和演绎的结论正确与否何以验证？可见，规范研究和实证研究都有其存在的正当理由，二者不可偏废，都需要会计学界加以重视。如果会计界的年轻学者都只做实证研究，对规范研究无人问津，学术思想就有断层的风险，学术传承就有可能成为空中楼阁。

第六部分 部分代表性论文

一、上市公司会计信息质量面临的挑战与思考[①]

署名：黄世忠

摘 要：本文从公司治理结构、注册会计师聘任制度、造假成本与收益、剥离与模拟、资产重组与关联交易五个角度，深入剖析我国上市公司会计信息质量面临的挑战，并提出若干建议。

关键词：上市公司；会计信息质量；挑战

新《会计法》颁布实施以来，财政部加大了会计改革的步伐和力度，适时出台了《企业会计制度》，并对《债务重组》《非货币性交易》等准则进行实质性修订。这些重大举措，尤其是"八项减值准备"政策，对于抑制盈余操纵等会计造假极具震撼力和威慑力，为提高上市公司会计信息质量（特别是收益和资产的报告质量）和财务报告透明度奠定了坚实的制度基础。然而，上市公司会计信息质量的提高不可能一蹴而就，更不可能因为颁布几个制度和准则而骤然跃升。公司治理结构和注册会计师聘任等制度安排方面的缺陷、造假成本与收益的不对称、剥离与模拟等"会计创新"、资产重组与关联交易的滥用，均对我国上市公司会计信息质量提出了严峻的挑战。本文从会计理论与实务的角度对这些问题进行剖析和探讨，并提出若干政策性建议。

[①] 本文发表于《会计研究》2001年第10期，获中国会计学会2001年度优秀论文一等奖。

（一）公司治理结构的缺陷制约着会计信息质量的提高

继琼民源、ST郑百文等舞弊丑闻之后，最近又暴露出了银广夏、ST黎明等会计造假恶性案件，再次向会计界提出了一个发人深思的问题：为什么上市公司的会计造假屡禁不止？尽管这个问题不容易回答，但有一点是肯定的，那就是会计造假泛滥，制度缺陷使然。换言之，公司治理结构存在的缺陷，已经严重制约着我国上市公司会计信息质量的进一步提高。

众所周知，所有权与经营权的分离，必然导致上市公司的投资者与管理层存在着严重的信息不对称。信息不对称是会计造假的诱因之一，并可能带来不利选择和道德风险问题。为了解决信息不对称所带来的负面影响，国际上通行的做法是诉诸于"大棒加萝卜政策"，即公司治理结构的硬约束和经理人股票期权的软约束。完善的公司治理结构通过权力分配、权力制衡、利益协调和信息披露等机制，迫使管理层释放信息，均衡信息分布，以缓解不利选择问题。经理人股票期权通过合理设计激励机制，让管理层分享企业剩余权益[1]，最大限度地激发管理层的积极性，以缓解道德风险问题。不论是公司治理结构的制度安排，还是经理人股票期权的机制设计，都离不开高质量的会计信息。鉴于会计信息由管理层负责编制和提供，而管理层的聘任显然受大股东意志的支配或影响，为了防止内部人控制，制衡管理层和大股东在会计信息方面的权力，英美等发达国家的公司治理原则和规定均要求董事会下设审计委员会。审计委员会一般由独立董事组成，其主要职责就是确保会计信息的质量。尽管不同国家对审计委员会职责的界定不尽一致，但在设计公司治理

---

[1] 徐珊：《经理股票期权及其会计问题研究》，厦门大学博士学位论文打印稿，2001年9月。

结构时，通常赋予审计委员会下列四个方面的权限和职责：（1）审查会计政策、财务状况和财务报告程序；（2）聘任注册会计师对会计报表进行独立审计；（3）审查内部控制结构和内部审计工作；（4）监督公司的行为规范。可见，独立董事制度和审计委员会制度是确保会计信息质量不可或缺的制度安排。

在我国上市公司中，投资者与管理层之间的信息不对称问题更加突出，但我国迄今尚未在公司治理结构中对确保会计信息质量做出有效的制度安排。结果，管理层在会计信息编报方面的权力过大，且缺乏有效的约束和监督。试想，如果我国上市公司的董事会也是由具有良知、通晓会计学知识的独立人士执掌审计委员会，诸如银广夏、ST黎明的会计造假阴谋能够得逞吗？

我国证券市场的发展已历经10个年头，但公司治理的规范姗姗来迟。中国证监会直至2001年5月和8月才分别发布了《上市公司治理原则与标准》（征求意见稿）和《关于在上市公司建立独立董事制度的指导意见》（简称《指导意见》），要求上市公司设立独立董事和审计委员会。其中，审计委员会的首要职责在于确保上市公司如实编制和披露会计信息。勿庸置疑，这些举措是确保我国上市公司会计信息质量的制度创新，也与发达国家良好的公司治理标准保持一致。但笔者认为，在下列问题予以妥善解决之前，即使将独立董事制度和审计委员会制度付诸实施，也难以有效地发挥抑制会计造假的作用：

第一，独立董事的聘任问题。尽管《指导意见》已经对独立董事的任职条件和聘用程序做出规定，但只要"一股独大"的问题没有解决，独立董事就难以保持其独立性，就有可能沦为大股东的附庸。根据我国国情，笔者建议，为了维护独立董事的独立性，应当剥夺大股东在独立董事聘任方面的投票权。

第二，独立董事的薪酬问题。如何科学、合理地设计独立董事的薪酬方案一直是令人困扰的问题。报酬太低，难以调动独立董事的工作积极性和责任心，报酬太高，容易使其丧失独立性。

第三，独立董事的赔偿问题。如果不尽快建立独立董事的赔偿机制，要期望独立董事诚信、勤勉地为全体股东服务是不切实际的。赔偿机制与报酬问题相关联，如果报酬太低，高素质、操守好的专业人士将不愿冒着诉讼和赔偿风险出任上市公司的独立董事。为此，建立独立董事职业保险势在必行。

第四，独立董事的工作负荷问题。中国证监会要求：（1）上市公司在2002年6月30日前，董事会成员至少应当包括1/3的独立董事，其中有一名必须是会计专业人士；（2）如果上市公司下设薪酬、审计、提名委员会，独立董事应当在委员会成员中占有1/2以上的比例；（3）独立董事原则上最多在5家上市公司兼任独立董事；（4）重大关联交易必须经过独立董事审查，并发表意见。我国上市公司董事会的平均人数为9.88人[①]，按照证监会的要求，平均每家上市公司的独立董事为3~4人。据此推算，1~2名具有会计专业背景的独立董事，既要执掌1~5家上市公司的审计委员会，还要负责或参与提名薪酬委员会的事务，并对重大关联交易进行审查和发表意见，其工作负荷是难以想象的，其工作质量是可想而知的。

---

① 上海证券交易所内部研究报告：《公司治理：国际经验与中国的实践》，2000年10月。

(二)现行的注册会计师聘任制度危及了社会审计的独立性

如果说公司治理是解决信息不对称问题的内部制度安排,那么,独立审计则是解决信息不对称的外部制度安排。由注册会计师对上市公司的会计报表进行独立审计,既可对管理层的会计信息编报权力进行约束,也可督促管理层充分披露会计信息,缓解管理层与投资者之间的信息失衡问题。

那么,为什么诸如银广夏和ST黎明等恶性造假事件往往是由新闻界揭露出来,而不是由注册会计师发现?难道注册会计师的专业技能逊色于新闻记者?答案是显而易见的。笔者认为,新闻记者所拥有的独立性,正是注册会计师所缺少的。独立性是审计的灵魂,离开了独立性,审计的鉴证功能将一文不值,并有可能使上市公司的会计造假更具欺骗性。令人遗憾的是,我国注册会计师的聘任制度存在着严重缺陷,严重危及了审计的独立性。尽管根据中国证监会的要求,上市公司聘请会计师事务所必须经过股东大会批准,但在内部人控制现象普遍存在的情况下,聘任会计师事务所的真正权力实际上掌握在管理层手中,股东大会在聘任会计师事务所问题上,充其量只是个橡皮图章。这既是公司治理结构不完善的具体表现,也是上市公司频繁更换会计师事务所的制度原因[①]。其结果,在注册会计师界形成了一种怪圈:"死路一条"——规范执业等死(可能被上市公司解聘),不规范执业找死(被监管部门禁入)。注册会计师也因此被戏称为"做得好进医院,做不好进法院"。这种被扭曲了的聘任制度,往往助长了"拿人钱财,替人消灾"的心态,不仅降低

[①] 熊建益:《关于我国上市公司更换会计师事务所的实证研究》,厦门大学博士学位论文,2001年9月。

了一些注册会计师的职业敏锐性，而且淡化了注册会计师对社会公众的责任感。

注册会计师事业是证券市场的根基，而独立性是维系这个根基的关键。考虑到我国要彻底根除公司治理的"一股独大顽症"尚需时日，笔者建议：

第一，暂时终止由上市公司自行聘任注册会计师的做法，改由监管部门或证券交易所委托会计师事务所对上市公司的会计报表进行审计。所需资金可以通过设立特种基金的方式予以解决。如果这一改革方案在短期内难以付诸实施，至少可以选择绩优公司、ST公司以及有重大违法违规记录的公司先行试点。

第二，实行上市公司审计轮换制，每隔三至五年强制性更换会计师事务所，以免注册会计师与上市公司过于亲密而丧失独立性。

第三，建立注册会计师民事赔偿机制，注册会计师因串通舞弊或重大过失而不能发现上市公司重大会计造假，致使投资者和债权人蒙受损失的，应当承担民事赔偿责任。对违规注册会计师的处罚，应由目前的行政处罚为主，逐步过渡到行政处罚与经济处罚并重。充分利用经济杠杆迫使注册会计师强化风险意识，提高执业水平。

第四，推行合伙制或有限合伙制（LLP），要求所有具有证券、期货相关业务资格的会计师事务所必须限期改组为合伙制或有限合伙制，加大注册会计师的过失成本。

(三) 造假成本与造假收益的不对称助长了会计造假

抛开道德观念和法制观念，会计造假也可以从"造假经济学"的角度来解释。虚假会计信息的大量存在，表明证券市场和上市公司存在着对虚假会计信息的旺盛需求。既然有需求，就必然有供给。对于造假者而言，只要造假的预期成本大大低于造假的预期收益，造假者就有"博弈"的理由和冲动。造假的预期成本 $=P \times P$，即造假被发现的概率（Probability）乘以处罚金额（Penalty）。造假的预期收益 $=C+C$，即虚构经营业绩骗取上市、配股、增发资格所募集的资本（Capital）以及操纵利润导致市值（Capitalization）增加等。

与其他新兴市场一样，我国的证券市场同样存在着监管体系薄弱，监管手段落后，监管人员不足的现象，因此，上市公司会计造假被发现的概率极小。据笔者初略统计，过去10年因会计造假被中国证监会发现并处罚的上市公司可能不足100例，而上市公司过去10年正式对外提供的年度会计报表、半年度会计报表、验资报告、资产评估报告、盈利预测报告以及募股资金使用情况说明等财务资料不下1万份，也就是说，造假被发现的概率远低于百分之一！目前被曝光的上市公司会计造假有可能只是冰山一角。此外，迄今为止，监管部门主要依靠行政处罚手段来打击上市公司的会计信息造假，对直接责任人追究刑事责任的，少之又少，民事赔偿更是微乎其微。因此，即使会计造假被发现了，所付出的代价也是极其有限的。可见，当前我国证券市场上会计造假的成本是微不足道的，因而往往被上市公司的大股东和管理层忽略不计。

与造假成本相比，会计造假所带来的收益可能呈几何级数放大。银广夏1999年和2000年通过虚构7.45亿元利润创造"中国第一蓝筹

股"的神话,其停牌时的流通市值比1998年末增加了至少70亿元。对于上市公司而言,会计造假的预期收益可用以下公式推算:

$$EBAF = \frac{FNI}{TS} \times PER \times TNS$$

其中,EBAF(Expected Benefit from Accounting Fraud)代表会计造假预期收益,FNI(False Net Income)代表虚假净收益,TS(Total Shares)代表总股本,PER(Price Earnings Ratio)代表市盈率,TNS(Total Negotiable Shares)代表流通股份数。

假设A上市公司2000年末总股本为10000万股,其中4000万股为流通股,2000年度虚假净收益为2000万元,所在行业平均市盈率为60倍,则在其他条件保持相同的情况下,会计造假收益为4.8亿元。在本例,虚假净收益虽然只有2000万元,但通过市盈率这一"财富放大器"的作用,却对流通股股价造成巨大的影响。可见,在我国上市公司股本规模偏小、市盈率居高不下的市场环境下,会计造假的财富效应是超乎寻常的。

倘若再将原本不具备上市、配股、增发资格,但通过会计造假得以蒙混过关的因素考虑进去,造假的预期收益将更加惊人。事实上,最近一段时期证券市场"圈钱"运动中暴露出的众多"变脸"现象(指上市、配股、增发不久就发生业绩滑坡或亏损),从另外一个角度证明了会计造假的收益效应,也解释了大股东和管理层为何对会计造假乐此不疲。

正是由于会计造假的预期收益明显大于预期成本,不造假的机会成本过于高昂,我国证券市场才不断上演"刚通报了张家界,又冒出了麦科特，刚处罚了ST黎明，又惊爆银广夏丑闻"等"前赴后继"的闹剧。长此以往，就有可能蔓延成"劣币驱逐良币"的现象。笔者认为，只有尽快建立民事赔偿制度，对造假的上市公司和中介机构处以重罚，同时加大对上市公司会计信息的稽查力度和稽查面，大幅度提高会计造假的成本，使造假无利可图，才能从根本上遏制会计造假屡禁不止、愈演愈烈的势头。

（四）剥离与模拟等"创新"侵蚀着会计信息真实性的根基

"真实和公允即可靠，始终是会计的最重要质量特征，如实地反映企业的经济与财务真相，是会计最基本的职能。"① 然而，真实性目前正面临着来自剥离与模拟等"会计创新"前所未有的挑战。

剥离与模拟是与企业改制上市相伴而生的。在行政审批制下，由于实行"规模控制，限报家数"政策，股票发行额度成为十分稀缺的资源。企业通过激烈竞争拿到的股票发行额度往往与其资产规模不相匹配，只好削足适履，将一部分经营业务和经营性资产剥离，或者进行局部改制，将原本不具有独立面向市场能力的生产线、车间和若干业务拼凑成一个上市公司，并通过模拟手段编制这些非独立核算单位的会计报表。此外，许多改制企业（尤其是国有企业）因承担社会职能而形成大量的非经营性资产，也必须予以剥离。按理说，剥离与模拟是行政审批制的产物，实行了核准制后，剥离与

---

① 葛家澍、黄世忠："反映经济真实是会计的基本职能"，《会计研究》，1999年第12期。

模拟就应当寿终正寝。然而，在核准制实施之后，中国证监会又颁布了《首次公开发行股票公司申报财务报表剥离调整指导意见》，由此看来，剥离与模拟挥之不去。

在凤凰花开的校园里

我们应当如何看待剥离与模拟这类"会计创新"呢？辩证地看，剥离与模拟在我国证券市场发展中功不可没，如果不允许剥离与模拟，许多企业（特别是国有企业）是不具备上市资格的，是无法通过股份制改制和上市摆脱困境的。另一方面，剥离与模拟从根本上动摇了会计信息的真实性，使信息使用者无法了解企业真实的财务状况、经营业绩和现金流量。剥离与模拟犹如整容术，通过将劣质资产、负债及其相关的成本、费用和潜亏剥离，便可轻而易举地将亏损企业模拟成盈利企业。许多国有企业在上市前亏损累累，债务负担沉重，但只要经过改制和上市，往往一夜之间扭亏为盈，财务实力大增。这种化腐朽为神奇的秘笈就是剥离与模拟。我国许多刚上市的公司，其三年又一期的会计报表展示给投资者的盈利能力和财务状况，常常令发达国家的上市公司无地自容，只可惜这种"姣好面容"持续不了多长时间，毕竟"整容"与"天生丽质"不可同日而语。桦林轮胎、兴业聚酯等上市不到一年就亏损，ST家族日益壮大，都从不同层面折射出剥离与模拟对会计信息真实性的伤害。

我国的证券市场经过10年的苦心经营，已发展到了1100多家上市公司。这种超常规的发展速度在一定程度上应归功于剥离与模拟，但其所带来的后遗症也日益凸现：上市公司质地不高，绩优股容易"变脸"。克服这一后遗症的权宜之计是保持"资金运动"。只要上市后能够源源不断地通过配股、增发进行"圈钱"，企业便可以增量资金掩盖存量资产的低效率。要"圈钱"，经营业绩就必须达到中国证监会设定的门槛。万一业绩不够怎么办？好在中国的上市公司对剥离与模拟情有独钟、经验老到。利润达不到配股、增发的要求，上市公司可以将过去因高估利润所形成的"泡沫性"资产、经营不善的亏损子公司以及其他亏损业务剥离给母公司或其他关联企业，再通过"模拟调整"，编制出一套人见人爱的完美会计报表，"圈钱"也就水到渠成。既然剥离与模拟是中国证监会格外开恩为上市公司留下的一条生路，上市公司焉有不用之理。

从会计理论的角度看，剥离与模拟对财务会计的基本假设和原则产生了巨大的冲击，其能量大有催垮现行会计框架之势。倘若剥离与模拟的存在是合理的，那么，会计主体假设、配比原则有何意义？会计主体假设界定了企业收益确定的边界，配比原则设定了收益确定的规则。如果上市公司可以将采用不稳健的收入确认政策所形成的不良债权、将市场变化所形成的存货积压损失、将盲目投资所形成的投资损失、将资本结构失调所形成的负债及其利息支出予以剥离，那么，上市公司只会盈利，而不会亏损。但经过剥离后模拟出的盈利，是财务会计意义上的利润吗？难道剥离与模拟可以凌驾于会计主体假设和配比原则之上？可见，剥离与模拟与其说是"会计创新"，不如说是滋生会计造假的温床。

剥离与模拟固然神奇，但其持续功效有限，且容易模糊投资者的视线。即便老练的投资者天生一双慧眼，也难以看清上市公司剥离与模拟背后的真实面孔。基于此，该是监管部门向剥离与模拟宣战的时候了，以维护会计信息的真实性和严肃性。如果在短时间内不可能取缔剥离与模拟，也应当对剥离与模拟做出严格限制。对于进行过重大剥离与模拟的企业，应视其经营业绩的连续性和可比性遭到破坏，必须经过3~5年的时间重新检验其业绩的稳定性，方可准许这类企业上市、配股或增发。

（五）资产重组和关联交易有使会计沦为"魔术"之虞

会计理论界对会计到底是一门科学，还是一门艺术的争论由来已久，但现行实务中的一些令人困惑的做法让笔者觉得会计越来越像是一门魔术。同一个企业，经过资产重组和关联交易，将"红色业绩"（亏损）变成"蓝色业绩"（盈利）简直易如反掌。我们不妨分析若干案例，以透视上市公司利用资产重组和关联交易调节利润的"魔法"。

案例1. 广电股份

广电股份1997年11月将账面余额为6926万元的土地以21926万元的价格转让给其母公司，确认了15000万元的收益。同年12月又将账面净资产为1454万元的一家下属公司的整体产权以9414万元的价格转给其母公司，确认了7960万元的营业外收入。仅仅这两项交易就带来了22960万元的收益，占该年度利润总额9733万元的235.9%。若剔除这两笔交易，该公司1997年度实际上亏损了13227万元。资产重组和关联交易的"魔力"由此可见一斑。这一案例再次印证了"有妈的孩子像个宝"。上市公司出现了亏损时，只要哭着找"妈妈"（母公司或大股东）就行了，母公司或大股东必定会通过资产重组与关联交易给上市公司"喂奶"（输送利润）。但"妈妈"如此精心呵护，这个"孩子"长得大吗？"断奶"之后，这个"孩子"能够"正常发育"吗？

案例2. 陕长岭

陕长岭的大股东长岭黄河集团为了解决拖欠债务问题，2000年10月30日将其持有的西方圣方科技股份公司的1000万股股权，以每股1元转让给陕长岭。同年11月22日，陕长岭以每股8元的价格将其转让给美鹰玻璃（浙江）有限公司（是否为关联企业，不得而知），获得了7000万元的投资收益，占当年利润总额1604万元的436.4%。若剔除这笔交易，陕长岭2000年度实际上亏损了5396万元。这个案例存在的疑问是：既然西方圣方科技的股权在不到一个月内便可增值7000万元，大股东为何不自己将这些股权直接出售给美鹰玻璃公司呢？假定美鹰股份是关联企业，陕长岭为何不在确定转让价格时多加一个零呢？显然是不好意思。但陕长岭是否想过，这个不好意思的直接机会成本就是减少了7.2亿元的利润。

案例3. 波导股份

波导股份2000年度将发生的10427万元广告宣传费中的70%，即7299万元转由其大股东奉化波导科技发展公司承担，转嫁给大股东承担的费用占波导股份当年利润总额4401万元的165.8%。若剔除这一因素，波导股份2000年将亏损2898万元。大股东替上市公司承担广告费用由来已久，前有美菱电器，后有厦新电子，现又有了波导股份。看来，上市公司有难，大股东解囊相助已蔚然成风。

案例4. ST包装

ST包装（现更名为长江控股）2000年11月25日将所持四川长信纸业有限公司40%股权，以4800万元的价格转让个尚未入主的潜在大股四川泰港集团。由于ST包装按权益法核算对四川长信纸业有限公司的投资时，已确认了1600万元的投资损失，并将投资成本减记至零，因此，这笔股权转让使ST包装平添了4800万元的收益，占当年利润总额1622万元的295.9%。同样地，若剔除这项收益，ST包装当年将亏损3178万元。一家资不抵债的公司，其股权居然可以卖得4800万元的好价钱，真是匪夷所思！

同日，四川泰港集团还与ST包装签订了《赠予资产协议》，将其持有的四川省神岩风景区旅游公司95%的股权无偿捐赠给ST包装。这些股权评估值为18943万元，扣除6251万元的递延所得税后，差额12692万元确认为资本公积。ST包装的每股净资产遂由1999年末的0.308元猛增至2000年末的2.74元。

通过上述两项交易，ST包装如愿以偿地摘掉了ST的帽子。ST包装及其尚未入主的大股东堪称世界顶尖的"魔术大师"，只需签订两个协议，便可使ST这顶帽子遁形，其技艺之高超，实在让人叹为观止！

类似的案例不胜枚举。倘若取缔这些资产重组和关联交易，ST家族的阵容不知要扩大几倍。这类案例的最显著特点是不等价交换，交换的结果是大股东向上市公司肆无忌惮地进行利润输送。从本质上看，通过这种手段进行的所谓资产重组和关联交易，与银广夏的会计造假并没有太大的差别，两者都是"数字游戏"，只不过前一种做法因法律法规和会计规范的不完善而被披上合法的外衣。更不可思议的是，上市公司利用资产重组和关联交易调节利润，只要大言不惭地"广而告之"（充分披露）便可逃脱被制裁的命运。

以资产重组和关联交易之名，行会计报表粉饰之实的现象如果不能被及时、有效地加以制止，财政部即使颁布再多的会计制度和准则也是枉然，注册会计师再超然独立也无法制止会计造假，现存的收益确定、资产计价等理论体系也将土崩瓦解，会计终究有一天会沦落为"魔术"，届时，会计休矣！

二、安然事件的反思①——对安然公司会计审计问题的剖析

署名：葛家澍　黄世忠

摘　要：本文首先介绍导致能源巨擘安然公司崩塌的会计审计问题，在此基础上探讨安然事件对美国会计准则制定和注册会计师监管模式的影响，最后从会计审计和公司治理等角度总结安然事件的启示。

关键词：安然事件；反思；会计审计问题；剖析

近代会计审计史表明，证券市场发生的重大危机事件，必然影响甚至改变会计审计的发展进程、发展模式和方向。1929年美国股市的崩溃以及由此引发的长达四年的全球经济危机，不仅终结了放任自由的资本主义时代，也彻底改变了证券市场的"游戏规则"，1933年证券法和1934年证券交易法以及证券交易监督委员会（SEC）的成立，最终促使美国公认会计准则和审计准则的诞生。我们认为，安然事件需要引起社会各界特别是会计界的充分关注，因为安然事件所涉及的决不仅仅是会计信息失真的问题，也暴露出美国为确保会计信息真实性所作出的制度安排（如公司治理的独立董事制度、注册会计师的行业自律机制等）存在着严重缺陷。我国近年来不论是证券市场的监管，还是会计审计的规范，都不同程度地

---

① 本文系教育部人文社会科学重点研究基地2001年度重大研究项目"证券市场舞弊审计技术方法及规范研究"的阶段性研究成果，批准文号为01JAZJD630004，发表于《会计研究》2002年第2期。

借鉴美国的做法。理性地分析发生在成熟证券市场上的安然事件，不仅有助于我们从中吸取教训，也可避免今后在借鉴美国的做法时盲目照搬。正是基于这样的考虑，本文较为全面地介绍导致安然公司坍塌的会计审计问题，分析安然事件对美国今后会计准则的制定以及注册会计师监管模式的潜在影响，并从会计审计和公司治理的角度，总结安然事件给我们的启示。

（一）导致安然公司崩塌的会计审计问题

1. 会计问题

根据安然公司2001年11月8日向SEC提交的8-K报告以及新闻媒体披露的资料，安然公司的主要会计问题可分为四大类：

（1）利用"特别目的实体"高估利润、低估负债。安然公司不恰当地利用"特别目的实体"（Special Purpose Entities，SPE）符合特定条件可以不纳入合并报表的会计惯例，将本应纳入合并报表的三个"特别目的实体"（英文简称分别为JEDI、Chewco和LJM1）排除在合并报表编制范围之外，导致1997~2000年高估了4.99亿美元的利润、低估了数亿美元的负债。此外，以不符合"重要性"原则为由，未采纳安达信的审计调整建议，导致1997~2000年高估净利润0.92亿美元。各年度的具体情况如表1所示：

表1　　　　　　　　各年度具体情况　　　　　　　　单位：亿美元

项目名称	1997年	1998年	1999年	2000年	合计
净利润					
调整前净利润	1.05	7.03	8.93	9.79	26.80
减：重新合并SPE抵销的利润	0.45	1.07	2.48	0.99	4.99
审计调整调减的利润	0.51	0.06	0.02	0.33	0.92
调整后净利润	0.09	5.90	6.43	8.47	20.89
调整后净利润占调整前比例（%）	8.6	83.9	72.0	86.5	77.9
债务总额					
调整前债务总额	62.54	73.57	81.52	100.23	—
加：重新合并SPE增加的债务	7.11	5.61	6.85	6.28	
调整后债务总额	69.65	79.18	88.37	106.51	
调整后债务总额占调整前比例（%）	111.3	132.1	108.4	106.3	—

资料来源：Enron Corporation's 8-K filing with the SEC on November 8 2001.

安然公司的上述重大会计问题，缘于一个近乎荒唐的会计惯例。按照美国现行会计惯例，如果非关联方（可以是公司或个人）在一个"特别目的实体"权益性资本的投资中超过3%，即使该"特别目的实体"的风险主要由上市公司承担，上市公司也可不必将该"特别目的实体"纳入合并报表的编制范围。安然公司正是利用这个只注重法律形式、不顾经济实质的会计惯例漏洞，设立数以千计的"特别目的实体"，以此作为隐瞒负债，掩盖损失的工具。更令人不可思议的是，这个3%的惯例，原先是10年前一个从事租赁业务的主体设计的，后来该主体极力说服了有关当局认可了其会计处理。以后，这神奇的3%规则便逐渐演化为约定俗成的惯例，并适用于对几乎所有"特别目的实体"的会计处理。安达信在安然事件东窗事发之后，就是以此为自己作辩解的。但我们认为安达信的辩解是片面的，作为全球著名的会计师事务所，安达信难道不明白这项荒唐可笑的惯例有悖于"实质重于形式"的基本会计原则？难道审计只是机械地照搬准则和惯例，而不需要专业判断？难道安达信不清楚安然公司通过"特别目的实体"隐瞒负债、掩盖损失对投资者可能造成的后果？安然公司前执行副总裁兼首席财务主管安德鲁·S. 法斯秦（2001年10月被革职）在1998年一起名为"仙人掌3"诉讼案件的作证中曾坦言，安然公司通过设立"特别目的实体"，就是为了将负债转移到资产负债表外，在进行"业务安排"和"组织设计"过程中，均与安达信密切磋商（Kurt Eichenwald & Michael Brick, 2002）。可见，安达信并非不了解安然公司设立"特别目的实体"的用意。

（2）通过空挂应收票据，高估资产和股东权益。安然公司于2000年设立了四家分别冠名为Raptor Ⅰ（猛禽一号）、Raptor Ⅱ（猛禽二号）、Raptor Ⅲ（猛禽三号）和Raptor Ⅳ（猛禽四号）的特别目的实体"（以下简称猛禽类公司），为安然公司的投资的市场风险进行套期保值。为了解决猛禽类公司的资本金问题，安然公司于2000年第一季度向猛禽类公司发行了价值为1.72亿美元的普通股。在没有收到猛禽类公司支付认股款的情况下，安然公司仍将其记录为实收股本的增加，并相应增加了应收票据，由此使资产和股东权益虚增了1.72亿美元。按照公认会计准则，这笔交易应视为股东欠款，作为股东权益的减项。此外，2001年第一季度，安然公司与猛禽类公司签订了若干份远期合同，根据这些合同的要求，安然公司在未来应向猛禽类公司发行8.28亿美元的普通股，以此交换猛禽类公司出具的应付票据。安然公司按上述方式将这些远期合同记录为实收股本和应收票据的增加，又虚增资产和股东权益8.28亿美元。上述两项合计，安然公司共虚增了10亿美元的资产和股东权益。2001年第三季度，安然公司不得不作为重大会计差错，同时调减了12亿美元的资产和股东权益，其中的2亿美元系安然公司应履行远期合同的公允价值超过所记录应收票据的差额。

（3）通过有限合伙企业，操纵利润。安然公司通过一系列的金融创新，包括设立由其控制的有限合伙企业进行筹资或避险。现已披露的设立于1999年的LJM开曼公司（简称LJM1）和LJM2共同投资公司（简称LJM2，LJM1和LJM2统称为LJM）在法律上注册为私人投资有限合伙企业。LJM的合伙人分为一般合伙人和有限责任合伙人。安然公司在东窗事发前，以LJM的多名有限责任合伙人系与安然公司没有关联关系的金融机构和其他投资者为由，未将LJM纳入合并报表编制范围。但从经济实质看，LJM的经营控制权完全掌握在安然公司手中，安然公司现已承认LJM属于安然公司的子公司。LJM从1999年设立起，截至2001年7月，其一般合伙人推选的管理合伙人为当时担任安然公司执行副总裁兼首席财务官的安德鲁·S.法斯焘。LJM设立之初，有关人员曾明确向安然公司的董事会说明，设立LJM的目的就是要使LJM成为向安然公司购买资产的资金来源，向安然公司投资的权益合伙人，以及降低安然公司投资风险的合作伙伴。

1999年6月~2001年9月，安然公司与LJM公司发生了24笔交易，这些交易的价格大多严重偏离公允价值。安然公司现已披露的资料表明，这24笔交易使安然公司税前利润增加了5.78亿美元，其中1999年和2000年度增加的税前利润为7.43亿美元，2001年1~6月减少的税前利润为1.65亿美元。在这24笔交易中，安然公司通过将资产卖给LJM2确认了8730万美元的税前利润；LJM购买安然公司发起设立的SPE的股权和债券，使安然公司确认了240万美元的税前利润；LJM受让安然公司联属企业的股权，使安然公司获利1690万美元；安然公司与LJM共同设立5个SPE，并通过受让LJM2在这5个SPE（其中四个为前述的猛禽类公司）的股权等方式，确认了与风险管理活动有关的税前利润4.712亿美元。

安然公司通过上述交易确认的5.78亿美元税前利润中,1.03亿美元已通过重新合并LJM1的报表予以抵销,其余4.75亿美元能否确认,尚不得而知。但安然公司在2001年第三季度注销对猛禽公司的投资就确认了10亿美元亏损的事实(Gretchen Morgenson,2002),不能不让人怀疑安然公司在1999年和2000年确认上述交易利润的恰当性。

(4)利用合伙企业网络组织,自我交易,涉嫌隐瞒巨额损失。上述三个重大会计问题所涉及的金额,在我们看来已是天文数字。但安然公司的会计问题并非到此为止。目前已披露的不到10家合伙企业和子公司所涉及的上述会计问题,说不定只是冰山一角。安然公司拥有错综复杂的庞大合伙企业网络组织,为特别目的(主要是为了向安然公司购买资产或替其融资)设立了约3000家合伙企业和子公司,其中约900家设在海外的避税天堂。虽然安然公司2001年10月组成了由新增选为独立董事的德州大学法学院院长威廉·鲍尔斯教授担任主席的独立调查委员会,对安然公司的合伙企业和子公司进行调查,但要查清这些具有复杂财务结构和千变万化商业风险的网络组织的真实情况,恐怕得历时数载。尽管如此,根据《纽约时报》2002年1月17日的报道以及1月16日该报全文刊载的安然公司发展部副总经理雪伦·沃特金斯女士在首席执行官杰弗利·K.斯基林突然辞职后致函董事会主席肯尼思·莱的信函,安然公司很有可能必须在已调减了前5年5.86亿美元税后利润的基础上,再调减13亿美元的利润。这13亿美元的损失,主要是安然公司尚未确认的与合伙企业复杂的融资安排等衍生金融工具有关的损失,其中5亿美元与安然公司已对外披露的猛禽类公司有关,其余8亿美元则与安然公司至今尚未披露的Condor(秃鹫)公司有关。至于众多以安然股票为轴心的创新金融工具及其他复杂的债务安排所涉及的损失和表外债务，很可能是个难以估量的"财务黑洞"。

2. 审计问题

尽管从理论上说，审视上市公司的任何重大恶性财务舞弊案件时都必须严格区分会计责任与审计责任，但不可否认的是，在现实世界中，注册会计师与上市公司是一荣俱荣、一损俱损。安然大厦的坍塌，除了蒸发掉安然公司员工的血汗钱和众多无辜投资者的财富外，很有可能使安达信身陷绝境，并引发对"五大"空前的信任危机。目前披露的证据显示，安然公司蓄意舞弊，但为其提供审计鉴证和咨询服务的安达信是否涉嫌与安然公司串通舞弊尚无定论，不过，美国国会的6个调查组，以及司法部、联邦调查局和SEC等部门对安然公司和安达信发起的规模空前的刑事调查所掌握的初步证据，足以表明安达信在安然事件中难辞其咎。根据目前已披露的资料，安达信在安然事件中，至少存在以下严重问题：

（1）安达信出具了严重失实的审计报告和内部控制评价报告。安然公司自1985年成立以来，其财务报表一直由安达信审计。2000年度，安达信为安然公司出具了两份报告：一份是无保留意见加解释性说明段（对会计政策变更的说明）的审计报告，另一份是对安然公司管理当局声称其内部控制能够合理保证其财务报表可靠性予以认可的评价报告。这两份报告与安然公司存在的前述重大会计问题形成鲜明的反差，已成为笑柄。经过与安达信的磋商，安然公司2001年11月向SEC提交了8-K报告，对过去5年财务报表的利润、股东权益、资产总额和负债总额进行了重大的重新表述，并明确提醒投资者"1997~2000年经过审计的财务报表不可信赖"。换言之，安然公司经过安达信审计的财务报表并不能公允地反映其经营业绩、财务状况和现金流量,获安达信认可的内部控制也不能确保安然公司财务报表的可靠性,安达信的报告所描述的财务图像和内部控制的有效性,均严重偏离了安然公司的实际情况。

(2)安达信对安然公司的审计缺乏独立性。独立性是社会审计的灵魂,离开独立性,审计质量只能是一种奢谈。安达信在审计安然公司时,是否保持独立性,正受到美国各界的广泛质疑。从美国国会等部门初步调查所披露的资料和新闻媒体的报道看,安达信对安然公司的审计至少缺乏形式上的独立性,主要表现为:

①安达信不仅为安然公司提供审计鉴证服务,而且提供收入不菲的咨询业务。安然公司是安达信的第二大客户,2000年度,安达信向安然公司收取了高达5200万美元的服务费用,其中一半以上为咨询服务收入(Reed Abelson & Johnathan D.Clater, 2002),更不可思议的是,安达信提供的咨询服务甚至包括代理记账。社会各界纷纷质疑,既然安达信从安然公司获取回报丰厚的咨询收入,它能够保持独立吗?安达信在安然公司的审计中是否存在厉害冲突?它能够以超然独立的立场对安然公司的财务报表发表不偏不倚的意见吗?即使安达信发现了重大的会计问题,它有可能冒着被辞聘从而丧失巨额咨询收入的风险而坚持立场吗?面对诸如此类的质疑,即使安达信能够从专业的角度辩解自己并没有违反职业道德,但社会大众至少认为安达信缺少形式上的独立性。关于会计师事务所能否同时扮演审计鉴证和咨询服务角色的辩论由来已久。SEC前任主席阿瑟·利维特2002年1月17日在《纽约时报》上发表了题为"谁来审计审计师"的文章,重提3年前的主张,要求对会计师事务所同时提供审计鉴证和咨询服务予以限制。SEC在这场与"五大"的博弈中败下阵来,从反对"五大"的先锋人物利维特的离职,到力

挺"五大"的哈维·彼特①继任SEC主席,足见"五大"的政治影响力之大。资料显示,安达信的政治行动委员会(Political Action Committee)在2000年美国国会选举中就捐赠了99万美元的"政治献金"。

②安然公司的许多高层管理人员为安达信的前雇员,他们之间的密切关系至少有损安达信形式上的独立性。安然公司的首席财务主管、首席会计主管和公司发展部副总经理等高层管理人员都是安然公司从安达信招聘过来的。至于从安达信辞职,到安然公司担任较低级别管理人员的更是不胜枚举。

(3)安达信在觉察安然公司会计问题的情况下,未采取必要的纠正措施。目前,美国国会调查组披露的证据显示,安达信在安然黑幕曝光前就已发现安然公司存在的会计问题,但未及时向有关部门报告或采取其他措施。国会调查组获得的一份安达信电子邮件表明,安达信的资深合伙人早在2001年2月就已经在讨论是否解除与安然公司的业务关系,理由是安然公司的会计政策过于激进。安达信为安然公司2000年度财务报表出具的审计报告是2001年2月23日,因此有理由相信,安达信在出具审计报告时很可能就已经觉察到安然公司存在的会计问题,否则,合伙人是不可能在2月份讨论是否辞聘的问题。2001年8月20日,沃特金斯女士致电她过去在安达信的一名同事,表达了她对安然公司会计问题的关注。与此同时,她致函安然公司董事会主席,警告安然公司"精心编造的会计骗局"(elaborate accounting hoax)有可能被揭穿(Richard A.Oppel Jr.,2001)。8月21日,包括首席审计师大卫·邓肯在内的四名安达

---

① SEC现任主席彼特当时作为私人开业的律师,代表AICPA和安达信,与SEC展开激励的角逐,以至一些国会议员要求他在SEC对安达信的调查中回避,但遭到彼特的拒绝。

信合伙人开会讨论沃特金斯女士发出的警告。此时，安达信已经意识到事态的严重性。尽管如此，安达信并没有主动向证券监管部门报告，也未采取其他必要措施来纠正已签发的错误审计报告。安达信的这种做法是否违反规定，目前尚难以断定，但至少让安达信的职业操守大打折扣。

（4）销毁审计工作底稿，妨碍司法调查。在沸沸扬扬的安然事件中，最让会计职业界意想不到的是安达信竟然销毁数以千计的审计档案。众所周知，审计最重证据。以客观、真实的证据为依据的审计，被佩顿（Paton）和利特尔顿（Littleton）称之为英国对审计行业的最重要贡献，客观、真实的证据也是这两位会计大师提出的会计基本假设之一。安达信销毁审计档案，是对会计职业道德的公然挑衅，也暴露出其缺乏守法意识[①]。目前，美国司法部、联邦调查局和SEC等部门正就此丑闻对安达信展开刑事调查。丑闻曝光后，安达信迅速开除负责安然公司审计的大卫·邓肯，同时解除了休斯敦其他三位资深合伙人的职务。但这一弃车保帅的招数看来并不高明。邓肯在接受司法部、联邦调查局和SEC的讯问时，拒不承认是擅自作出销毁审计底稿的决定，而坚称是在2001年10月12日接到安达信总部的律师通过电子邮件发出的指令后，才下令销毁审计底稿的，直至11月8日收到该律师的指令后才停止销毁活动。至今，安达信总部尚未对邓肯的说法作出反应。如果邓肯的说法属实，那么，安达信的麻烦可就大了。从安达信的角度看，销毁审计档案的事实，极有可能使安然事件由单纯的审计失败案件升级为刑事案件。许多国会议员和SEC的官员誓言将彻查此事。销毁审计档案不仅使安达信的信誉丧失殆尽，而且加大了安达信串通舞弊的嫌疑。如果这仅

---

① 安达信最终被解散，最直接的原因是其有组织、有计划地销毁安然公司的审计底稿。如果没有这一公然蔑视法律的行为，说不定安达信不至于分崩离析。

仅是一件因判断失误而造成的审计失败,安达信值得冒天下之不韪而销毁审计档案吗?答案只有一个:被销毁的审计档案藏有见不得阳光的勾当。

(二)安然事件对美国会计审计的潜在影响

安然事件既是对号称全世界最好的美国会计准则的一种嘲讽,也使"五大"神话般的光环骤然褪色,更有可能使美国注册会计师的行业自律模式成为历史。

1. 安然事件再次引发了关于会计准则的制定效率和制定模式的争论

安然丑闻曝光后,"五大"的首席执行官于2001年12月4日发表联合声明,指出美国现行会计准则的缺陷,并就如何提高财务报告质量作了三项表态:(1)向SEC提出改进关联交易、特别目的实体、相关市场风险(包括能源合同)披露指南的具体建议;(2)在更加宽泛的范围内,与SEC密切合作,参与财务报告制度现代化的进程。现行的财务报表披露往往十分冗长,但缺乏意义。进行有根据的决策需要许多不同的信息流,而不仅仅是盈利信息,定期提供的回顾式财务报表再也不足以传输真实的价值和风险信息;(3)在当今的经济环境下,会计准则制定程序过于笨拙和缓慢。"五大"将与其他方合作,寻找出更加高效和现代的准则制定方法。

尽管"五大"在这微妙时刻发表联合声明难免给人转移公众视线的印象,但不可否认的是,财务会计准则委员会(FASB)的确需要检讨美国的会计准则是否适应日新月异的经济环境。尤其是,美国现行准则严重滞后于金融创新。为此,不少有识之士呼吁以安然事件为契机,重新审视美国会计准则的制定效率及其缺陷。利维特在"谁来审计审计师"一文中尖锐地指出,美国现行的财务报告制度并不能向投资者提供关于上市公司健康状况的信息,在许多方面已演化为数字游戏。上市公司顶不住华尔街盈利预期的压力,纷纷采用激进的会计方法,有些甚至不惜采用欺诈的手段。他也指责FASB在制定新的准则方面行动缓慢。为此,他建议从提高效率和独立性的角度,对FASB进行改革。为了提高FASB的效率,他建议给予FASB充裕、独立的资金,不仅应当向上市公司,而且应当向金融机构(如互助基金、证券公司和商业银行)征收信息使用费,因为金融机构的决策有赖于会计准则所促成的透明度,但金融机构至今只受益,不付费。

在独立性方面,利维特主张FASB应当不受制于国会的压力。他指出,每当FASB拟发布的准则可能降低公司的盈利时,势力强大的美国大公司往往通过国会,对FASB施加压力,这种现象应当制止。我们赞同利维特的这一主张。安然事件是市场衰败的典型例证。市场运转正常时,谁也不要政府干预。但发生重大的市场衰败时,社会公众必然会指责政府监管不力,并强烈要求政府介入。安然事件再次引发了对美国会计准则制定模式的争论,争论的焦点是,会计准则完全由民间机构的FASB制定是否合适?国会或政府部门(如SEC)是否应当在会计准则的制定方面发挥更大的作用?应当说,这一方面的争论并不新鲜,1994年前后就有过一场类似的争论。当时,FASB拟出台一项要求将股票期权作为费用予以确认和计量的准则。由于该准则的出台,将严重损害美国大公司经理阶层的经济利益,为了维护自己的利益,美国大公司不断游说国会,以至于以参议员利伯曼为代表的许多国会议员提出了一项"1994年会计改革法案",要求"任何新的准则或原则,以及对现行准则或原则的修订,只要准备用于根据本法案提供的会计报表的编制,只有获得SEC法定委员多数赞成票的情况下,方能生效"(Dennis R.Beresford, 1995)。后来,在时任美国总统克林顿的干预下,该项法案未予通过。为了避免出现由FASB制定准则并由SEC批准准则局面的出现,FASB相当"明智"地作出妥协,只要求将股票期权视为费用予以披露,而无需确认。安然事件后,这种局面是否会重新出现,人们拭目以待。我们认为,维护FASB的独立性是确保FASB制定高质量会计准则的前提,如果因为安然事件而采取"民间机构制定准则,官方机构批准准则"的准则制定模式,未必是明智之举。因为既然安然公司和安达信等利益当事人能够影响国会,它们也必然能够影响SEC。从这个意义上说,利维特最近提出的观点显然有助于防止美国在会计准则制定模式的选择上矫枉过正。

安然事件很有可能引起的另一场争论是:会计准则应当以具体规则(Detailed Rules Basis)为基础,还是应当以基本原则(Basic Principles Basis)为基础。目前,FASB选择的是以具体规则为基础的准则制定方式,而国际会计准则委员会(IASC)及改组后成立的国际会计准则理事会(IASB)选择的是以基本原则为基础的准则制定方式。两种方法各有利弊。以具体规则为基础的准则,其操作性较高,但容易被规避。安然事件表明,以具体规则为基础的准则,不仅总是滞后于金融创新,而且企业可以通过"业务安排"和"组织设计"轻而易举地逃避准则的约束。安达信首席执行官乔·贝拉尔迪诺在接受记者的采访时,曾发出这样的感慨:"安达信无权迫使客户披露隐藏在特别目的实体的风险和损失,客户常说,准则并没有要求对此予以披露,你不能要求我遵循更高的标准"(Floyd Norris, 2001)。另一方面,以基本原则为基础的准则,较不易被企业精心策划的"业务安排"和"组织设计"所规避，但要求会计人员和注册会计师在运用准则时具有较高的专业判断能力。如何在这两种准则制定方式中抉择，确实值得FASB和会计界深思。美国的准则既多又细，但上市公司的会计问题仍层出不穷（据安达信2001年的一项调查，2000年度230家上市公司披露的财务报表因为存在严重的会计问题，不得不重新编制，Jonathan For，2001），说明以具体规则为导向的准则制定方式，并非完美无缺。

2. 安然事件将改写注册会计师的监管模式

安然事件不仅使"五大"陷入空前的信任危机，而且将改写注册会计师的监管模式，使沿用了100多年的行业自律寿终正寝。

美国注册会计师协会（AICPA）自设立以来，一直扮演双重角色，既是注册会计师合法权益的守护神，又是注册会计师执业行为的监管者。AICPA除了负责制定审计准则外，还负责制定职业道德和后续教育准则，并组织全国性统一考试。但注册会计师的执业资格由各州授予，对违规注册会计师的制裁也由各州负责，AICPA在这方面缺乏相应的权力。1977年，针对国会对审计质量下降的关注，AICPA发起设立了"公共监管委员会"（Public Oversight Board，POB），负责对注册会计师的监管。不过，POB形同虚设，无所作为。SEC前主席理查德·C·布雷登指出："POB是大多数美国人都从未听说的机构，其有效性值得怀疑。过去就有不少人对POB经费不足、对审计行为的监督缺乏切合实际的能力等问题表示担忧。"（Reed Abelson & Jonathan D.Glater，2002）

为了确保审计质量，美国实行的民间自律模式还引入了同业互查（Peer Review）机制。前不久，"五大"之一的德勤对安达信作了同业互查后，给安达信的审计质量开了"绿灯"。安然事件曝光后，德勤对安达信审计质量的评估报告已成为笑料。

面对社会公众对AICPA及POB缺乏信心，对"五大"的审计质量（美国超过90%的上市公司是由"五大"审计的）忧心忡忡的局面，SEC在安然事件后迅速作出反应。2002年1月17日，SEC主席彼特郑重向新闻界宣布，拟设立一个独立于注册会计师行业的监管机构①，以防止安然悲剧的重演。彼特强调，新设立的监管机构将由会计人士与非会计人士组成，其主要职能是：制裁与质量控制。他并且特别声明，AICPA将不在新设立的监管机构发挥任何作用。新的监管机构将有权要求当事人移交文件资料，有权要求他们作证，有权进行调查，有权启动制裁程序，有权公布处罚结果，有权限制不符合职业道德和胜任能力标准的注册会计师从事上市公司审计业务。

SEC的这一决定，终结了美国注册会计师行业自律的历史，标志着"后安然时代监管模式"的到来。尽管SEC尚未对这一具有鲜明官方色彩的监管机构作进一步解释，但这一决定仍然受到普遍关注。SEC前首席会计师利恩·特纳（2002）评论道："毫无疑问，我们需要一个独立于会计职业界的新的监管机构。但如果该机构不是全部由代表公众利益、有能力调查、制裁和制定审计准则的人士所组成，它将难以实现其目标。"特纳的观点与利维特如出一辙。利维特指出："我们需要建立一个可能是由SEC任命的监管机构，来监督会计职业，尤其是审计了绝大多数上市公司的五大全国性会计师事务所。这是确保审计师真正独立的最佳方法。这样的专门机构

---

① 美国公众公司会计监督委员会（Public Company Accounting Oversight Board, PCAOB）在很大程度上就是安然财务舞弊事件和安达信审计丑闻的产物。

不应当依赖于行业的资金捐献。它应当有权制定审计准则、获取证词和资料、制裁非职业行为。其结论应当公诸于众"（Arthur Levitt, 2002）。

由此可见，如果利维特和特纳的设想最终被采纳，不仅AICPA和POB将丧失对注册会计师的监管权，而且AICPA的审计准则制定权也将被剥夺。针对SEC咄咄逼人的攻势，AICPA出奇地沉默。看来，安然事件不仅关系到安达信的生死存亡，也危及了AICPA的地位。这不仅是社会审计的一大悲哀，也是重塑注册会计师信用所付出的高昂成本，但愿SEC的这一举措能够成为美国会计职业界"浴火重生"的转机。

（三）安然事件的五点启示

毫无疑问，安然事件将成为财务舞弊和审计失败的经典案例并以不光彩的方式载入史册，值得会计界反思和检讨。从会计审计和公司治理的角度看，安然事件给我们的教训是深刻而惨痛的，同时也给我们许多有益的启示。

1. 既不应夸大独立审计在证券监管中的作用，也不应将上市公司因舞弊倒闭的全部责任归咎于注册会计师

独立审计是证券市场发展的基石，也是确保上市公司会计信息质量的制度安排。然而，独立审计在证券市场监管中的作用是有限的。诚然，安达信对安然公司的崩塌负有不可推卸的责任，但在证券市场监管这个系统工程中，其他相关部门也脱离不了干系。布什政府的高官们以及众多国会议员都接受过安然公司的巨额捐款，且

与其关系密切，在他们觉察或被告知安然公司深重的财务危机后，难道他们就没有责任向监管当局报告？SEC现在口口声声要加大对上市公司和注册会计师的监管力度，但他们对安然公司的监管尽心尽责了吗？谁来监管SEC这个监管者？新闻界现在对安然公司口诛笔伐，但过去将安然公司捧为"最具开拓创新精神"（金融时报的评价）的，不也是新闻界吗？新闻监督是证券监管的有机组成部分，如果连新闻界都不能客观公正，还能指望注册会计师超然独立吗？如果说安达信因丧失独立性而偏袒安然公司，律师们难道不也是安然公司的帮凶吗？当安然公司利用"特别目的主体"掩盖损失、隐瞒负债时，从安然公司获得不菲报酬的律师在审查相关法律文件时，为什么三缄其口？此外，在证券监管这个链条中，花旗和摩根等著名投资银行及其证券分析师们、标准普尔和穆迪等信誉卓著的信用评级机构，为什么也"患上帕金森症"而反应迟钝？（郄永忠，2002）

可见，无限地拔高独立审计在证券监管中的作用，只会将注册会计师置于万劫不复之地。同样地，将上市公司因舞弊而倒闭的全部责任归咎于注册会计师，既不公平，也无助于我们冷静地剖析原因并从中吸取教训。美国著名经济学家保罗·克鲁格曼2002年1月18日在《纽约时报》发表了题为"一个腐朽的制度"[①]。他在分析安然事件时尖锐地指出："安然公司的崩溃不只是一个公司垮台的问题，它是一个制度的瓦解。而这个制度的失败不是因为疏忽大意或机能不健全，而是因为腐朽……资本主义依靠一套监督机制——其中很多是由政府提供的——防止内部人滥用职权。这其中包括现代会计制度，独立审计员，证券和金融市场制度以及禁止内部交易的规定……安然公司事件表明，这些制度已经腐朽了。用于制止内部人滥用职权的检查和约束机制没有一条奏效，而本应该执行独立

---

① 保罗·克鲁格曼的文章，转载于2002年1月21日的参考消息第一版。

审计的工作人员却妥协让步。"从克鲁格曼精辟的分析中可以看出，安达信也是这个"腐朽制度"的殉葬品。因为如果整个制度都腐朽了，注册会计师还能独善其身吗？

2. 不要过分崇拜市场的力量，民间自律不见得是最佳选择

克鲁格曼指出，现代资本主义制度本身是腐朽的，其结果是显而易见的：自由变成了欺骗的武器。他还认为，市场经济本身不能解决所有问题。克鲁格曼的观点无疑是正确的。经济学的大量研究结果证明，市场经济需要适度的管制，以防止市场衰败（包括证券市场衰败），会计准则和审计准则虽是管制的一种表现形式，其本身看来也需要管制。安然事件表明，"看不见之手"总有失灵的时候，完全依赖市场力量和民间自律进行会计审计规范是不切合实际的。就会计规范而言，会计制度和准则完全由民间机构制定，其权威性必然遭到削弱，其监督实施效率也较低。反之，完全由官方制定，在提高权威性和监督实施效率的同时，可能会降低制定机构的独立性，也难以保证会计制度和准则的高质量。因此，会计规范的民间主导模式不一定是最佳选择，而会计规范的官方主导模式也不见得就是完美无缺。问题的关键不是两种模式孰优孰劣，而是会计规范的制定者能否真正保持独立，能否以社会公众利益为己任，真正做到客观、公正。从审计规范的角度看，美国式的民间行业自律模式，其弊端在安然事件中已暴露无遗。注册会计师行业协会要同时扮演"守护神"和"监管者"的角色，本身就存在着利害冲突。唯一可行的是角色分立，要么成为注册会计师正当权益的"代言人"，要么成为注册会计师执业行为的"监管者"。

3. 既不要迷信美国的公司治理模式，也不可神化独立董事

公司治理是确保会计信息质量的内部制度安排。健全的公司治

理既可防范舞弊行为，也有助于提高会计信息的可靠性。问题是，什么是健全的公司治理？美国式的公司治理，历来是备受推崇的，也是我国的重点借鉴对象。美国式的公司治理，是在股权相当分散的环境下逐步发展起来的。为了防止公司高级管理层利用股权分散滥用职权，侵犯中小股东的正当利益，美国十分注重引入独立董事制度，并要求独立董事主导提名委员会、审计委员会和薪酬委员会的工作。这种强调独立董事功能的公司治理模式，当然有其合理的成分，但安然事件表明，独立董事并非万能。我们查阅了安然公司2000年度的年报，分析了安然公司董事会成员的构成及其背景，结果惊愕地发现，安然公司的17名董事会成员中，除了董事会主席肯尼思·莱和首席执行官杰弗里·斯基林外，其余15名董事均为独立董事。审计委员会的7名委员全部由独立董事组成，主席由已退休的斯坦福大学商学院前院长、会计学教授罗伯特·杰迪克担任。独立董事不乏知名人物，包括美国奥林匹克运动委员会秘书长、美国商品期货交易管理委员会前主席、通用电气公司前主席兼首席执行官、德州大学校长、英国前能源部长等社会名流。但即使这些位高权重的独立董事们，也未能为安然公司的股东把好对高层管理人员的监督关，最终导致投资者损失惨重。现在，这些独立董事们不仅受到社会各界的责难，而且遭到投资者的起诉。我国有关部门目前正大力推行独立董事制度，许多高校的学者纷纷"投笔从戎"。这是一件好事，也符合理论联系实际的学风。但我们殷切希望诸君牢记"独立"二字的千斤之重，切实代表中小股东的利益，行使权力时慎之又慎，认真研究安然事件，以免重蹈覆辙。

4. 不能只重视制度安排，而忽视全方位的诚信教育

证券市场是充满机会和诱惑的博弈场所，需要通过制度安排对参与者和监管者进行制约和威慑。然而，如果证券市场的参与者和

监管者不讲正直诚信,制度安排将显得苍白无力。当巨额的经济利益与严肃的道德规范发生碰撞时,只有潜移默化的诚信教育,才能使天平倾向于道德规范。安然事件表明,诚信教育应当是全方位的。注册会计师需要诚信教育,律师、证券分析师、投资银行、信用评级机构、中小投资者等证券市场的参与者,以及政府官员、监管机构和新闻媒体等证券市场的监督者,也需要诚信教育。诚信教育首先应当从政府抓起,否则,克鲁格曼所说的腐朽制度就无可救药了。

5. 不要迷信"五大","五大"的审计质量不总是值得信赖

客观地说,"五大"在管理咨询、内部管理、公关能力和业务培训方面是无与伦比的,但"五大"并不是方方面面都伟大。安然事件后,许多新闻报道的资料显示,"五大"的审计质量令人担忧。20世纪80年代末臭名昭著的国际商业信贷银行倒闭案,迫使普华在两年前支付了1亿多美元的赔偿,才与蒙受巨额损失的投资者达成庭外和解;90年代加州奥然治县破产案、巴林银行理森舞弊案也把毕马威、德勤、永道卷入了代价高昂的诉讼;最近发生的施乐公司、朗讯公司、山登公司等重大恶性案件,"五大"也都牵涉其中,如2001年8月,法院裁定安永向山登公司的股东支付3.35亿美元的赔偿(王凌旭,2002)。万众瞩目的安然事件的焦点方之一安达信最近几年更是官司缠身,丑闻不断。2002年美联社发表了题为"安达信的过去有审计问题"的报道,历数了安达信过去20年存在的严重审计问题,其中包括最近发生的阳光公司案和废品管理公司案(Alex Berenson & Jonathan D.Glater,2002)。阳光公司因舞弊败露而退市并申请破产保护,安达信为此支付了1.1亿美元的赔偿,才了结与阳光公司股东的法律诉讼;2001年,安达信因纵容废品管理公司的财务舞弊,被SEC判罚了700万美元的罚款,创下SEC对会计师事务

所单笔罚款的纪录。此外，2002年1月14日，SEC对毕马威作出公开谴责，因为毕马威在对AIM互助基金有大量投资的情况下，没有实行回避制度，仍为其提供审计鉴证，违反了独立性的规定（Reed Abelson & Jonathan D.Glater，2002）。类似案件不胜枚举，表明"五大"的审计不总是值得信赖。

主要参考文献：

［1］郄永忠.安然：拔出罗卜带起泥［N］.中国证券报，2002-01-17.

［2］王凌旭.民事赔偿机制威力渐显［N］.人民日报（海外版）中国资市场周刊，2002-01-26.

［3］许菲.境内外会计师事务所在中国审计市场审计质量的对比分析——关于审计质量的另一种角度［D］.厦门：厦门大学，2001.

［4］Arthur Levitt. Who Audits the Auditors?［N］. New York Times, January 17, 2002.

［5］Andersen's Past Had Audit Problems, Associated Press, January 17, 2002, 引自 www.accountantsworld.com.

［6］Alex Berenson and Jonathan D.Glater.A Tattered Addersen Fights for Its Future［N］. New York Times, January 13, 2002.

［7］Dennis R.Beresford. How Should the FASB Be Judged?［J］. Accounting Horizons, June, 1995.

［8］Floyd Norris. The Distorted Numbers at Enron［N］. New York Times, January 14, 2001.

［9］Gretchen Morgenson. Enron Letter Suggests $ 1.3 Billion More Down the Drain［N］. New York Times, January 17, 2002.

［10］Richard A.Oppel Jr. Auditor Received Warning on Enron Five Months Ago［N］. New York Times, January 17, 2001.

［11］Reed Abelson and Jonathan D.Glater.Who's Keeping the Accountants Accountable?［N］. New York Times, January 15, 2002.

［12］Jonathan For.Lynn Turner: Lessons for Auditors in Enron's Collapse［N］. New York Times, December 2, 2001.

［13］Kurt Eichenwald with Michael Brick.Deals That Helped Doom Enron Began to Form in the Early 90's［N］. New York Times, January 18.

［14］Paton and Littleton. An Introduction to Corporate Accounting Standards Statement from Big Five CEOs on Enron, www.aicpa.org. 1940/1970.

［15］SEC's Pitt Proposes Post-Enron Accounting Boss.2002 REUTERS, January 17.

参访牛津大学

三、美国财务舞弊症结探究[①]

署名：黄世忠　陈建明

摘　要：美国近期刮起的财务舞弊案风暴不仅使投资者和债权人损失惨重，也使社会公众对美国公司界丧失信心。这一连串的恶性财务舞弊案凸显出美国制度安排的结构性缺陷，迫使人们反思这些舞弊案的症结所在。本文提出，华尔街本末倒置的盈利预期、公司界扭曲的股票期权激励机制、独立董事摆设性的督导模式、管理咨询机构有失偏颇的出谋献策、准则制定机构对规则基础游戏规则的偏好，以及会计职业定位紊乱重心偏离审计业务，是导致美国财务舞弊屡禁不止的六大病因。

关键词：财务舞弊；盈利预期；激励机制；独立董事；管理咨询；游戏规则；独立审计

安然事件余波未平，美国上市公司又爆发出一系列极具震撼力的舞弊丑闻。2002年4月11日，证券交易监督委员会（SEC）向联邦法院纽约南区法庭提出民事投诉，指控施乐（Xerox）公司进行财务舞弊，通过权益回报率调节、毛利率规范化、租赁设备调价、资产组合策略、铺垫性准备金以及税务纠纷退税六种手段，1997~2000年，高估营业收入42亿美元[②]，虚增税前利润15亿美元。2002年6月22

[①] 本文发表于《会计研究》2002年第10期，系作者承担的教育部人文社会科学重点研究基地2001年度重大研究项目"证券市场舞弊审计技术方法及规范研究"的阶段性研究成果，批准文号为01JAZJD630004。在搜集参考资料时，得到刘峰教授的大力支持，在此，谨向刘峰教授致意。

[②] 施乐公司2002年6月28日发布公告称，1997~2001年，高估收入64亿美元。

日,美国总检察长办公室宾夕法尼亚州办事处向美国第三大药品连锁店——莱得艾德公司(Rite Aid Corporation,以下简称RA公司)原首席执行官(CEO[①])兼董事会主席Martin L.Grass、原副总裁兼首席法律顾问Franklin Brown、原首席财务官(CFO)Franklyn Bergonzi提出刑事指控,控告他们在缺乏原始凭证支持的情况下,通过篡改总账记录和编制虚假会计分录等手段蓄意策划和实施一系列范围广泛的财务舞弊(如故意捣毁采购的药品,以非法向供货商索要折让),导致RA公司1997~1999年虚增税前利润23亿美元(税后利润16亿美元)。《纽约时报》将RA公司的舞弊称为有史以来最大的财务舞弊案。然而,RA公司的记录只保持了3天。2002年6月25日,世界通信公司(WorldCom Inc.)公布了一项惊世丑闻:2001年度和2002年第一季度,该公司通过将支付给其他电信公司的线路和网络使用费以及线路日常维护费确认为资本性支出,低估期间费用、虚增税前利润38.52亿美元。8月8日,该公司宣布,延伸至以前年度的自查自纠又发现,1999年和2000年的税前利润被虚增了34.66亿美元,从而使虚假利润骤增至73.18亿美元。造假事件公布后,世界通信的股价跌至0.06美元,纳斯达克(Nasdaq)已于2002年7月31日将其股票摘牌。据《纽约时报》报道,世界通信曾经是美国第五大被广泛持有的股票,其市值由1999年6月巅峰时的1150亿美元,跌至目前的不足3亿美元,损失逾1100亿美元,比安然公司的680

[①] CEO为英文Chief Executive Officer(首席执行官)的简称,但现在CEO却被戏称为Corporate Embezzlement Officer(公司贪污官)。同样地,CFO(Chief Financial Officer,首席财务官)被戏称为Chief Fraud Officer(首席舞弊官);CPA(Certified Public Accountant,注册会计师)则被改为Cheating Public Accountant(欺骗公众会计师)。理财学中经常运用的EBITDA(Earnings Before Interests, Taxes, Depreciation, and Amortization,扣除利息、税收、折旧和摊销前的盈利)更被戏称为Earnings Before I Tricked the Dumb Auditor(我蒙骗那个愚蠢审计师之前的盈利);EPS(Earnings Per Share,每股盈利)变成了Eventual Prison Sentence(难以避免的牢狱之灾)。这些专有名词的"演绎",足以彰显出社会公众对美国工商界和会计界存在的信任危机有多么严重。参见Accountancy,2002年第8期。

亿美元市值损失还高出 400 多亿美元。

如果说这些沾惹丑闻的上市公司的名称还不是家喻户晓，那么，诸如微软、国际商业机器（IBM）、通用电气、美国在线、波音、朗讯、思科、甲骨文、默克[①]等大牌公司，一定让大家如雷贯耳。但这些令人肃然起敬的著名跨国公司，也都有财务舞弊或报表粉饰的累累前科。

美国拥有号称全世界最发达、最透明、监管体系最完备的资本市场。为什么如此发达和成熟的资本市场，证券欺诈和财务舞弊仍层出不穷、屡禁不止？作者认为，华尔街本末倒置的盈利预期、公司界扭曲的股票期权激励机制、独立董事摆设性的督导模式、管理咨询机构有失偏颇的出谋献策、准则制定机构对规则基础游戏规则的偏好、以及会计师职业定位紊乱重心偏离审计业务，是滋生财务舞弊这一顽症并侵蚀着美国自由资本主义机体的六大病因。

（一）盈利预期——"狗摇尾巴，还是尾巴摇狗"？

众所周知，买股票就是买未来。但现行会计模式提供的信息，在本质上后顾有余，前瞻不足。为了弥补这一缺陷，迫切需要提供

[①] 据《华尔街日报》2002 年 7 月 5 日报道，全世界第三大制药公司默克（Merck）的子公司 Medco 在 1999~2001 年，通过将病人直接支付给药店的费用，确认为收入，导致 1999~2001 年虚增收入 123.8 亿美元，其中 1999 年虚增收入 28.4 亿美元，占默克公司全部收入的 8.1%，2000 年虚增收入 40.4 亿美元，占全部收入 9.4%，2001 年虚增收入 55 亿美元，占全部收入的 11%。Medco 在确认这些从未给其带来现金流量的收入的同时，等额确认为费用，造成收入和费用同时增加，故对默克公司的净收益没有影响，但夸大了默克公司的营业规模，误导了投资者。为此，股东已向默克公司及其审计师安达信提出集体诉讼。由于默克公司三年前向 SEC 提交的报告中已经对此作了充分披露，SEC 并没有提出异议，故 SEC 最终决定不再就此事追究默克公司的责任。

盈利预测信息。在早期,盈利预测一般由上市公司的高管人员进行,但因预测可靠性而引发的法律纠纷令高管人员望而却步。到了20世纪90年代,美国的盈利预测机制发生重大变化,高管人员在盈利预测中的作用逐渐被华尔街的财务分析师所取代。华尔街著名投资银行的财务分析师通过行业前景展望、企业财务分析、与高管人员交谈等手段,以"首通电话达成的共识性预测"(First-call Consensus Forecast)的方式,对股票交易比较活跃的上市公司的盈利前景,按照季度和年度进行预测并计算每股税后利润,形成对这些上市公司的盈利预期。如果上市公司公布的每股税后利润(通常剔除非经营性损益的影响)达到华尔街的盈利预测,则其股票价格便会上扬,否则,便会遭到华尔街严厉的惩罚。最为典型的是IBM公司,因在某一季度报告的每股税后利润(EPS)比华尔街财务分析师预期的少一分钱,导致一天内股票价格下跌了6%,市值损失数十亿美元。久而久之,这种盈利预期机制使华尔街形成了"顺我者昌,逆我者亡"的霸气。其结果是显而易见的,上市公司的高管人员千方百计迎合华尔街的盈利预期。SEC前主席Arthur Levitt在评价安然事件时尖锐地指出:"美国现行的财务报告制度并不能向投资者提供关于上市公司健康状况的信息,在许多方面已演化为数字游戏。上市公司顶不住华尔街盈利预期的压力,纷纷采用激进的会计方法,有些甚至不惜采用欺诈的手段"(Arthur Levitt,2002)。作者查阅了1998年以来SEC对上市公司财务舞弊的起诉书,发现迎合华尔街盈利预期已成为大多数上市公司从事财务舞弊的直接动机。从施乐公司报告的1997~1999年12个季度的EPS和华尔街对其EPS的预期的比较可见,两者基本持平或略微超出。但若剔除利润操纵因素,则除了1997年第一季度外,其余11个季度实际的EPS均低于华尔街的预期。施乐公司为了迎合华尔街的盈利预期而进行财务舞弊的做法昭然若揭。类似公司还包括通用电气公司。该公司在过去17年每个季度报告的EPS都达到华尔街的盈利预期,被冠以全美国"最具可预测性"的公司,但其做法也备受质疑。学术界甚至将通用电气公司称为"收益平滑化"的顶尖高手。

　　华尔街的盈利预期机制最终形成这样的一种怪圈:上市公司的高管人员想方设法达到华尔街的盈利预期,华尔街的财务分析师进而提出更高的盈利预期。这种怪圈使上市公司的高管人员永远处于华尔街的压力之下。一些上市公司干脆将华尔街的盈利预期作为利润目标,并据此作为制定经营战略的指南。更有甚者,一些上市公司为了迎合华尔街贪得无厌的盈利预期,不惜实施"价值毁灭式的并购"(Value-destroying Acquisition)策略。最典型的是诺德尔(Nortel)公司和思科公司(Cisco)。1997~2001年,Nortel以320亿美元的代价购买了19家公司,以此满足华尔街对该公司营业额和盈利的增长预期。这一策略在短期内果然奏效。2000年7月,Nortel的股票市值达到2770亿美元。然而,好景不长,Nortel不惜代价购买的这些公司,现在不是低价出售,就是关闭或全额计提减值准备。2001年第二季度,Nortel对外报告了194亿美元的亏损,第三季度亏损也达到36亿美元。截至2001年末,Nortel的股票市值已跌至240亿美元,比巅峰时减少了2530亿美元。Cisco的命运与Nortel如出一撤。Cisco曾连续43个季度超过华尔街的盈利预期。其中的诀窍之一在于以被高估的股票作为"收购货币"大肆并购扩张。在过去的8年内,Cisco并购了70多家公司,仅在1999年,该公司就以180亿美元并购了18家新设立的高科技公司,但这些被并购的公司并没有给Cisco带来预期的业绩,反而成为累赘。在过去5年内,Cisco确认的并购损失高达54亿美元。20世纪90年代网络科技热潮,加上Cisco采取的并购扩张策略和激进的会计手法,使该公司的市值一度雄居全美上市公司之首,达到创纪录的5840亿美元。但到了2002年6月末,其市值锐减至1097亿美元,损失了4743亿美元,跌幅高达81%。20世纪90年代的迅速扩展,暂时掩盖了Cisco的一些重大会计问题。现在，这些问题开始水落石出。学术界纷纷质疑Cisco的会计做法。哈佛大学商学院Michael Porter教授最近所作的一项研究发现，由于Cisco经常确认巨额的并购费用，并将收购价格随意分摊至未完工研发项目支出，以至于根本无法确定该公司在20世纪90年代是否如人们所想象的那样盈利（John A.Byrne and Ben Eligin，2002）。

可见，为了迎合华尔街的盈利预期所付出的代价决不仅仅是账面损益（Paper Gains and Losses），而且还涉及巨额的现金流出。安然事件和世界通信丑闻暴露后，美国学术界开始认真思考这样的一个问题：到底是狗摇尾巴，还是尾巴摇狗？就是说，到底是由上市公司独立自主地制定和实施经营战略，然后由华尔街财务分析师结合行业分析对这些经营战略进行评估进而形成盈利预期，还是由上市公司根据华尔街的盈利预期来制定和实施经营战略？从20世纪90年代看，尾巴摇狗的现象十分突出。面对这种本末倒置的局面及其可能带来的灾难性后果，美国学术界和实务界开始进行反击。Joseph Fuller和MichaelC.Jensen最近发表了一篇题为"向华尔街说不"的檄文，高度赞扬了美国网络（UAS Net Works）公司和吉列（Gillette）公司的首席执行官拒绝向华尔街盈利预期作出妥协的精神，号召公司界向华尔街进行"帝国反击战"，挑战华尔街的权威，夺回公司界的领导地位（Fuller and Jensen，2002）。这是根治财务舞弊的一个良好开端，相信会有越来越多的上市公司鼓起勇气，挣脱华尔街的枷锁。

（二）股票期权——激励源泉，还是舞弊动因？

美国上市公司之所以向华尔街屈膝，显然与其实行的股票期权激励机制有关。美国式的公司治理，推行的是"大棒"（监督机制)和"萝卜"(激励机制)兼施并用的政策。在激励机制的设计方面,美国实行的是以资历职务为基础的年薪,以财务业绩为基础的奖金,以股价表现为基础的股票期权,以服务年限为基础的退休福利。20世纪90年代以来,股票期权已成为美国上市公司高管人员的主要报酬方式,并不断拉大高管人员与普通员工之间的报酬差距。古希腊著名哲学家柏拉图(Plato)指出,为了维护基本的公正性,任何社会成员不应赚取高于普通工人5倍的薪资。管理大师Peter F.Drucker在20世纪80年代也主张公司领导的报酬不应超过领取最低薪酬员工的20倍,否则就是对一家成功公司其他所有员工所作贡献的一种嘲讽。《商业周刊》的调查表明,20世纪90年代,美国上市公司高管人员的平均报酬是在册员工的411倍;在过去10年,普通员工的薪资只增长了36%,但CEO的报酬却增长了340%,平均报酬已达到1100万美元[①]。

股票期权曾一度被誉为美国激励机制的创举,许多公司治理专家认为这是有效解决委托代理问题的利器。客观地说,股票期权的推广运用,在美国20世纪90年代经济的持续高速发展中功不可没。在多数情况下,这种激励机制通过让高管人员分享剩余收益,能够有机地协调经营者与所有者之间的利益关系,激励高管人员创造优异的业绩。然而,股票期权的副作用却是人们始料不及的。加拿大公司与公共治理中心主席Richard Finlay甚至将股票期权带来的高管人员报酬问题比喻为"疯牛病"。他尖刻地指出:"高管人员报酬是美国董事会的疯牛病,它从一个公司蔓延到另一个公司,使董事们丧失了运用常识的技能"(John A.Byrne et al.,2002)。作者认为,在承认股票期权激励先进性的同时,也必须正视股票期权潜在的负面影响。

---

① 上述观点和统计数字引自《商业周刊》2002年5月6日刊登的题为"公司治理危机"的特别报道。

首先，股票期权激励机制的广泛运用，不仅加大了高管人员与普通员工之间的报酬鸿沟，而且诱导少数上市公司的高管人员过分关注股票价格的波动，甚至不惜采取激进的会计政策以抬高股价。实行股票期权后，上市公司的股票即使发生微小的价格波动，也会直接影响到高管人员所持股票期权的价值。面对这种财富效应，高管人员有可能在行权前采用不稳健的收入确认政策，或推迟斟酌性支出（Discretionary Expenditures）如研究开发、广告促销等费用，在极端情况下，甚至诉诸财务舞弊；其次，股票期权激励机制有可能滋生"报喜不报忧"的氛围，使高管人员不能及时、如实地向投资者报告公司的经营状况。如甲骨文（Oracle）的CEO Laurence J.Ellison因在2001年行使股票期权赚取了7.06亿美元后才准许公司发布业绩预警，而备受投资者和监管部门的质疑和责难；最后，股票期权激励机制可能使董事会将太多时间精力耗费在薪酬事务，忽略了对公司财务报告系统真实性和可靠性的监督。同样是0racle，其董事会2001年度只召开了5次会议外加3次书面批准，而董事会下属的薪酬委员会召开的会议和书面批准却达到24次（John A.Byrne, et al, 2002）。董事会对财务报告疏于监督，客观上助长了一些高管人员伪造账册，掩盖真相，通过股票期权牟取暴利。

美国公司界对股票期权这种激励机制津津乐道，其中的一个重要原因与股票期权的会计处理不无关系。众所周知，对于高管人员而言，股票期权往往比年薪、奖金和退休福利等报酬形式更有价值，但不可思议的是，按照美国公认会计准则（GAAP）的规定，年薪、奖金和退休福利必须作为费用予以确认，而最具价值的股票期权却不必作为费用确认，只需在报表附注披露。著名投资家Warren Buffett对股票期权的会计处理一直耿耿于怀。他指出："会计原则给了经营者一个选择：以一种形式支付雇员报酬必须将其计入费用，而以另一种形式支付报酬却不计入费用。股票期权的运用如雨后春

第六部分 部分代表性论文

笋也就不足为奇了。如果期权不是报酬的一种形式，那它是什么？如果报酬不是一种费用，那它又是什么？还有，如果费用不列入收益的计算中，那它到底应怎么处理？"（徐珊，2001）。2002年5月，Buffett在Berkshire Hathaway的股东大会上又指出："首席执行官诋毁股票期权费用化的做法，实际上是试图避免降低其报酬"。股票期权是否应当作为费用进行会计处理，最近在美国的争论随着安然事件和世界通信等丑闻日趋白热化。2002年5月17日，著名信用评级机构标准普尔宣布，在评价上市公司的投资价值时，将引入"核心盈利"（Core Earnings）的概念。计算"核心盈利"时，将把股票期权费用、持续经营的重组费用、退休成本和研发费用考虑在内，但将剔除商誉减值损失、资产出售损益以及退休金收益等项目。可见，标准普尔已经将股票期权视作费用。无独有偶，美国的投资管理与研究协会（AIMP）最近所做的一项调查表明，74%的基金经理要求改变对股票期权的会计处理方法，在损益表中确认为费用（Stephen Bryan et al，2002）。另外，以硅谷为代表的高科技公司和以企业圆桌会议①（Business Roundtable）为代表的美国大公司高管

---

① 以硅谷为代表的高科技公司，通过赠予股票期权代替工资发放几乎成为行业惯例。若将股票期权费用化，将大幅度降低这些公司的盈利，有些公司如Yahoo和Novell甚至将出现由盈变亏的现象。代表美国大公司利益的"企业圆桌会议"尽管认识到股票期权对大公司的影响不如高科技公司，但由于股票期权是大公司CEO的主要报酬形式，费用化必将损害CEO的利益，因此，它也加入反对股票期权费用化的行列。《华尔街日报》专栏记者Alan Murray估计，美国大公司CEO以现金方式领取的年薪平均约200万美元，而每年以股票期权方式得到的报酬约1000万~1500万美元。然而，安然和世界通信事件后，企业圆桌会议的成员已经出现分化瓦解迹象。2002年7月14日，可口可乐公司董事长兼CEO宣布，该公司将从今年第四季度起，将赠予高管人员的股票期权在利润表确认为报酬费用。此举将使可口可乐公司在未来三年内增加3.229亿美元的费用。这是继波音公司将股票期权费用化后，企业圆桌会议的又一大成员公司对股票期权会计改革采取的重大举措。紧接着可口可乐这一示范效应，通用电气（GE）、通用汽车（GM）和花旗集团（Citigroup）也宣布将对股票期权费用化，预计将会有更多的大公司加入这一行列。面对这种转折，FASB不失时机地出台了将股票期权费用化的指南。笔者认为，FASB反败为胜，全面洗刷1994年的耻辱已为期不远了。

人员却极力反对将股票期权作为费用的做法。他们声称，尽管股票期权会稀释股东权益及EPS，但并不会导致公司的现金流出，因而不应确认为费用。公司界的代表甚至以股票期权通过让高管人员和普通员工分享公司的剩余收益，既有利于调动他们的积极性和创造性，也可促进社会公平，缩小贫富差距为理由，不断向曾接受他们竞选资助的美国总统和国会议员进行游说。

安然事件和世界通信丑闻后，关于改革股票期权会计处理的呼声日益高涨，连政治家们也不能置身事外。2002年4月，德高望重的美联储主席Alan Greenspan一改以往含糊其辞的做法，旗帜鲜明地支持股票期权费用化的做法。他指出：公司通过赠予股票期权作为雇员的支付手段而不必确认为费用，夸大了公司的利润，导致投资者将资本分配至没有效益的项目，阻碍了经济增长（Greg Ip, 2002）。另外，布什总统显然支持公司界的立场，他本人已表态股票期权不应作为公司的费用，而主张在计算每股收益时将股票期权视为股份数的增加来解决这个问题。美国国会的一些议员最近试图提出要求将股票期权作为费用的法案，在国会内部引起激烈辩论。一个看似纯技术性问题的股票期权会计处理，过去困扰了克林顿总统，现在又惊动了布什总统，并有可能促使国会采取行动，足见股票期权牵涉的利益关系之广泛，会计准则的经济后果由此可见一斑。

总之，股票期权可以是激励源泉，但若缺乏强有力的约束机制，其背后蕴涵的巨大利益驱动，足以促使上市公司的高管人员采用激进的会计政策，甚至成为财务舞弊的动因。笔者认为，FASB如果因应形势的变化修改GAAP并要求上市公司将股票期权确认为费用，这固然会在一定程度上弱化股票期权的激励作用，但另一方面将极大地遏制财务舞弊屡禁不止的势头，从源头上根除高管人员的财务舞弊动机。

（三）独立董事——明察秋毫，还是明哲保身？

在美国公司治理结构的制度安排里，如果说股票期权是激励机制的核心，那么，独立董事就是监督机制的基石。独立董事制度与上市公司的股权集中度密不可分。众所周知，股权集中度与高管人员的实际权力存在反比关系。股权集中度越高，高管人员的实际权力越小。反之，高管人员的实际权力越大。由于美国上市公司的股权集中度很低，股权高度扩散，其高管人员很容易利用其对上市公司的信息优势，为自己牟取私利或对外提供不实财务报告。为了防止高管人员利用信息不对称损害股东的合法权益，建立在委托代理理论基础上、以理性经济人假设（经理人会追求自我利益，因此需要严加监督）为前提的美国公司治理模式，历来要求上市公司设立由独立董事主导的董事会，由董事会代表全体股东行使对高管人员的监督职责。在财务方面，为确保高管人员向投资者和债权人提供真实可靠的信息，美国的法律要求所有上市公司都必须设立全部由独立董事组成的审计委员会。

董事会这种别出心裁的安排，理论上无可厚非，但付诸实施过程中远未达到预期的效果。作者查阅了与四大财务舞弊案相关的公司年报，发现独立董事的表现令人失望。表1列示了这些公司的舞弊金额、董事会构成及独立董事在防弊纠错方面的现实表现。

表1

公司名称	虚假利润（亿美元）	独立董事/董事会人数	舞弊是否由审计委员会发现	舞弊是否由独立董事发现
世界通信公司	73	9/11	否	否
莱得艾德公司	22	7/9	否	否
施乐公司	15	7/9	否	否
安然公司	6	15/17	否	否

美国近期刮起的财务舞弊风暴，如果没有宣告独立董事制度的失败，至少也令独立董事制度的缺陷暴露无遗。公司治理浩瀚的研究文献说明，独立性以及信息不对称制约着独立董事制度的效率和效果。在独立性方面，独立董事是否甘冒失去丰厚津贴的风险，向可能是熟人和朋友的CEO或CFO提出严厉甚至是难堪的质询，真正行使监督高管人员的职责，是一个尚无肯定答案的问题。哈佛大学国家政策及管理研究中心主任Ira A.Jackson教授指出："安然的外部董事只需要每月参加一次董事会，而每年的报酬则是以股票支付的38.5万美元。如果安然的股票继续高涨，这些股票的价值将远远超过38.5万美元。正因为如此，如果公司管理层提出一些不能为公司创造内在价值，但能够对公司的股价产生正面影响的提议时，许多外部董事都不会表示异议（Ira A.Jackson，2002）"。2002年6月，英国的Accountancy杂志刊登了一篇题为"怪圈：非执行董事"的封面文章，文中提到："某个人完全可以将符合任职条件的好朋友安插在董事会，但该董事是从不会也不敢对董事会主席提出批评的（Roger Cowe，2002）"。可见，如果大股东或高管人员对独立董事的提名权不受严格限制，独立董事要真正独立、客观地进行决策，只能是空想和不切合实际的。在信息不对称方面，由于不参与日常的经营管理，独立董事掌握的信息，不论是数量与质量，还是获取时机（timing），均明显逊色于高管人员，对高管人员的监督质量可想而知。

此外，美国上市公司的独立董事不乏社会名流。但越是名人，越难以将足够的时间精力用于履行其独立董事的职责。安然公司的独立董事中，就包括英国前能源部长Wakeham勋爵，安然只是他兼任的16个董事职务之一。世界通信的9名独立董事中，有3人兼任5个以上的董事职务。施乐公司的7个独立董事，平均每人担任了6.7个独立董事职务。由于美国没有对每人最多可出任多少董事职务作出限制，导致许多社会名流超越胜任能力，不切实际地担任了过多上市公司的独立董事职务。譬如，被誉为"超人"的美国前国防部长卡卢奇（Frank Carlucci）竟然担任了30多个独立董事职务，仅上市公司的独立董事职务就多达25个，以至于出现卡卢奇边看医生，边开董事会的"传奇"。除非卡卢奇之类的董事真的是"超人"或"铁人"，否则，他们就不可能是名副其实的独立董事，充其量只能是"名誉"董事。

可见，对于掌握的信息不论在数量和质量上，还是在获取时机上均明显逊色于高管人员，却又不愿失去高额津贴，时间精力又特别有限的独立董事，要期望他们对上市公司的重大事务和财务报告明察秋毫，切实承担起监督高管人员的职责，无异于缘木求鱼。既然不能明察秋毫，那么独立董事只好选择明哲保身，敷衍塞责的做法。尽管美国实行了严厉的民事诉讼制度，未能履行勤勉尽责的独立董事可能面临诉讼和赔偿风险。但美国普遍推行的董事责任险，在很大程度上削弱了民事赔偿的作用。

（四）管理咨询——增值服务，还是误入歧途？

继安然公司2001年12月申请破产保护后，环球电信（Global Crossing）、凯马特（Kmart）以及瑞士航空（Swissair）在很短的时间内相继步安然的后尘，这不仅使以管理新思维著称的美国著名管理咨询机构麦肯锡（McKinsey）陷入十分尴尬的境地（因为这些公司均是它的客户），而且使人们对管理咨询机构在美国最近暴露出的一系列财务舞弊丑闻中到底扮演什么角色提出质疑。2002年7月8日，《商业周刊》发表了"麦肯锡内幕"的封面文章，详细介绍了麦肯锡对安然公司、环球电信、凯马特以及瑞士航空的管理咨询出现的重大失误。其中，导致安然帝国毁灭的经营战略如"资产轻装"（Asset-Light）、"表外融资"（Off-Balance-Sheet Financing）、"市场劝服"（Work the Street）、"原子裂变"（Atomization）、"文化松紧"（Loose-Tight Culture），完全出自麦肯锡的思想库。

1926年由芝加哥大学会计学教授James McKinsey创立的麦肯锡管理咨询公司所取得的业绩是无以伦比的。2001年度，其咨询收入高达34亿美元，在美国"六大"管理咨询公司中，其市场份额高达46%。全世界最大的200家公司中，有147家是它的客户。然而，最近美国大公司舞弊丑闻不断，也使麦肯锡公司坐立不安。安然事件后，麦肯锡公司高层立即派出律师前往休斯顿调查，所幸没有直接牵连。但是，麦肯锡公司每年向安然公司收取1000万美元的咨询费，安然公司的首席执行官Jeffrey Skilling又是麦肯锡的原合伙人[①]，将安然公司塑造成华尔街璀璨夺目明星的总设计师不是别人，而是麦肯锡公司。所有这些，不禁使人产生这样的疑问：美国著名的管理咨询机构到底是向上市公司提供增值服务，还是令它们误入歧途？

当然，我们不能因为麦肯锡的部分大客户出了问题就全盘否定管理咨询机构在美国上市公司管理创新中的作用，更不能将最近的财务舞弊全部归咎于它们。然而，麦肯锡等著名管理咨询机构也应当反思是否在20世纪90年代助长了格林斯潘称之为"非理性亢奋"（Irrational EXuberance）的氛围？这些"非理性亢奋"是否埋下了财务舞弊的祸根？当投资大众在20世纪90年代对网络科技股狂燥不已，

[①] 麦肯锡的另一位前合伙人Louis Gerstner出任了IBM的CEO。Gernstner先生不久前刚退休，最近他被指责应当对IBM过去10多年的重大报表粉饰行为负责。无独有偶，2002年7月被指控对瑞士信贷集团财务丑闻负有不可推卸责任的前CEO兼董事会主席Lukas Muehlemann也曾任麦肯锡的合伙人。这些不幸的"巧合"，使麦肯锡处于相当尴尬的境地。

对能源和电信业解除管制欢呼雀跃时,麦肯锡等管理咨询机构有几个专家保持清醒而没有迷失方向?管理咨询机构应当时刻保持思想超前,独立判断,而不应随波逐流,更不应误导上市公司和投资大众。

(五)游戏规则——规则基础,还是原则导向?

美国财务舞弊屡禁不止的另一重要原因显然与游戏规则的制定模式有关。美国用于规范证券市场的游戏规则向来以详尽著称,与欧洲原则导向型的游戏规则形成强烈的反差。规则基础的游戏规则,其最大的优点是可操作性强,需要较少的专业判断,易于贯彻实施。但规则基础的游戏规则也存在容易被规避、重形式轻实质等缺陷。诺贝尔经济学奖获得者Michael Spence接受《中国证券报》记者专访时指出:传统上西方经济是一种基于规则的体系。只要符合规则,可以打"擦边球",钻规则的漏洞,从而造成投资者的损失。因此还应回归于某些原则,即在规则制定的同时确定原则,二者匹配使用,不可偏废,从而最大限度地避免信息不对称带来的糟糕结果(王坚、李巍,2002)。

著名金融家George Soros最近在接受英国广播公司电视记者采访时说:"单靠规则是不够的,你需要原则"。他还说:"美国的会计制度以会计规则为基础。但仅有会计规则是不够的,因为它导致规避行为"。Soros以欧洲为例指出:与美国不同的是,欧洲的会计制度以会计原则为基础。虽然欧洲也会出现像美国这样的会计丑闻,但"不会有这种系统问题"(参考消息,2002)。

IASB主席David Tweedie爵士也指出,规则基础的会计准则极易被别有用心的公司通过交易策划所规避,且不利于上市公司和注册会计师发挥专业判断，可能诱导他们过分专注会计准则的细节规定，而忽略对财务报表整体公允性的判断。相反地，原则导向型的准则制定模式，有助于孕育一种以专业判断取代机械套用准则的氛围（黄世忠等，2002）。

看来，美国长期以来引以为荣的规则基础准则制定模式，已面临着变革的紧要关头。最近，SEC对这一问题的表态尤其引人注目。2002年5月14日，SEC首席会计师Robert K.Herdman在国会的听证会上，代表SEC发表了对规则基础模式和原则导向模式的评价。他指出，试图对准则的各个运用方面作出极其详尽规定的规则基础会计准则，将会在财务报告中助长"打勾打叉"（check the box）式的心态，并在准则运用中弱化专业判断，不利于财务报表编制者和注册会计师就特定准则对财务报告的整体影响进行客观评价。他提出，理想的准则制定模式应当是以原则为导向的会计准则，并要求财务报告应当反映交易的实质，而不是形式。原则导向型的会计模式，还可遏制财务报告日趋复杂化的势头，并使会计准则对新出现的问题作出快速反应。为此，SEC正与FASB合作，使美国的准则制定更多地转向原则导向模式。可见，美国的财务舞弊丑闻正使美国的会计准则制定模式经历着变革的阵痛。可以预见，安然事件将成为美国会计准则制定模式的分水岭，沿用了几十年的前安然时代规则基础制定模式，将逐步过渡到后安然时代的原则导向制定模式[①]。

[①] 总体上看，目前对会计准则制定模式的争论似乎倾向于否定规则基础，而青睐于原则导向。笔者认为，对规则基础和原则导向的争论是十分有益的，但应防止"病急乱投医"。以下几个问题仍值得我们深思：（1）报表编制者和注册会计师是否能够或已达到原则导向型的会计准则所需要的专业判断水平？（2）取消了规则基础后，在缺乏详细和可操作的会计规则的情况下，证券监管部门的财务监督依据何在？（3）按照原则导向型会计准则编制的财务报告，更容易引起民事纠纷，律师和法官能够容忍含糊不清的游戏规则吗？他们根据什么标准做出裁决？可见，在对规则基础和原则导向的利弊以及何种准则制定模式更适合于我国进行深入分析前，美国转向原则导向的做法，并不一定有普遍的借鉴意义。

（六）独立审计——高尚职业，还是唯利是图？

"五大"国际会计公司经常面临这样的尴尬：几乎每个大公司财务丑闻的背后都有"五大"的身影，但几乎没有一个重大财务舞弊是由"五大"自己发现的。"五大"不论是人才素质，还是执业经验，在独立审计界都是无与伦比的。如果连"五大"都不能发现财务舞弊，社会公众还能指望通过注册会计师的独立审计来确保上市公司的会计信息质量吗？

那么，是什么原因导致"五大"主导的独立审计不能发现和防范上市公司的财务舞弊从而导致审计失败？作者认为，战略目标发生错位，重心偏离审计业务，是导致"五大"审计失败案件频发的根本原因之一。

专门跟踪研究美国注册会计师涉诉案件专业杂志"鲍曼会计报告"的主编阿特·鲍曼（Art Bowman）在安然事件后指出：包括安达信在内的"五大"，其业务收入绝大部分来源于咨询服务，经验丰富、收入颇丰的合伙人忙于招揽咨询业务，而缺乏经验、薪酬较低的年轻人始终处于审计第一线。他还以一家大型上市公司的高管人员将存货由一个仓库移至另一个仓库，但年轻的注册会计师对同一批存货重复盘点却一无所知的例子，说明许多臭名昭著的审计失败是由于注册会计师缺乏经验造成的（Knight Ridder，2002）。鲍曼的评论发人深思。同样是一家大型上市公司的财务舞弊案，Arthur Levitt 对担任审计师的某"五大"的批评更是令会计职业界汗颜，他说："这样浅显的问题大学会计专业一年级学生就应当发现。"

现在的"五大"早已不是传统意义上的会计师事务所，从收入构成（约70%来自非鉴证业务）来看，它们的主业已不再是证券市场亟需的财务报表审计等鉴证业务，而是咨询等非鉴证业务。众所周知，与非鉴证业务相比，财务报表审计等签证业务具有高风险、低报酬的特点。基于风险和报酬的权衡和抉择，"五大"必定将素质较高的人力资源配置于非鉴证业务，由素质较低的人力资源从事财务报表审计等鉴证业务。从事审计业务的人员中，经验较为丰富的合伙人忙于开拓审计业务，真正做具体审计工作的往往是缺乏实务经验的"速成培训"出来的年轻人。审计是一门需要大量专业判断的学科，而专业判断是离不开丰富的执业经验的。如果将审计看成是一条生产流水线，并通过具体审计程序将其划分为若干生产工序，然后由大量只接受有限专业培训，缺乏执业经验的新手来对上市公司财务报表的各个组件进行审计，除非审计质量控制非常有效，否则，高质量的审计只能是一种奢望。

同时从事鉴证业务和非鉴证业务，不仅导致"五大"目标定位发生偏差，而且损害其独立性，这也是导致审计失败的一大原因。当会计师事务所的主要业务收入来自报酬丰厚的咨询业务，要期望它们在对这些客户的财务报表进行审计时保持超然独立，显然是不切合实际的。安然、世界通信等财务舞弊使美国国会和SEC坚信，应当立即采取切实措施来提高执业会计师的独立性。2002年7月25日，美国国会通过了萨班斯-奥克斯利法案。该法案的重要规定之一就是禁止会计师事务所向其客户提供特定的非鉴证业务（财务信息系统设计与实施、内部审计），并授权SEC对会计师事务所提供的其他非鉴证服务是否损害其独立性进行审查。笔者认为，萨班斯-奥克斯利法案的通过，将迫使"五大"为代表的会计师事务所返璞归真，将自己的角色定位为会计信息的鉴证者。

导致"五大"审计失败的另一个重要原因与"五大"审计模式的改变有关。20世纪90年代以来,"五大"特别是安达信的审计模式已经由制度基础模式逐步发展成风险基础模式。这种审计模式的嬗变,实质上是审计历史上的一次重大革命,它改变的决不仅仅是审计方法,更重要的是改变了传统的审计理念,造成了审计观念紊乱,并有可能使审计由一门高尚职业(其精髓由专业判断和公众责任所组成)沦落为一种唯利是图的生意(其核心是风险与报酬的权衡与抉择)。按照风险基础审计模式的逻辑,如果被审计单位经营失败的风险较低,即使被审计单位财务报表存在错报漏报的可能性,注册会计师卷入诉讼的机率也不会太高。在这种情况下,实施大规模费时费力、代价高昂的实质性测试显然是不符合成本效益原则的。客观事实是,会计师事务所将大量的精力用于研究客户的行业风险和经营风险,而对审计意见进行直接支持的实质性测试越来越少。在民事赔偿机制不健全或赔偿风险可以转嫁(如职业保险)的环境下,风险基础审计可能诱导不信守职业道德的注册会计师为了节约审计成本而不惜牺牲审计质量,从而把会计师事务所变成专门对公司经营失败承担保险责任的保险公司,审计公费变成了保险费用。这样的审计理念,同高尚职业的基本要求相去甚远。事实上,从安然、世界通信、莱得艾德、施乐公司等财务舞弊案看,其舞弊手段不见得十分高明,有些手段(如施乐公司按虚构的毛利率调节各子公司的销售成本,莱得艾德公司通过编造没有任何原始凭证支持的会计分录调节利润)甚至比我国少数上市公司(如银广夏和ST黎明)所采用的手段更笨拙。如果"五大"严格按照审计准则的要求,实施比较详细的实质性测试程序,是应当能够发现并及时制止这些财务舞弊的。

总之,美国接踵而来的财务舞弊风暴使美国证券市场监管体系的结构性缺陷暴露无遗，迫使人们追根溯源，深刻反思财务舞弊的症结所在。不容忽视的是，美国证券市场具有十分独特的容错机制和自我调节能力。最近暴露的众多财务舞弊案件，固然使美国颜面尽失，但也迫使美国政界、商界和学术界对现行的制度安排进行全方位、多层次的反思，这其中有许多惨痛的教训和经验值得借鉴。我们相信，经历了这些丑闻的"血与火"洗礼后，美国的上市公司和会计职业界必将由大乱走向大治，重拾社会公众信心。

主要参考文献:

[1] 黄世忠,李忠林,邵蓝兰.国际会计准则改革:回顾与展望[J].会计研究,2002(6).

[2] 王坚,李巍.挑战信息不对称——访2001年诺贝尔经济学奖得主斯宾塞教授[N].中国证券报,2002-05-25.

[3] 徐珊.经理股票期权及其会计问题研究[D].厦门:厦门大学,2001.

[4] Arthur Levitt. Who Audits the Auditors?[N]. New York Times, January 17, 2002.

[5] George Soros.美国文化缺乏道德原则[N].参考消息,2002-07-02.

[6] Greg I.P. Stock-Options Reforms Face Long Odds with Lawmakers[J]. Wall Street Journal. July 10, 2002.

[7] Ira A. Jackson.安然事件——触发政治和经济海啸[J].中国证券期货,2002(6).

[8] John A. Byrne and Ben Eligin. Cisco: Behind the Hype[J]. Business Week, January 21, 2002.

[9] John A. Byrne, Louise Lavelle, Nanette Byrnes, and Marcia Vickers. How to Fix Corporate Governance[J]. Business Week.May 6, 2002.

[10] John A. Byrne. Inside McKinsey[J]. Business Week. July 8, 2002.

[11] Joseph Fuller and Michael C. Jensen. Just Say No to Wall Street, 2002.

[12] Knight Ridder, Auditors Lack Experience, Critics Claim[J]. Tribune Business News, January 18, 2002.

[13] Roger Cowe. The Magic Circle: Non-Executive Director[J]. Accountancy. June, 2002.

[14] Stephen Bryan and Patricia Walter. Recognise the True Cost[J]. Accountancy, April, 2002.

四、收入操纵陷阱及其防范对策[①]

署名：黄世忠

摘　要：相关研究表明，收入操纵是上市公司最常用的报表粉饰手法，也是造成审计失败的常见原因。本文以案例剖析的方式，揭示出收入操纵的九大陷阱，并从改革收入确认准则概念基础、关注预警信号、扩大审计范围和完善审计聘任机制等角度，提出抑制收入操纵，防范审计失败的若干政策建议。

关键词：收入操纵；收入确认；审计失败；防范对策

（一）问题的提出

净利润一直是最为引人注目的报表项目，事实上，精明的报表使用者在关注净利润的同时，还十分重视主营业务收入。作为利润表的首行项目（Top Line Item），主营业务收入的重要性一点也不逊色于净利润这一末行项目（Bottom Line Item），因为主营业务收入的规模及其成长性是评价上市公司财务业务的关键所在。主营业务收入既是上市公司创造经营活动现金流量的根本源泉，也是衡量上市公司核心竞争力，评价其核心盈利质量（Quality of Core Earnings）的最重要指标之一。在有效资本市场环境下，主营业务收入及其成长性直接关系到上市公司的证券估值。正因为如此，主营业务收入

---

① 该文发表于《中国注册会计师》2004年第1、2、3期。

近年来已成为上市公司肆意粉饰和操纵的对象。

早在1998年，美国证券交易监督委员会（SEC）前主席Arthur Levitt在其著名的"数字游戏"演讲中，就尖锐地指出收入确认是美国上市公司进行盈余管理的五大会计把戏之一（Arthur Levitt，1998）。1999年，COSO[①]发布的题为《舞弊性财务报告：1987至1997年美国上市公司分析》的研究报告表明，在其选择的204家涉及财务舞弊的样本公司中，50%的上市公司采用了不当的收入确认手法（COSO，1999）。美国审计总署（GAO，现改称美国问责总署）应国会的要求，对1997~2002年上半年美国上市公司因会计造假导致报表重编进行了一项专题研究，并于2002年10月发表了题为《财务报表重编：趋势、市场影响、监管回应和面临挑战》的研究报告。报告指出，收入确认已然成为美国上市公司最热衷于采用的操纵手法[②]（GAO，2002）。笔者最近分析了美国十大财务舞弊案，发现与收入操纵相关的高达八家[③]（黄世忠，2003）。我国上市公司近年来曝光的财务丑闻中，利用收入确认操纵利润的案例也屡见不鲜，银广夏、黎明股份、东方电子等就是典型的例证。所有这些均表明，收入确认是上市公司最经常采用的操纵伎俩，也是注册会计师发生审计失败最常见的技术原因。

---

① COSO为Treadway委员会下属的赞助组织委员（Committee Of Sponsoring Organizations）的英文简称。

② GAO的报告将上市公司的操纵手法分为9类，各种手法被用于报表粉饰的比例依次为：收入确认手法37.9%，成本费用手法5.7%，资产减值手法8.9%，收购兼并手法5.9%，证券计价手法5.4%，重分类手法5.1%，未完工研发费用手法3.6%，关联交易手法3.0%，其他手法14.1%。

③ 由本人主编的《会计数字游戏——美国十大财务舞弊案例剖析》列举了美国最近发生的十宗臭名昭著的舞弊大案，其中Enron，Xerox，Rite Aid，AOL Time Warner，Birstol-Myers Squibb，Cendant，Sunbeam，Health South均在收入确认方面进行操纵，只有WorldCom和Waste Management是通过成本费用进行盈余操纵。

收入确认尽管是个并不陌生的话题，但却长期困扰着会计准则制定机构。继FASB和ASB提出重新审视收入准则后，IASB也拟定了修订收入确认准则的计划。SEC最近公布的以目标为导向制定会计准则的研究报告，更是主张对收入确认的方法论进行变革，呼吁以资产负债观取代收入费用观。可见，收入确认既是一个十分棘手的实务问题，也是一个颇具争议的理论问题。既然收入确认在实务中被滥用程度触目惊心，在理论上也存在被曲解的可能，那么，系统地分析上市公司在收入确认方面制造的陷阱，剖析现行收入确认准则概念基础的缺陷，进而审视独立审计的现行制度安排和审计程序，就显得尤其必要。

（二）收入操纵陷阱剖析

收入确认的关键是解决收入的入账时点问题。美国的公认会计准则要求收入在已赚得（Earned）且已实现（Realized）或可实现（Realizable）时方可予以确认。所谓收入已赚得是指企业已完成确认收入所应尽的大部分责任，而收入已实现或可实现则是指出售货物或提供服务的企业已取得现金或现金获取权。国际会计准则却以风险和报酬是否转移作为收入应否确认的判断标准。可以看出，在收入确认方面，不论是美国的会计准则，还是国际会计准则，都属于原则导向型的，即仅做出一些原则性的规定。这就要求企业在运用收入确认准则时充分发挥专业判断。然而，专业判断的广泛运用却给少数别有用心的企业进行盈余管理创造了机会。针对一些上市公司经常使用激进的收入确认方法进行数字游戏愈演愈烈的趋势，AICPA下属的会计准则执行委员会（ASEC）于1997年发布了

97-2号立场声明（SOP 97-2）《软件行业的收入确认》。虽然这是一份行业性质的会计规范，但SOP 97-2对第5号财务会计概念公告（SFAC 5）的规定进行全面的诠释和拓展，提出了收入确认的四项基本原则[①]。两年后，SEC在借鉴了SOP 97-2的基础上，发布了第101号职员会计文告（SAB 101）[②]《财务报表中的收入确认》，对美国现行的收入确认规则进行了总结和分类。许多学者认为，SAB 101从根本上改变了"收入的边界"，它沿用了SOP 97-2提出的四项基本原则，并以一问一答的形式涉猎了SEC关注到的诸多收入确认规则的滥用和误用现象。

尽管收入确认的会计规范日臻完善，上市公司对收入的操纵仍然屡禁不止，即使是备受各界好评的SAB 101也是收效甚微。事实上，近年来曝光的财务丑闻显示，上市公司的收入操纵基本围绕着如何规避SAB 101号所提出的四项标准，可见，监管与反监管始终是相伴而生的。

通过对大量财务舞弊和报表粉饰案例的剖析，笔者将上市公司五花八门的收入操纵手法归纳为九大陷阱。这些陷阱主要围绕着如何规避公认会计准则和监管部门对收入确认的规定，通过提前、推迟收入的确认时间，或巧立名目将一次性收益包装成主营业务收入，以达到粉饰其经营业绩的目的。

---

① 这四项基本原则是：(1) 有明显的证据表明交易的存在；(2) 货物已发送或服务已提供；(3) 卖方的成本和费用能够可靠地计量；(4) 销售价款的可收回性能合理确定。

② 英文为Staff Accounting Bulletin，简称SAB，国内经常将其翻译为首席会计师办公室公告。笔者认为这一翻译是不确切的。SAB是指SEC首席会计师办公室和公司财务部的职员在管辖联邦证券法对信息披露要求时所遵循的解释和惯例。尽管SAB通常是由首席会计师办公室起草，但却是以SEC的名义，且其适用范围并不局限于首席会计师办公室的职员。

1. 陷阱 1：寅吃卯粮，透支未来收入

稳步增长的主营业务收入是上市公司良好经营业绩的表征，也是其股价攀升的有力依托。许多上市公司均深谙此理，因此，营造一条收入稳定增长的曲线成了许多财务主管的第一要务。寅吃卯粮，提前确认收入，是他们完成这一要务的惯用伎俩。寅吃卯粮这一收入操纵手法，固然可以在短期内使销售收入大幅提升，但其实质是透支未来会计期间的收入，很容易产生两个负效应：以牺牲销售毛利为代价，且置上市公司的持续发展于不顾。寅吃卯粮，透支收入这一操纵伎俩的主要表现方式包括：

（1）利用补充协议（Side Agreement），隐瞒风险和报酬尚未转移的事实

风险和报酬的转移是确认收入的前提条件。譬如，收入确认准则规定，附有退货条款的企业，如果无法根据以往经验确定退货比例，在退货期届满前，不得确认销售收入。为了规避收入确认准则在这一方面的规定，一些上市公司在与客户签订的正式销售合同中，只字不提退货条款等可能意味着风险和报酬尚未转移等事项，而是将这些重大事项写进补充协议，并向注册会计师隐瞒补充协议，以达到其提前确认收入的目的。

案例分析：Informix 公司——硅谷的神话与真相[①]

Informix 诞生于信息技术发祥地硅谷，是一家从事数据库管理

[①] 本案例的资料取自 Howard Schilit 所著的 Financial Shenanigans（2nd）以及 Charles W. Mulford 和 Eugene E.Comiskey 合著的 The Financial Numbers Game—Detecting Creative Accounting Practices。

的高科技公司。Informix以高速成长著称，1995年，该公司对外报告的销售收入达7.142亿美元，比上一年增长了52%，1996年，销售收入进一步增至9.393亿美元，比1995年增长了32%。证券市场对Informix销售收入的高速成长给予应有的礼遇，1996年，Informix的股票市值高企46亿美元。然而，好景不长。1997年4月的"愚人节"，Informix宣布两项令证券市场十分震惊的消息：开始使用以物易物的方式与其客户进行账款结算，许多经销商向Informix购买的软件无法出售给最终用户。Informix披露的信息表明，1997年第一季度的销售收入比1996年同期减少了5900万~7400万美元，因为经销商的购货承诺已荡然无存。证券市场对这些重大利空迅速做出反应，Informix的股价开始了一轮的自由落体运动，股票市值跌至15亿美元，跌幅高达67%。

Informix从辉煌灿烂到声名狼藉[1]，所运用的主要收入操纵伎俩就是隐瞒与其经销商签订的补充协议，其主要条款包括：①允许经销商将无法出售的软件退回；②承诺用自己的营销力量为经销商寻找最终用户；③承诺将自己获得的最终用户订单分配给经销商；④将赊销期限延长至24个月（软件收入确认的相关规则是不得超过12个月）；⑤将自己为最终用户提供维护服务所获得的收入秘密转给经销商或最终用户，作为对他们向Informix购买软件的补偿；⑥向经销商或最终用户支付虚构的咨询费用，再由他们以专利权使用费的名义支付给Informix。可以看出，上述条款表明Informix在确认软件销售时，风险和报酬尚未发生实质性的转移。通过这种手法，Informix在1995年和1996年分别虚增了8140万美元和21150万美元，虚增收入占这两个年度对

---

[1] Informix因虚增收入和利润，导致其股东遭受惨重损失，1999年5月法院做出裁决，Informix及为其审计的安永会计师事务所向股东赔偿1.42亿美元，其中安永承担3400万美元的赔款。

外报告收入的比例高达13%和29%[①]。

（2）填塞分销渠道（Channel Stuffing），刺激经销商提前购货

填塞分销渠道是一种向未来期间预支收入的恶性促销手段。卖方通过向买方（通常是经销商）提供优厚的商业刺激，诱使买方提前购货，从而在短期内实现销售收入的大幅增长，以达到美化其财务业绩的目的。

案例分析：百时美施贵宝公司——"健康天使"也造假[②]

百时美施贵宝（以下简称BMS公司）是美国一家家喻户晓的制药公司，有"健康天使"之美誉。在2000年《财富》杂志世界500强中，BMS公司荣居第78位，全球制药业排名第四。然而，这个"健康天使"却在2002年10月爆出舞弊丑闻。经过数月的自查，2003年3月，BMS公司公布了重编后的财务报表，承认其在1999~2001年通

---

① 除了操纵收入外，Informix还利用其他手法如循环交易等进行盈余操纵，1994~1996年，该公司对外报告的净利润合计为25730万美元，而实际的净利润合计为1330万美元，虚增比例高达1835%，Informix因此被冠以硅谷第一财务舞弊案。
类似Informix通过隐瞒补充协议进行收入操纵的案例不胜枚举，值得一提的是朗讯（Lucent）公司。朗讯于1996年从美国电报电话（AT&T）公司分立出来，在四年里，其股票价格从13美元飙升至1999年末的82美元，与安然和世界通信成为华尔街热捧的明星绩优股。2000年，朗讯舞弊丑闻曝光，其股价一泻千里，目前其股票价格不足4美元，与其巅峰期相比，投资者损失了2500多亿美元的股票市值。朗讯的舞弊手法与Informix如出一辙，但做法更加隐蔽。譬如，2000年第四季度，朗讯向与其关系密切的经销商做出口头承诺，允许经销商在无法将所购买的电信设备出售给最终用户的情况下退货，通过这一口头上的"补充协议"，朗讯虚增了6.79亿美元的销售收入。正是这一收入操纵丑闻，导致朗讯的股票遭遇了前所未有的雪崩现象。

② 本案例的资料取自作者主编的《会计数字游戏——美国十大财务舞弊案例剖析》第六章。2000年，在《财富》杂志举办的"全美最受尊敬的制药企业"评选中，百时美施贵宝（Bristol-Myers Squibb）公司（简称BMS公司）脱颖而出，摘得桂冠。1998年，BMS公司还获得了代表美国技术领域最高荣誉的美国国家科技奖。

过"填塞分销渠道"等手法,夸大其销售收入24.9亿美元,虚增净利润9.13亿美元。丑闻曝光后的短短几个月,BMS的股价下跌了59%。

在美国,制药公司的多数药品一般是通过经销商销售的,BMS公司的营销模式也不例外。低廉的经销利润往往迫使药品经销商囤积那些价格看涨的药品。一旦分销渠道有消息暗示某种药品的价格可能上涨,经销商们就会额外增加这种药品的库存。正因为如此,制药公司为粉饰其短期收益,可以通过种种方式(如暗示药品将涨价、给予额外的价格折扣、延长付款期限、允许退货等)鼓励经销商购买更多的药品。但是,制药公司通常也会留意经销商的库存水平,并在某些药品销售激增导致经销商库存过量的情况下,负有向经销商发出降低库存警告的义务。为了迎合华尔街对其经营业绩的预期,BMS公司通过散布药品涨价的消息,大肆刺激经销商购买其制造的药品,且在明知经销商的药品严重超储时,没有按照制药行业约定俗成的惯例向其经销商发出警告,导致分销渠道严重堵塞。然而,作茧者终自缚。填塞分销渠道不仅打乱了BMS公司的产销计划,而且使BMS公司2002年的销售收入锐减,因为经销商购买的药品已大大超过患者的需求。

填塞分销渠道的丑闻曝光后,BMS公司曾一度理直气壮,拒绝对销售收入进行追溯调整,理由是它与经销商签订的合同规定,不论经销商是否完成二次销售,BMS公司都将如期收账。然而,SAB 101明确规定,如果被发运存货的所有权已经转移给了经销商,但交易的实质是一种寄售或筹资行为,卖方不得在销售给经销商的时点确认销售收入的实现,而必须等到经销商完成第二次销售后方可确认。SAB 101还同时列举了几种不得确认销售收入的情况,其中包括:①如果经销商对卖方支付义务的履行明显有赖于它能否完成所购产品的二次销售,卖方不得在经销合约规定的付款时点确认销售收入的实现；②卖方对经销商未来的经营情况负有明显的责任，而经销商未来的经营又取决于它能否完成产品的二次销售，卖方不得在产品发运后就确认销售收入的实现。

根据SAB 101的上述规定，如果经销商库存药品数量严重超过市场需求，就意味着它们不能全部实现药品的二次销售，靠二次销售赚取差价的经销商将难以履行支付义务。再者，BMS公司对市场的药品需求负有关心的责任，且有义务向经销商发出药品储量过剩的警告。如果BMS肆意对经销商进行商业刺激，造成分销渠道过分阻塞，它就对经销商未来的经营负有明显的责任。以此衡量，BMS公司将药品发运给经销商的行为并不意味着其风险和报酬已经转移，BMS在药品发运时确认销售收入的实现是不合理的，其销售行为应视同寄售，在经销商完成二次销售时方可确认收入的实现。

（3）借助开票持有（Bill and Hold）协议，提前确认销售收入

如前所述，根据美国会计准则的相关规定，收入的确认必须同时符合四个条件，其中的第二个条件是：货物已经发出或服务已经提供。在某些情况下，卖方已将产品销售给客户，开出发票并准备将产品发运给客户，但客户因分销渠道或仓库容量等原因，可能要求卖方推迟发运时间。如果发票已开，但产品尚未发运，卖方能否确认销售收入的实现？对此，SAB 101规定必须同时符合七个标准方可确认收入：①所有权的风险已经转移给买方；②买方应当已经做出不可更改的购货承诺；③买方而不是卖方应当提出交易以"开票—持有"方式进行的要求，且买方应当具有以"开票—持有"方式进行订货的实质性商业理由；④货物的发运应当有一个明确的计划，发运日期应当是合理，且与买方的商业理由保持一致；⑤卖方不应保留可能使盈利过程处于尚未完成的任何具体履约义务；⑥买

方所订货物必须与卖方的存货区分开来,且不得用于满足其他客户的订单需求;⑦货物必须是已经完工且随时可供发运。

尽管SEC对产品发运前的收入确认做出严格限制,但一些上市公司为了迎合华尔街的盈利预期,千方百计地规避SAB 101的7个标准,借助开票持有协议,提前确认销售收入。

案例分析:阳光(Sunbeam)公司——重组高手的秘笈[①]

创立于1897年的阳光公司是美国一家老牌的小家电制造商,其生产的"阳光""咖啡先生""茶女士"等系列家用电器如可控温不沾锅、烤面包机、烤肉架、绞肉机、搅拌器、电热毯等深受家庭主妇的喜爱,畅销美国本土和世界市场。然而,到了20世纪90年代中期,阳光公司陷入了经营困境,销售收入不断萎缩。1996年上半年,其股票价格比1994年下跌了50%,利润下降幅度更是高达83%。为此,该公司的董事会于1996年7月重金聘请了素有"铁腕阿尔"之称的邓拉普(Dunlap)出任董事会主席兼首席执行官。消息宣布的当天,阳光公司的股票价格飙升了49%,整个华尔街都在欢呼这位重组高手的到来。邓拉普果然不负众望,经过约一年多的时间,阳光公司宣布重组成功,1997年四个季度的销售收入比1996年同期分别增长了13%、17%、28%和31%。

然而,好景不长。1998年4月,阳光公司公布的第一季度报告显示其销售收入比1997年同期下降了近5%,并发生了经营亏损。该公司的解释是:由于零售商的购货大量减少,户外烤肉架的销售额比预计大幅减少。销售收入和经营业绩的急转直下,令华尔街一些

---

① 本案例的资料取自本人主编的《会计数字游戏——美国十大财务舞弊案例剖析》第八章。

灵敏的财务分析对邓拉普的重组神话产生怀疑。经过数月的调查和分析，1998年6月，Jonathan R.Laing发表了"危险的游戏：'铁腕阿尔'邓拉普去年在阳光公司编造利润"的署名文章，对阳光公司的收入确认提出质疑。同月，SEC宣布对阳光公司的会计问题展开调查。1998年末，阳光公司提出破产申请。

事后的调查表明，阳光公司的舞弊手法包罗万象，其中的重要舞弊手法之一就是利用开票持有操纵收入。仅在1997年，通过编造开票持有协议，阳光公司分别提前确认了逾8000万美元的销售收入，为当年净利润的"大幅提升"贡献了近50%。从收入确认的角度看，阳光公司所谓开票持有销售并不符合SAB 101的规定。首先，这种销售方式并不是由其客户提出的，而是阳光公司蓄意安排的。1997年4月，该公司分管营销工作的一位副总裁提出："对我们的一部分产品，可以采用'开票持有'销售，在向零售商提供'提早购货折扣'的同时，还应当让他们选择是立即将购买的存货运走，还是等到它们需要的时候另行发运。此外，为了吸引客户，我们还可以允许他们行使退货权"。其次，买方以开票持有与阳光公司发生交易，并非出于正当的商业理由，而是阳光公司过分采用商业刺激所致。例如，为了获得本该在1997年8月才可能收到的部分"润滑剂"订单，阳光公司在6月向买方提供了非常优厚的销售折扣，延展了付款期限，并根据以往的惯例与买方签订协议让买方享有未售完存货的退货权。最后，与买方达成的"泊货安排"使阳光公司的盈利过程处于未完成状态。鼓励零售商购买非季节性的存货（如在冬天购买烤肉架），阳光公司别出心裁地设计了"泊货安排"，即卖方在与买方订立销售合同后，另加附加合同，约定在特定日期之前，卖方为买方代为保管该批存货，卖方支付仓储费，承诺买方退回未出售的存货，并负责支付存货发运的双向运费。所有这些均表明，上述销售并没有导致风险和报酬的转移，从本质上看，阳光公司是以开票持有销售为名，行收入操纵之实。

2. 陷阱2：以丰补歉，储备当期收入

以丰补歉，储备当期收入的操纵手法与寅吃卯粮的手法完全相反。这种手法往往以稳健主义①为幌子，通过递延收入或指使被收购企业在收购日之前推迟确认收入等手法②，将本应在当期确认的收入推迟至以后期间确认，并将当期储备的收入在经营陷入困境的年份予以释放，以达到以丰补歉，平滑收入和利润的目的。

案例分析：微软（Microsoft）公司——利用递延收入平滑收益的高手③

软件巨头微软公司是美国家喻户晓的绩优股，2002年末，其股票市值高达2541亿美元，仅次于通用电气（General Electrics）④，连

---

① 稳健主义（Conservatism）是会计人员和注册会计师奉诺神明的会计惯例之一。从风险规避和风险管理的角度看，稳健主义无可厚非，但从公允反映的角度看，稳健主义并不可取。在经营业绩的计量上，稳健主义具有相对论的显著特征，某一会计期间特别稳健的做法（如"洗大澡"式的巨额冲销）可能意味嗣后会计期间收益确定特别激进。例如，滥用"八项减值准备"，夸大固定资产和无形资产减值准备，就会低估剩余使用年限内的折旧和摊销费用。从收入确认的角度看，蓄意低估当期收入，可能夸大以后期间的收入，这种做法可能对长期投资者无害，但却有损短期投资者的利益。在当今证券市场上，股票换手率很高，投资者变化很快，因此，稳健主义可能导致短期投资者的利益被转移给长期投资者，造成财富分配的不公，从长远看，这也不利于证券市场的发展。可见，公允反映（Fair Presentation）显然比稳健主义更加可取。

② 另一种常见手法是蓄意延缓发货时间，以便为以后期间储备收入。最经典的案例是番茄酱生产大王亨氏集团。20世纪80年代，该公司管理层的报酬在很大程度上与利润计划完成情况挂钩，但超额完成的奖金逐步递减。为此，该公司一旦完成利润计划，就尽可能延缓发货时间，将本应在当期确认的收入推迟至下一个会计年度，从而提高单位销售收入对管理层业绩报酬的边际效率。

③ 本案例所运用的资料取自微软公司1995~2003年会计年度的财务报告以及Howard Schilit所著的Financial Shenanigans（第二版）。

④ 通用电气堪称是全世界收益平衡化的顶尖高手，该公司因创造了连续17个季度的每股收益与华尔街的盈利逾期基本持平或略微超过的纪录，而被华尔街的财务分析师誉为全美国最具可预测性的公司，其主要做法是通过出售资产实现的非经营性收益来抵销经营和非经营性亏损的影响。

续多年在股票市值排行榜上位居第二。证券市场之所以对微软公司厚爱有加,除了因为其软件以质量和品牌享誉于世外,还因为其对外报告的销售收入稳步增长,几乎不受宏观经济周期的影响,例如,在过去5个会计年度[①],微软公司的销售收入分别为197亿美元、230亿美元、253亿美元、284亿美元和322亿美元。美国的信息技术行业从1999年底开始步入漫漫的衰退期,对软件的需求日益萎缩。面对如此险恶的经营环境,微软公司为何还能逆势而上呢?

表1列示了微软公司1995~2003年会计年度递延收入、销售收入和经营性现金流量的增减变动情况。

表1　微软公司递延收入、销售收入和经营性现金流量变动

会计年度	递延收入余额		销售收入		经营活动现金净流量	
	金额(亿美元)	比增(%)	金额(亿美元)	比增(%)	金额(亿美元)	比增(%)
1995	0.54	—	60	—	20	—
1996	5.60	937	87	45	37	85
1997	14.18	153	113	30	47	27
1998	28.88	104	145	28	84	79
1999	42.39	47	197	36	121	44
2000	48.16	14	230	17	114	−6
2001	56.14	17	253	10	134	18
2002	77.43	38	284	12	145	8
2003	85.32	10	322	13	158	9

资料来源:微软公司1995~2003年度财务报告,www.microsoft.com.

---

① 微软公司的会计年度为7月1日至次年的6月30日。

表1显示，在1999年会计年度之前，递延收入和经营活动现金净流量的增长幅度普遍明显高于销售收入的增长幅度，但这一趋势在2000年会计年度发生扭转，表明微软公司从2000年度开始将以前年度计提的递延收入释放出来，转作当期的销售收入。表2列示了1998年第二季度至2000年第一季度递延收入的计提和转作收入的情况。

表2　微软公司递延收入增减变动明细金额　　　　单位：百万美元

项目名称	1998Q3	1998Q4	1999Q1	1999Q2	1999Q3	1999Q4	2000Q1
期初余额	2038	2463	2888	3133	3552	4195	4239
当期计提	885	1129	1010	1768	1768	1738	1253
转作收入	(460)	(704)	(765)	(942)	(1125)	(1694)	(1363)
期末余额	2463	2888	3133	3552	4195	4239	4129
净增加额	425	425	245	419	643	44	(110)
比增	20.9%	17.3%	8.5%	13.4%	18.1%	1.0%	(2.6%)

资料来源：Howard Schilit, Financial Shenanigans, 2nd ed., p157, Donnelley & Sons Company, 2002.

可见，微软公司之所以在1999年下半年信息技术陷入萧条时销售收入依然保持稳定增长，在一定程度上得益于该公司在1999年度之前计提的递延收入。不仅如此，为了应对行业不景气的影响，且SOP 97-2开始生效，微软公司在1999年年末（2000会计年度第一季度）改变了递延收入的确认政策，将Windows桌面操纵系统的递延收入比例由20%~35%降至15%~25%，将桌面应用软件的递延收入比例从20%降至10%~20%，以达到加速收入确认，实现持续增长趋势的目的。

案例分析：3Com 公司与 U.S.Robotics 公司——合并前后收入的巨额反差[1]

在收购谈判即将大功告成之际，要求被收购公司推迟销售收入的确认，待收购完成后才将截留的收入予以释放，是上市公司操纵收入的惯用伎俩之一。将这一伎俩发挥得淋漓尽致的典型代表当属 3Com 公司与 U.S.Robotics 公司。1997 年 6 月 12 日，3Com 公司以换股的方式完成了与 U.S.Robotics 公司的合并，在此之前，3Com 公司利用其会计年度（结束于 5 月 31 日）与 U.S.Robotics 公司会计年度（结束于 3 月 31 日）相差两个月的机会，要求 U.S.Robotics 公司尽可能推迟销售收入的确认，表 3 列示了收购前两个月与其他月份的对比情况。

表3　U.S.Robotics 公司被收购前销售收入的变动情况金额

单位：百万美元

项目名称	1996 Q3	1996 Q4	1997 Q1	1997 Q2	1997 Q3*
季度合计	546.8	611.4	645.4	690.2	15.2
每月平均	182.3	203.8	215.1	230.1	7.6

注：*1997 Q3 只包括 1997 年的 4 月和 5 月，因为 3Com 公司的会计年度结束于 5 月 31 日。

资料来源：3Com's 10-Q reports filed with the SEC, www.sec.gov.

耐人寻味的是，与 3Com 完成合并后，U.S.Robotics 公司的会计报告期间与 3Com 公司保持一致，在结束于 1997 年 8 月的季度报告中，U.S.Robotics 公司的季度收入又恢复到了正常水平。按 1997 年第一季度和第二季度每月平均数（2.226 亿美元）测算，U.S.Robotics 公司在 1997 年 4~5 月至少截留了 4.3 亿美元的销售收

---

[1] 本案例的资料取自 3Com 公司 1996~1997 年度的 10-Q 和 10K 报告。

入,以此作为奉献给3Com的合并礼物。①

3. 陷阱3:鱼目混珠,伪装收入性质

投资收益、补贴收入和营业外收入等收益项目虽然也与主营业务收入一样能够增加上市公司的利润,但由于这些项目属于非经营性收益,且难以预测,华尔街的财务分析师在评价上市公司的经营业绩是否达到他们的预期时,一般将它们剔除。此外,财务分析师对上市公司经营业绩的预期,不仅包括利润指标,还包括营业收入指标。因此,上市公司为了迎合华尔街的经营业绩预期,不惜采用鱼目混珠的方法,将非经常性收益包装成主营业务收入。尽管这种收入操纵手法并不会改变利润总额,但它却歪曲了利润结构,夸大了企业创造经营收入和经营性现金流量的能力,特别容易误导投资者对上市公司盈利质量和现金流量的判断。

案例分析:美国在线时代华纳公司——"黑帽子里掏出大白兔"②

根据公认会计准则的规定,法律纠纷收入与违约金一样,应当

---

① 3Com公司利用U.S.Robotics公司截留的4.3亿美元销售收入增加其1997年第四季度销售收入的同时,在1997年8月确认了4.26亿美元的重组费用(Restructuring Charges),其中包括2.13亿美元的资产注销损失和1.01亿美元的预计费用。两项相互抵销后,尽管对1997年第四季度的净利润影响不大,但由于重组费用属于一次性的非经营性损失,华尔街的分析师在评价3Com公司的经营业绩是否达到预期时,一般予以剔除。这一做法可谓一箭三雕,既增加了1997年第四季度的销售收入,又可使该季度的经营性净收益大幅超过华尔街的逾期,还可降低未来期间的销售成本、折旧费用和其他经营费用。为了粉饰其经营业绩,3Com公司真是煞费苦心。值得一提的是,类似3Com公司和U.S.Robotics策划的收入操纵伎俩在我国相当普遍。特别是,根据财政部的规定,从1998年起上市公司在编制合并报表时,只能将被收购企业自并购日后的收入和利润纳入合并报表。为了规避这一规定,一些上市公司往往要求被收购企业在购买日前推迟确认收入。如Q上市公司于1999年12月1日完成了对S公司控股权的收购,并指使从事房地产开发的S公司伪造退房条款,将1999年1至11月的4.44亿元房地产销售收入推迟至12月确认,12月确认的收入占S公司全年收入的53%。

② 本案例的资料取自笔者主编的《会计数字游戏——美国十大财务舞弊案例剖析》第五章。

确认为非经营收益，因为它们不属于核心经营活动所创造的现金流入。对于这一常识，美国在线不可能不知道。然而，为了扭转在线广告收入不断下降的颓势，顺利完成与时代华纳的合并，美国在线处心积虑地将2380万美元的法律纠纷收入包装成广告收入，捏造了在线广告蒸蒸日上的假象。

2000年9月，广告经营部挖空心思，策划了一起抬升在线广告收入的阴谋——将英国子公司一项悬而未决的法律纠纷转化为广告收入。这项法律纠纷可以追溯到1992年，当时一家名为MovieFone的网上售票公司拟与温布里公司合作建立一个合资企业，开发电影自动售票服务及硬件系统。这起合作因故失败，产生的纠纷被提交仲裁。三年后MovieFone公司在仲裁中获胜，温布里公司应赔付2280万美元。1999年，美国在线收购了MovieFone公司，继承了应向温布里公司收取的2280万美元仲裁收入外加400万美元的罚息。广告经营部认为在英国向温布里公司提起诉讼代价过于高昂，即使获胜，也不能确认为主营业务收入。为此，它于2000年9月向温布里公司提出一项和解方案：与美国在线签订一项金额为2380万美元的广告合同，美国在线就将豁免温布里公司的全部2680万美元欠款。

这一方案对温布里公司颇具吸引力，既可体面地解决法律纠纷，又可节省300万美元，还可做广告。但温布里公司不知道该对美国在线的用户做什么广告。温布里公司主要从事赌博业，在美国罗德岛和柯罗拉多经营赛狗生意。广告经营部的策划高手们建议：开设一个赛狗网站，取名为24dogs.com，并由美国在线为这个赛狗网站做广告。这一建议立即被温布里公司采纳。温布里公司遂着手筹建可供赌徒们查阅输赢赔率并下注的24dogs.com网站。为了在2000年第三季度确认广告收入,美国在线必须在9月30日之前就播发广告,以符合收入准则中关于"服务已提供"的规定。因此,在赛狗网站还在筹建之际,广告经营部在没有告知温布里公司的情况下,就利用美国在线及其下属的其他网站为24dogs.com这一赛狗网站发起了广告宣传攻势。由于此时离第三季度结束的时间所剩无几,美国在线推出的这场广告宣传特别密集,往往在一个网页上就有3~4只大灰狗的广告,以至于用户们一打开美国在线的网站就会发现显示屏幕上充斥着狂奔而过的大灰狗,纷纷抱怨美国在线的网站几乎变成狗窝了。美国在线是美国首屈一指的门户网站,访问量十分巨大。赛狗广告播出几小时后,温布里公司尚未完工的24dogs.com网站很快就被美国在线分流过来的访问量瘫痪了。

广告经营部精心策划的这个赛狗广告立竿见影,温布里公司立即向美国在线支付了2380万美元的广告费,且广告何时和以什么方式播出,由美国在线全权决定。最为重要的是,美国在线终于赶在9月30日之前,按照赛狗广告播放量将这2380万美元中的1640万美元确认为第三季度的广告收入,其余740万美元在第四季度确认。根据《华盛顿邮报》的报道,与温布里公司签约的当天,广告经营部的策划高手们举行了一个狂欢庆祝会,反复播放一首叫做"是谁把狗放出去了"的流行歌曲。

美国在线利用类似手法在2000年第三季度将另一起未决诉讼的1300万美元赔款包装为广告收入。《华盛顿邮报》的文章刊登后,美国在线聘请的律师还对此进行百般辩解:通过建立或修改商业关系解决法律纠纷是司空见惯和恰当的,即使该项法律纠纷已经做出判决也是如此。这种解决方法是将无益的争端化解为有益的商业关系的一种途径。对此,曾任SEC首席会计师的苏尔兹不以为然,他评论道：要将这2380万美元说成是广告收入，我不得不提出质疑。这简直就是从黑帽子里掏出大白兔的把戏。

4. 陷阱4：张冠李戴，歪曲分部收入

为了降低系统性的经营风险，很多上市公司实施了多元化战略。为了便于投资者识别风险，同时也为了便于他们进行跨行业的比率分析，许多国家的准则制定机构均要求上市公司在编制合并报表的基础上，以报表附注的形式，提供分部报告（Segment Report）。一些上市公司为了掩盖某些经营分部（Operating Segment）经营收入的下降趋势，不惜诉诸于张冠李戴的操纵伎俩，将其他分部的收入挪借给收入不足的经营分部。

案例分析：美国在线时代华纳公司——拆东墙补西墙的杰作[①]

与时代华纳合并后，美国在线急不可待地吹嘘合并的协同效应，不失时机利用一切机会夸大在线广告收入，以掩饰其在线业务江河日下的窘境。一个典型的例子是发生在时代华纳有线电视部门与高尔夫频道之间的交易。高尔夫频道是有线电视巨头康卡斯集团控制的一个体育节目频道。2001年6月，高尔夫频道拟与时代华纳签署一项协议，同意支付2亿美元以便在未来5年利用时代华纳有线电视网播发其录制的体育节目。

正当时代华纳与高尔夫频道快要达成这项交易之际，美国在线中途介入，要求从时代华纳手中分一杯羹。迫于压力，时代华纳只得通知高尔夫频道变更已草签的协议，在不改变合同性质和条件的情况下，将原先商定的2亿美元体育节目播放合同分拆为两份，一

---

① 本案例的资料取自笔者主编的《会计数字游戏——美国十大财务舞弊案例剖析》第五章。

份为与时代华纳签订的1.85亿美元节目播放合同,另一份为与美国在线签订的1500万美元广告合同。高尔夫频道欣然接受这一新的安排,因为这对高尔夫频道非但没有坏处(合同总金额并没有改变),反而有好处(利用美国在线做免费广告)。通过这项合同变更,美国在线顺理成章地将这1500万美元确认为广告收入,在2001年第三季度报出较好的广告收入数字。

表面上来看,此项合同变更既没有改变美国在线时代华纳的收入总额,也没有增加其利润总额,但实际这是极其精明的操纵收入和利润的高招。首先,它改变了收入结构,使投资者难以判断在线广告业务的恶化程度;其次,它加速了收入确认时间,使美国在线时代华纳2001年度的收入多增加了1425万美元;最后,它没有产生额外的现金流量,由于高尔夫频道支付的合同总金额仍为2亿美元,美国在线实际上是在为它做免费广告,时代华纳既没有因合同金额的变更而减少体育节目的播放时间,也没有向高尔夫频道索取额外的补偿。严格地说,这是一项附带的无偿捐赠行为,而不是广告销售行为。从这个意义上说,一分钱的广告收入都不应当确认。

5.陷阱5:借鸡生蛋,夸大收入规模

根据公认会计准则的规定,代理代销业务分为买断式和非买断式两种,二者的差别在于风险与报酬是否转移。对于买断式的代理代销业务,由于风险和报酬已经转移给代理方或受托方,可视同销售,按代理代销总额确认收入。对于非买断式的代理代销业务,由于风险和报酬仍然保留在被代理方或委托方,代理方或受托方应当按代理代销可望收取的净额(如代理佣金)确认收入。显而易见,总额法与净额法对利润表所体现的主营业务收入将产生迥然不同的影响。一些上市公司为了夸大收入,对公认会计准则的规定置若罔

闻，通过借鸡生蛋的伎俩，将本应采用净额法反映的业务，改按总额法反映。

案例分析：美国在线时代华纳公司——不分彼此的收入确认①

美国在线不仅自己经营在线广告业务，而且利用其庞大的营销力量，为其他网站承揽和代理广告业务。2001年7月25日，美国在线与美国最大的在线拍卖网站电子港湾（eBay）签订了广告代理协议，承诺为电子港湾寻找广告客户以充分利用电子港湾的网络空间。然而，为电子港湾代理广告业务期间，美国在线不是根据惯例按代理业务所分享的净收入，而是按代理业务的收入总额确认广告收入。美国在线承认，2000年度和2001年度以及2002年第一季度，它按照这种方法共计确认了9500万美元的广告收入，并声称它按照代理业务的总额确认广告收入的做法是恰当的，主要理由包括：

（1）美国在线直接与广告客户联系，并确定广告价格；

（2）美国在线直接向广告客户收取费用，再按协议规定将部分广告费汇给电子港湾；

（3）电子港湾只按美国在线汇给它的广告费确认收入，而不是按全部广告费确认收入。

美国在线的辩解表面上看似乎有道理，但它忽略了最根本的一条，那就是在广告代理过程中风险是否已经从电子港湾转移至美国在线。如果美国在线没有在广告代理中承担实质性的风险，那么，

---

① 本案例的资料取自笔者主编的《会计数字游戏——美国十大财务舞弊案例剖析》第五章。

它与电子港湾的关系就只能是非买断式的代理代销关系。

实际的情况是,美国在线既没有向电子港湾购买广告空间,再出售给广告客户,也没有就应承揽的广告量向电子港湾做出正式承诺,即使未能将广告空间出售给广告客户,美国在线也无需支付赔金。可见,承担实质性财务风险的是电子港湾,而不是美国在线。此外,电子港湾播出广告后,若广告客户未能按规定支付广告费,所形成的信用风险并非由美国在线一家承担,而是由美国在线与电子港湾共同分担,这也从另一个侧面证明广告代理业务的风险没有或至少没有全部转移至美国在线。

事实上,美国在线内部就上述广告代理的会计处理是否违反公认会计准则也存在着争议。因对广告经营部的许多激进做法表示异议的美国在线财务副总裁欧康纳曾就此事向美国在线的高层表示过不同意见,担心这一做法可能导致SEC对美国在线的会计问题展开调查。2002年2月底,美国在线的高层通知欧康纳,鉴于他缺乏团队合作精神,他在美国在线的前途不容乐观,欧康纳遂于3月初愤然辞职。

尽管美国在线为电子港湾代理广告业务的会计处理明显有别于公认会计准则,但它并没有在其财务报告中向投资者披露这一独特的做法。由于报表中相关披露缺乏透明度,投资者难以判断美国在线受广告市场不景气的冲击到底有多大。

6. 陷阱6:瞒天过海,虚构经营收入

20世纪90年代"非理性繁荣"的氛围使人们形成一种盲目乐观的思维定势,误以为"金融万有引力定律"(指股票价格的上涨应

有良好的业绩作基础)已失效,股票只涨不跌。网络科技股特别是".Com"股票被过度炒作,".Com"公司只"烧钱"(指利用风险资本大肆进行资本性支出和广告宣传),不赚钱,衡量其股票价格高低的指标不再是市盈率,而是点击率。然而,物极必反。经过近10年的狂燥,投资者又趋于理性,".Com"股票开始出现价值回归。进入21世纪,"金融万有引力定律"再次发威,".Com"公司泡沫破裂,纷纷破产倒闭。为了在破产倒闭风潮中争得一线生机,很多门户网站公司与软件公司铤而走险,使出瞒天过海的招数,策划了一系列不合乎商业逻辑的交易,虚构经营收入。

案例分析:美国在线时代华纳公司——比科幻电影还精彩的收入虚构[①]

2000年12月21日下午,广告经营部总裁柯伯恩主持了一次别开生面的年度总结及表彰大会,约100名广告策划和营销精英看着柯伯恩隆重授予卫克福特和伟特"金星奖牌",以表彰他们与采购专家网站公司做成的一笔交易。柯伯恩赞扬这两位营销高手与采购专家网站公司所达成的交易犹如"科幻电影"般精彩。正是由于他们的想象力,使美国在线得以在2000年以950万美元的代价换来了3000万美元的广告和商业收益。

采购专家网站公司于1996年由约翰逊在拉斯维加斯创办,主要替赌场设计网上购物电脑软件。2000年3月,在卫克福特和伟特的策划下,美国在线与采购专家网站公司签订了一项异乎寻常的协议,由美国在线替采购专家网站公司销售软件,后者根据软件销售情况,按每1美元销售收入给美国在线3美元认股权证(Warrant)作为回

---

① 本案例的资料取自笔者主编的《会计数字游戏——美国十大财务舞弊案例剖析》第五章。

报。原先预定的认股价格为每股63美元,后随着"·Com"泡沫的破裂,采购专家网站公司的股票价格大幅下跌。经过协商,两家公司同意将认股权证的行权价调低至1美分。面对如此诱人的安排,美国在线精心策划,在2000年度为采购专家网站公司带来了1000万美元的销售收入,其中490万美元为美国在线替其10名订户支付的订阅费,使这些订户可免费享受采购专家网站公司的市场服务,460万美元为美国在线向采购专家网站公司购买的电脑软件,并免费赠送给它的商业合作伙伴,50万美元为美国在线为采购专家网站公司承揽的广告业务。作为回报,美国在线获得了3000万美元的认股权证。换言之,美国在线只花了950万美元,就获得了2050万美元的收益(不含任认股权证的行权费30万美元),并在2000年第四季度将这2050万美元确认为"广告和商业收入"。

这宗交易抬高了美国在线2000年第四季度的广告和商业收入。尽管这类收入包含两种不同收入来源,但华尔街的财务分析师往往根据这类收入的总额评价美国在线的广告业务。美国在线并没有在报表附注中将此类收入区分为广告收入和商业收入,而只是在会计政策中笼统地说明美国在线有时以获取认股权证作为提供广告和商业服务的回报。因此,许多会计专家认为美国在线避重就轻的披露方式误导了投资者,因为在这宗交易中,美国在线并没有为采购专家网站公司提供广告服务,而是向其提供市场营销服务。

更为严重的是,这宗交易实质上是美国在线自己出钱买利润,除了50万美元的广告承揽业务外,其余的950万美元实际上是美国在线向采购专家网站公司购买一些对它本身毫无价值的服务和软件,且都免费赠与订户或商业伙伴。此外,认股权证的行权价由原来的63美元调整为1美分的事实表明,这宗交易的收益即使可以确认,也只能确认为投资收益，而不应确认为广告和商业收入。

美国在线为了淡化广告市场不景气的影响，可谓用心良苦。除了与采购专家网站公司达成上述交易外，2001年3月21日，美国在线还与这家公司签订了一笔180万美元的广告互换协议，由采购专家网站公司在美国在线下属的网景公司做广告，再由美国在线利用采购专家网站公司的网站做广告。尽管这样做并不会增加美国在线的利润，但却使美国在线的广告收入增加了180万美元。事实上，美国在线经常在季度结束之前，与其他小型网络公司达成类似协议，目的是为了使其广告收入达到华尔街财务分析师的预期。

7. 陷阱7：里应外合，相互抬高收入

20世纪90年代末，借助循环交易（Swap Transaction）虚构收入规模蔚然成风，网络公司、电信公司和能源公司更是乐此不疲，它们里应外合，纷纷卷入这场数字游戏。循环交易又称"套换交易"和"背靠背交易"（Back-to-Back Transaction），是指卖方在向买方出售商品或提供劳务的同时，又按与售价完全一致或十分接近的价格向买方购入资产。出售的商品或提供的劳务立即确认为收入，而向对方买入的资产一般则作为资本性支出，列为固定资产或无形资产，从而达到加速确认收入和利润的目标。

这种现象在电信业尤其普遍。20世纪90年代，由于高估用户的需求，美国电信业在光纤通讯线路的投资过热。电信公司为了解决容量严重过剩的问题，发明了所谓的套换交易，相互之间买卖光纤或网络的"不可撤销使用权"（IRU）。例如，A公司将账面成本为3000万美元的一条闲置光纤通讯线路的IRU以1亿美元出售给B公司，与此同时按1亿美元的价格购入B公司一条光纤通讯线路（账面成本假设也是3000万美元）为期5年的IRU。对于A公司而言，此

项交易的结果是,在当期确认了1亿美元的销售收入、7000万美元的毛利、2000万美元的无形资产摊销和8000万美元的无形资产摊余价值。当期的销售收入和经营利润虽然分别增加了1亿美元和5000万美元,但并没有带来相应的经营性现金流量。

由于循环交易并没有使买卖双方增加现金流量,且价格往往偏离公允价值,目的是使买卖双方都能按照被高估的价格确认销售收入,因而在美国被视为操纵收入的行为。

案例分析:奎斯特公司和安然宽带公司——精诚合作的"难兄难弟"[①]

总部位于丹佛的奎斯特(Qwest)是美国一家从事光纤通讯的著名跨国公司,2002年营业收入近200亿美元。2002年9月22日,奎斯特公司的董事会宣布重新编报已对外公布的2000~2001年度的财务报告,以更正该公司与其他公司进行容量套换过程中不恰当确认的9.5亿美元销售收入。2003年10月16日,奎斯特公布了经过毕马威重新审计[②]后的2000~2001年度的财务报告,承认在这两个会计年度里虚增了24.88亿美元的销售收入,其中2000年度虚增销售收入9.45亿美元,2001年度虚增了15.43亿美元,占这两个年度全部销售收入的比例分别为5.7%和7.8%。

---

① 本案例的资料取自Qwest公司2003年10月16日公布10-K报告以及《纽约时报》等新闻媒体的报道。

② 奎斯特公司一直聘请安达信进行审计,安达信倒闭后,改聘毕马威。为了查清套换交易的影响,奎斯特公司要求毕马威对经安达信审计的2000年度和2001年度会计报表重新审计。值得一提的是,利用套换交易操纵收入最臭名昭著的两家公司为奎斯特公司和环球电信(Global Crossing),均由安达信审计。臭鸡蛋为何都搁在安达信这个箩筐里,确实发人深思。与奎斯特一样,环球电信因利用套换交易虚构了近10亿美元的销售收入,目前正接受美国国会、司法部和SEC的调查。

在虚增的24.88亿美元销售收入中,因套换交易而形成的不实收入高达14.55亿美元。虽然该公司披露的重编资料遮遮掩掩,但从美国国会公布的调查结果和新闻媒体的报道中,我们还是能够窥见奎斯特公司利用套换交易操纵收入的一些内幕的。其中的一起套换交易发生在奎斯特公司与安然宽带服务公司(Enron Broadband Services,臭名远扬的安然公司的子公司)之间。2001年9月30日(第三季度的最后一天),奎斯特公司与安然宽带服务公司达成了一笔奇特的套换交易:奎斯特公司将一条可随时投入使用的光纤通讯网络的25年使用权(标价1.12亿美元)和其他资产以1.955亿美元出售给安然宽带服务公司,与此同时,奎斯特公司以总价3.08亿美元向安然宽带服务公司购买了从盐湖市至新奥尔良的光纤网络的使用权(标价1.12亿美元)和其他资产。针对此笔光纤网络的套换交易,双方交换了一张1.12亿美元的现金支票,奎斯特公司据此在2001年第三季度确认了8600万美元的收入,其余2600万美元作为网络维护服务费,按25年分期确认。而对于购入的光纤网络使用权,则资本化为无形资产。

暂不考虑其他资产,这笔交易的实质是奎斯特公司与安然宽带服务公司相互置换光纤网络的使用权,从会计的角度看,应视同非货币性交易(尽管在这笔交易中,双方交换了现金支票,但金额正好相互抵销,双方均没有从交易中获取现金流量)的资产置换的方式进行处理。根据公认会计准则的规定,只有当换出资产的公允价值大于换入资产的公允价值,其差额才能确认为收入。而在这笔交易中,不仅交易的价格正好相等,而且奎斯特公司换入光纤网络的公允价值被严重高估,因为这条光纤网络是安然宽带服务公司长期闲置且设备尚未配备齐全,奎斯特公司买入这条光纤网络并不能立即投入使用,而仅仅是作为备用网络。奎斯特公司将立即可以使用的光纤网络换成备用的光纤网络，而且美其名为"等价交换"，显然缺乏正当的商业理由，唯一的动机是为了使2001年度第三季度的销售收入和经营业绩达到华尔街的预期。

值得关注的是，奎斯特公司聘请毕马威对其商誉和其他无形资产（包括通过套换交易获得的光纤网络使用权）进行全面评估，并在2002年度确认了418.08亿美元的减值准备，其中资产减值准备高达105.25亿美元，其余为商誉的减值准备。奎斯特公司为迎合华尔街的预期，通过与交易方相互高估套换资产的公允价值，所付出的沉重代价由此可见一斑。

8. 陷阱8：六亲不认，隐瞒关联收入

在充分竞争且已经告别短缺经济的经营环境下，最重要的或许不再是企业能够生产什么产品或提供什么劳务，而是其产品或劳务的市场实现程度。市场实现包括两个方面：产品或劳务是否适销对路，产品或劳务的交易价格是否足以弥补成本。市场实现的途径主要有两种：一是与独立当事人的交易，二是与关联方的交易。与独立当事人的交易一般遵循供求关系并通过价格机制决定是否成交和成交价格，以这种方式达成的交易最有价值，体现出企业的竞争力，且其价格是经过追求自身利益最大化的独立当事人讨价还价达成的，最为公允和真实。相反地，与关联方发生的交易，很可能扭曲供求关系和价格机制，掩盖企业产品或劳务的市场实现缺乏竞争力的事实①。

---

① 一个典型的例子是一家从事汽车轮胎生产和销售的上市公司，其轮胎严重滞销，只好成批出售给其母公司。母公司买来的大量轮胎缺乏明确用途，又难以转手卖出，仓储空间又十分有限，最后只好雇人将轮胎扔进海里。母公司之所以出此下策，目的是为了使这家上市公司维持融资功能。

公认会计准则并没有禁止确认来自关联交易的收入，但要求上市公司披露与此相关的关联交易的性质、交易条件、金额和对财务报表的影响。由于证券市场对独立交易和关联交易所产生的营业收入赋予迥然不同的权重，如实披露很可能降低证券市场对上市公司的价值评估。为此，一些上市公司蓄意隐瞒关联关系，暗渡陈仓，将关联交易所产生的收入包装成独立交易的收入，以获得证券市场的青睐。

案例分析：L&H公司——产品热销的奥妙[①]

L&H（Lernout & Hauspie）公司是一家从事语音识别软件开发的高科技创业公司。L&H公司成立的时间虽然不长，但在20世纪90年代后期却取得令人瞩目的业绩，销售收入从1997年的9900万美元增至1998年的2.12亿美元，1999年更达到3.44亿美元，并在当年首次报告了4200万美元的净利润。该公司的年度报告显示，销售收入中并非来自关联方，因此，投资者将这些财务奇迹解读为L&H公司的语音识别软件处于热销之中。然而，在这些骄人业绩的背后却是L&H公司蓄意隐瞒一些有问题的关联交易。该公司的大部分收入来自30家设在新加坡和比利时的创业公司，而这些公司均是由L&H公司帮助设立的关联公司。更为严重的是，该公司审计委员会嗣后公布的一份调查报告表明，上述创业公司并没有向L&H公司购买现成的软件或软件使用权，而是向L&H公司尚未开发的软件支付预付款，实质上相当于为L&H公司的研究开发提供融资。

不仅如此，L&H公司还通过其创始人发起设立的一个风险投资基金—Flanders基金，与一个大客户保持密切的商业关系。审计委员

[①] 本案例的资料取自Charles W.Mulford和Eugene E.Comiskey合著的The Financial Numbers Game: Detecting Creative Accounting Practices.

会的调查表明，Flanders基金对这一大客户进行投资后不久，后者立即签订了向L&H公司购买软件的协议。换言之，L&H公司之所以能够向这一大客户出售软件，是L&H公司向Flanders基金施加影响，要求其对这一大客户提供资金支持的结果。对于这一重要关联事项，L&H公司在其年度报告中却只字不提。显然，来自这一关联客户的收入，其含金量远比不上来自资金独立筹措的非关联方的收入。投资者没有办法判断，Flanders基金如果将来不再向这一大客户提供资金支持，这一具有间接关联关系的大客户是否会继续向L&H公司购买软件。可见，L&H公司通过隐瞒关联关系，夸大了其语音识别软件的市场实现程度。

9. 陷阱9：随心所欲，篡改收入分配

在一些特殊行业里，尤其是设备租赁和系统软件，企业在出售产品的同时，还向客户提供融资和售后服务。在这些行业里，允许客户分期付款，向客户提供维护和技术更新服务，往往是取得销售收入的前置条件。因此，在这些行业里，企业与客户签订一揽子协议，进行捆绑销售（Bundled Sales）的现象司空见惯。以捆绑销售的方式进行交易时，每份销售合同通常包含三个要素：产品销售、资金融通、售后服务，且往往只有一个总价。涉及的主要会计问题是这三个要素在何时确认收入的实现、确认多少。根据公认会计准则的要求，对于捆绑销售的产品销售要素，同时符合四个标准（已签订不可撤销的销售合同、产品已交付客户使用、合同后续执行成本以及货款的可回收性能够合理确定）的，可以立即确认收入的实现，而对于捆绑销售的资金融通和售后服务要素，则必须在融资和维护期限内分期确认。至于收入的确认金额，公认会计准则要求按照公允价值，将合同总价在三个要素之间进行分配。在捆绑销售中，收入确认最棘手的问题是如何将合同总价分配至各个要素。其他条件保持相同，资金融通和售后

服务要素分配的金额越少，企业能够立即确认的产品销售收入就越多。为此，一些上市公司随意改变收入分配所运用的假设，低估融资收入和服务收入，夸大产品销售收入，以达到华尔街的盈利预期。

案例分析：施乐（Xerox）公司——百年老店的糊涂账[①]

施乐公司曾以技术发明闻名于世[②]，但近年来却成为臭名远扬的造假者。2002年4月，SEC指控施乐公司操纵收入，虚增利润。随后，施乐公司向SEC支付了1000万美元的罚款，与SEC达成和解。作为和解的一部分，施乐公司重新编制了过去5年的财务报告，承认在1997~2001年虚增了65.03亿美元的收入和14.48亿美元的利润。在虚增的65.03亿美元收入中，有23.72亿美元属于在捆绑销售中随意改变收入分配基础而虚增的收入。

施乐公司有时也以现金方式出售复印机等办公设备，但多数情况下是与客户签订捆绑式租赁协议，客户按月支付设备租金、维护和利息费用。按照租赁准则的规定，符合销售型租赁条件的，出租方可在租赁协议生效时立即确认属于设备销售的收入，至于融资和设备维护收入，则应在租赁期限内分期确认。根据公认会计准则的要求，对于"捆绑租赁"，施乐公司必须选择适当的标准，将租赁协

[①] 本案例的资料取自笔者主编的《会计数字游戏——美国十大财务舞弊案例剖析》第三章。

[②] 电脑行业的许多重大技术突破均归功于施乐公司，世界上的第一台个人电脑、第一台激光打印机、第一个鼠标、第一个视窗技术、第一个三维动画制造等，都是施乐公司技术人员的杰作。施乐公司的研发能力举世公认，但在商业化方面也是举世公认的"笨伯"。施乐公司不懂得充分利用其技术发明，错失了进军数字化高科技行业的诸多良机，其竞争对手（如惠普和IBM）却利用这些技术发明，不断蚕食施乐公司的市场份额。面对激烈的市场竞争，施乐公司最终铤而走险，诉诸于收入操纵。一个曾经拥有辉煌历史和骄人业绩的百年老店，最近却卷入舞弊丑闻，确实发人深省。从某种意义上说，施乐公司是被它自己高超的研发能力打败的。

议中的收入总额在复印机销售收入、融资收入和维护收入之间分配。在收入总额不变的情况下，分配给融资收入和维护收入的金额越少，施乐公司在租赁协议生效当期可以确认的复印机销售收入就越多。

为了迎合华尔街的盈利预期，施乐公司采用两种方法对捆绑租赁的收入进行操纵：

（1）武断确定融资权益回报率（ROE），人为压低融资收入，夸大复印机销售收入。施乐公司采用"倒轧法"①确定捆绑租赁中的复印机销售收入，即先确定设备维护和设备融资的公允价值，再将租赁协议总价减去这两个租赁要素公允价值之间的差额，作为复印机的销售收入。为了在采用"倒轧法"时低估融资收入，施乐公司的高管人员不顾其子公司所处经营环境的利率和物价水平，武断地确定"复印机设备融资业务的回报率不应超过15%"，并在编制合并报表时，由总部的财会人员直接对子公司（主要是处于高通货膨胀的南美子公司）上报的财务进行调整，将融资回报率高于15%的子公司的融资收入调减，以此确认更多的复印机销售收入。

（2）以毛利率规范化为借口，高估复印机销售收入。20世纪90年代起，复印机市场的竞争日趋激励，海外生产厂商特别是日本佳能等竞争对手发展迅速，在彩色和数字复印技术上对施乐公司造成巨大冲击。随着价格战的升级，施乐复印机的销售毛利率不断下降，

---

① 根据公认会计准则的要求，施乐公司不应采用"倒轧法"，而应采用"直接法"，即根据同类复印机的市价等因素确定复印机的公允价值，并以此作为复印机销售收入的确认基础。对此，毕马威曾提出异议，但施乐公司声称它无法确定复印机的公允价值。世界上最大的复印机生产厂家，竟然不知道复印机的公允价值，真是匪夷所思！事实上，施乐公司之所以将"直接法"弃之不用，完全是为了利用维护服务和融资服务公允价值的弹性，通过"倒轧法"操纵收入，调节利润。

在美国之外尤为如此,但复印机的维护毛利却依然保持稳定。施乐公司不仅不正视复印机销售毛利率不断下降的事实,反而以所谓的"毛利率规范化"为借口,在世界范围内对捆绑租赁的总价进行重新分配,使其国外子公司报告的复印机销售毛利更接近美国公司的水平。"毛利率规范化"不仅人为地抹杀了各地子公司的售价和成本差异,违反了如实表述原则,而且使施乐公司不切实际地加速了复印机销售收入的确认,本质上是一种"杀鸡取蛋"的短期行为。

操纵收入的丑闻曝光后,施乐公司的股票遭到投资者无情的抛售,股价从高峰时的124美元跌落至目前的不足5美元,施乐公司和毕马威也因此成为投资者的民事索赔对象。

(三) 抑制收入操纵、防范审计失败的政策建议

既然收入操纵是上市公司最经常采用的舞弊或粉饰手法,那么,如何有效地加以抑制,防范由此产生的审计失败,便成为摆在会计界面前的急迫问题。作者认为,只有从以下四个方面入手,才能从根本上抑制上市公司的收入操纵行为,防范审计失败,切实维护广大投资者的正当权益。

1. 改革收入确认准则的概念基础,夯实收益确定根基

会计准则的制定离不开会计理论和概念基础的指导,收入确认准则也不例外。与FASB制定的其他会计准则一样,收入确认准则的制定也是以概念框架为基础的。然而,美国迄今颁布的7个概念框架公告,其逻辑一致性并不是十分严谨。例如,与收入确认准则相关的第5号概念公告强调的是收入/费用观(Revenue/Expense View)

的概念基础,而与收入定义相关的第3号概念公告体现的则是资产/负债观(Asset/Liability View)的概念基础,结果导致收入定性与定量的背离,以至于未能带来现金流入的销售交易在确认收入的会计期间被确认为资产,然后再通过计提坏账或其他减值准备等方式在嗣后期间予以注销。从技术层面上看,收入确认实务中的诸多"乱象",在一定程度与不同"财务会计概念公告"之间缺乏逻辑一致性有关。SEC最近公布的关于建立以目标为导向的准则制定模式的研究报告,建议FASB以资产/负债观统一概念框架的逻辑基础,看来不无道理。

与其他准则一样,收入确认准则的制定可以依据两种不同的概念基础:资产/负债观①和收入/费用观。在资产/负债观下,收入确认准则以报表要素定义为出发点,首先对销售交易可望流入的资产或清偿的负债进行确认和计量,然后再以相关资产和负债的变动作为确定当期收益的基础,收入和费用项目成为资产负债表的从属项目,从而避免在资产负债表上确认一些不能产生现金流量的待摊和递延项目。换言之,以这种概念基础制定的收入确认准则,重点在于辨认和计量与销售交易有关的资产和负债,并以该项销售交易所带来的资产和负债能否合理确定(而不是盈利过程是否完成)作为收入确认的标准。

相反地,在收入/费用观下,收入确认准则以权责发生制和配比原则为出发点,优先考虑的是对销售交易所形成的收入和费用进行直接计量和确认,与此相关的资产和负债成为利润表的从属项目,

---

① 诚如SEC在2003年7月提交的研究报告所指出的,资产/负债观侧重于确定交易和事项的实质,以使这些交易和事项的结果能够以对投资者更为相关的方式在财务报表(包括资产负债表、利润表、现金流量表和股东权益变动表)得到反映。在资产/负债观下,财务报表应当反映资产和负债的"流动",正是这些"流动"在一定程度上构成了定期收益的确定基础。

且包含了权责发生制和配比原则所特有的不能产生现金流量的待摊和递延项目。为了实现对销售交易的收入和费用的直接确认和计量，收入确认准则不得不倚重于对盈利过程的判断。以盈利过程是否完成作为收入确认准则的标准，其最大的缺陷在于收入确认准则的规范指南要么过于宽泛，如"收入应当在已赚取和已实现（或可实现）时确认"，要么过于详细，如对特殊交易和特殊行业提供非常详细的指南[①]。尽管美国关于收入确认的准则和指南为数众多，但收入操纵的现象却屡禁不止，这主要应归咎于上市公司的利益驱动，但以收入/费用观的概念为基础、以具体规则为导向因而易于规避的收入确认准则也有值得重新审视的必要。或许正是基于这一原因，SEC呼吁FASB以资产/负债观取代收入/费用观，并特别建议FASB修改收入确认准则，取消对盈利过程判断的依赖。

不论是根据资产/负债观，还是根据收入/费用观制定的收入确认准则，都需要会计人员和注册会计师发挥专业判断，但判断所面临的不确定性程度显然有重大差别。对于会计人员和注册会计师而言，判断销售交易是否已导致资产的增加或负债的减少，显然比判断销售交易的盈利过程是否完成更具把握性。此外，不同行业的盈

---

① 美国关于特殊交易和特殊行业的收入确认指南，其细化程度令人叹为观止，如 SFAS No.13 "Accounting for Leases," No.45 "Accounting for Franchise Fee Revenue", No.48 "Revenue Recognition When Right of Return Exists," No.49 "Accounting for Product Financing Arrangements," No.50 "Financial Reporting in the Record and Music Industry," No.51 "Financial Reporting by Cable Television Companies", No.66 "Accounting for Sales of Real Estate,", APB Opinion No.10 "Omnibus Opinion-1966," ARB No.45 "Long-Term Construction-Type Contracts," AICPA Statements of Position No.81-1 "Accounting for Performance of Construction-Type and Certain Production-Type Contracts," and No97-2 "Software Revenue Recognition," EITF Issue No.88-18 "Sales of Future Revenues,", No91-9 "Revenue and Expense Recognition for Freight Services in Process," N0.95-1 "Revenue Recognition on Sales with a Guaranteed Minimum Resale Value," No.95-4 "Revenue Recognition on Equipment Sold and Subsequently Repurchased Subject to an Operating Lease."

利过程千差万别,以盈利过程是否完成作为收入确认标准,需要准则制定机构就如何判断特殊交易和特殊行业的盈利过程提供十分详尽的指导,而以销售交易是否导致资产和负债变动作为收入确认标准,则可排除特殊行业和特殊交易的影响。更为重要的是,以资产/负债观作为制定收入确认准则的概念基础,将有助于保持资产负债表的"纯洁性",避免不能带来现金流量的待摊和递延项目被反映在资产负债表上,使利润表上反映的收入和利润建立在一种更加稳健和牢靠的基础。

2. 甄别预警信号,改进审计方法

会计虽然算不上是一门高深的科学,但却是一门奇妙的学科。不论上市公司采用什么收入操纵手法,终归是要留下一些痕迹,这些痕迹就是我们通常所说的预警信号(Warning Signs)[1]。只要注册会计师保持高度的职业怀疑(Professional Skepticism)态度[2],审慎对待

---

[1] 美国2001年和2002年爆发的财务丑闻和审计失败危机,使长期困扰社会公众与注册会计师界的期望鸿沟(Expectation Gap)问题暴露无遗。一方面,社会公众期望注册会计师的审计能够发现上市公司的财务舞弊,另一方面,注册会计师坚持审计并非为了查错纠弊。为了恢复社会公众的信心,AICPA行动神速,于2002年11月颁布了第99号审计准则"财务报表审计中对舞弊的考虑",取代了1986年颁布的第86号审计准则。第99号审计准则的公布具有划时代的意义,要求注册会计师直面舞弊,在审计计划和审计实施阶段执行有助于发现舞弊的审计程序,表明注册会计师界向弥合期望鸿沟迈出了坚实的一步。值得一提的是,第99号准则借鉴了Albrecht教授提出的"舞弊三角论",从舞弊动机、舞弊机会和辩解借口的角度,向注册会计师提供了可用于判断被审计单位是否存在财务舞弊的近60个预警信号。这些预警信号对于注册会计师发现上市公司的收入操纵和其他舞弊手法,防范审计失败具有很强的针对性和可操作性。

[2] 第99号审计准则要求注册会计师保持怀疑一切的职业怀疑态度,即使以往的经验表明被审计单位的管理层是诚实可信的,注册会计师也必须假设他们是不值得信赖的。从合理怀疑到怀疑一切,表明AICPA决心弥补期望鸿沟,正视舞弊问题,以恢复公众信心,修补破损的行业形象。然而,AICPA这种近乎病态的怀疑一切的态度,也引起学术界的争议。独立审计蕴涵着这样的一个基本假设—被审计单位的管理层以及相关当事方本质上是可以信赖的。如果这一基本假设不成立,人人都是不可信赖的,那么,独立审计所运用的抽样、函证等方法将变得一无是处,独立审计的社会基础(所有权和经营权的分离)也将荡然无存。鉴于此,笔者认为保持高度怀疑的职业审慎比怀疑一切的提法更为可取。

预警信号,就可提高发现收入操纵的机率,将审计失败的风险降至可接受的水平。

具体地说,存在以下预警信号时,可能表明上市公司存在着收入操纵的行为:

(1)应收账款的增幅高于销售收入的增幅。

这可能意味着:(1)上市公司放宽信用条件以刺激销售。例如,甲骨文(Oracle)1990年的销售收入比1989年增长了66%,但应收账款却增长了79%,当年,甲骨文公司的应收账款周转天数高达160天,比软件行业的62天多出了近100天。事后调查表明,该公司在1990年面临着收入的巨大压力,销售人员的绝大部分报酬与销售收入挂钩,为此,销售人员不惜通过放松信用条件增加收入。这种短视行为导致甲骨文公司不得不在1991年初确认4200万美元的坏账,占1990年净利润的36%;(2)上市公司利用"开票持有"或"填塞分销渠道"等方式,提前确认收入。例如,阳光电器公司1997年的销售收入高达11.68亿元,比1996年的9.84亿美元增长了19%,但1997年末的应收账款却比1996年末增加了39%。阳光电器操纵收入的手段就是如前所述的"开票持有";(3)上市公司通过补充协议或口头协议隐瞒退货条件,提前确认收入。例如,朗讯公司1999年第四季度的销售收入比第三季度增长了约20%,但1999年末的应收账款却比1998年增加了49%。《华尔街日报》的记者对此提出质疑,并最终导致朗讯公司的董事会展开调查。调查显示,朗讯公司在1999年第四季度末向经销商赊销了4.52亿美元的设备,并作出口头承诺,允许经销商退货。2000年第一季度,该经销商购买的设备悉数退回,朗讯公司不得不全额冲销其应收账款。

（2）计提巨额的坏账准备。

上市公司如果计提了巨额的坏账准备，可能意味着其收入确认政策极端不稳健或在以前年度确认了不实的销售收入。例如，Z上市公司1992~2001年的销售收入合计74.95亿元，但该公司在2001年却对应收账款计提了12.81亿元的坏账准备（其中9.79亿元为应收关联方的坏账准备），应收账款坏账准备余额高达16.07亿元，占过去10年销售收入的21%，表明该公司不仅通过关联交易操纵收入，而且其收入确认政策极端不稳健。又如，Q上市公司2002年度计提了11.11亿元的应收账款坏账准备，占该公司过去5年46.9亿元销售收入的24%，同样表明该公司的收入确认政策存在严重问题。

（3）收购日前后毛利率发生大幅波动。

上市公司发生收购兼并时，如果收购日前后的毛利率发生大幅波动，可能意味着上市公司将购买日前的收入推迟至购买日后确认，或者将购买日后的费用提前至购买日前确认。例如，Y上市公司于1999年6月收购了W公司，W公司1999年上半年的毛利率为5.26%，而下半年则高达25.74%。通过推迟确认收入和提前确认成本，Y上市公司如愿以偿地将一部分本应在1999年上半年确认的收入推迟至下半年确认，从而达到规避财政部关于只有并购日后的利润才能纳入收购企业合并报表的规定。

（4）销售收入与生产能力比例失调。

销售收入显然与生产能力密切相关。销售收入容易被虚构，但生产能力却难以被篡改。一些上市公司在虚构销售收入时，经常会忽略销售收入与生产能力的关系。通过分析上市公司的生产能力，并与行业数据（如产销率）和市场占有率等信息交叉复核，是发现上市公司虚构销售收入的有效手段之一。例如，臭名昭著的Y上市公司在1999年和2000年分别虚构了2.39亿元和7.24亿元的销售收入。《财经》记者通过分析Y上市公司的生产能力，得出的结论是：该公司的二氧化碳超临界萃取设备即使24小时运转，全年的产量绝对不会超过20~30吨萃取产品，而该公司声称向德国诚信公司出售1.1亿马克的萃取产品，折合的吨位数远超过100吨。正是发现Y上市公司的生产能力与销售收入比例严重失调这一重要线索，并通过调查出口报关等数据，《财经》记者才最终揭露了这宗虚构收入的惊天舞弊案。

（5）与客户发生套换交易。

如果上市公司在向其客户销售产品或提供劳务的同时，在缺乏正当商业理由的情况下又大量向客户购买产品或接受劳务，且交易价格具有显失公允或对等特性，那么，注册会计师就应当关注该上市公司是否利用与客户的套换交易进行收入操纵。例如，2001年EPIK公司向环球电信公司支付了4000万美元，以获得环球电信公司所拥有的拉美热线光纤的使用权，与此同时，环球电信公司也向EPIK公司支付了4000万美元，向其租用了连接亚特兰大至迈阿密的光纤网络，一年后，这条光纤网络仍然没有派上用场。环球电信公司以对等价格将话务量很大的光纤网络换成闲置的光纤网络，显然缺乏正当的商业理由，目的就是为了确认4000万美元的销售收入。

（6）收入主要来自关联销售。

在告别了短缺经济的市场环境下，重要的不是企业能够生产什么，而是企业能够销售什么。换言之，市场实现是检验企业核心竞争力的最重要标准。如果上市公司的收入主要来自关联交易，尽管也能解决其产品的市场实现问题，但这种市场实现不是上市公司与独立的当事人通过价值判断和讨价还价达成的，并不能反映上市公司的核心竞争力。通过关联交易确认的销售收入，不仅其可持续性存在不确定因素，且交易规模和交易价格容易被操纵。例如，我国的家电行业竞争激烈，价格战硝烟四起，Z上市公司通过将99%的产品销售给其关联公司，不仅轻易地解决了其产品的市场实现，而且免受价格竞争之苦，可谓一举两得。这种高度倚重关联交易的销售模式，为其操纵收入提供了极大的便利，而且可能使投资者和债权人误判Z上市公司在家点行业的核心竞争力。

（7）销售收入与经营性现金流量相背离。

提前确认销售收入是上市公司操纵收入的最常见手法，其显著的财务特征是销售收入与经营性现金流量的严重背离。图1列示了施乐公司1997~2001年销售收入与经营性现金净流量（已剔除非常项目，包括为重组支付的现金流量和借助应收账款保理业务创造的现金流量）的变动趋势。

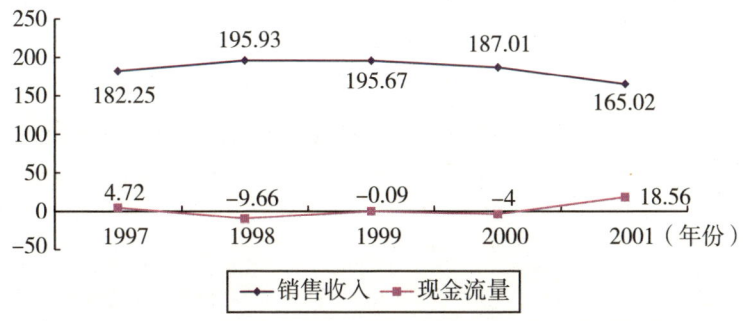

图1 施乐公司1997~2001年销售收入与经营性现金净流量

从图1可以看出，施乐公司1997~2001年的销售收入与经营性现金净流入形成鲜明的反差，其中1997~2000年的反差尤其明显。该公司披露的报表重编资料显示，1997~2001年共虚增了65.03亿美元销售收入，其中59.18亿美元就发生在1997~2000年。可见，充分关注销售收入与经营性现金流量的关系及其变动趋势，是发现收入操纵的有效手段之一。

除了认真甄别并审慎对待预警信号外，注册会计师还应从以下三个方面改进审计方法，才能有效发现上市公司的收入操纵行为。

第一，牢记"现金为王"，甄别单证真伪。"现金为王"是理财学的座右铭，也是审计学的至理名言。货币资金余额真实与否，从一个侧面印证了销售收入的真实性，重视对货币资金的审计，是发现虚假收入等舞弊线索的捷径。然而，货币资金的审计存在两个亟待解决的突出问题：（1）注册会计师对银行存款的审计重视不够，往往指派没有审计经验和缺乏专业判断能力的助理人员负责银行存款的审计，错失通过银行存款发现收入操纵的机会；（2）轻信银行存款函证的真实性，对被审计单位与银行相互勾结或利用高科技手段伪造银行对账单[①]准备不足。获取银行对账单等单证是审计银行存款的一项标准取证程序，但随着造假手段日益"高明"，银行对账单的真实性应审慎评价，切不可为貌似真实的印章签字和电脑记录所蒙蔽。对重大银行存款余额的确认，应当以询证为主。为保证询证的有效性，避免被审计单位利用高科技手段篡改、变造和伪造银行对账单，防止银行与被审计单位通同作弊，注册会计师应当寻求被

---

① 例如，美国HPL技术公司于2001年7月31日完成首发并上市，在2001~2002年的5个季度里，就虚构了2847万美元的销售收入，占这5个季度对外报告收入的77%。该公司除了伪造销售和发运合同外，还利用电脑图片等高科技手段提取篡改银行对账单、伪装客户传真和提取客户签名，欺骗了普华永道（PwC）的注册会计师（黄世忠、叶丰滢，2002）。

审计单位的配合,亲自前往银行询证。

第二,提防"询证陷阱",倡导眼见为实。强化对应收账款的审计是发现虚假销售收入的有效手段。然而,众多收入操纵案件表明,常规的询证程序存在着明显的局限:(1)注册会计师通常仅根据被审计单位提供的询证单位和地址进行函证,缺乏对询证单位和地址的真实性进行验证,容易掉入被审计单位设下的"询证陷阱";(2)注册会计师一般只对应收账款余额进行询证,忽略了对相关销售额和销售条件(如有无退货的补充协议等)的询证。为此,注册会计师应保持应有的职业审慎,对被审计单位提供的客户名称、询证地址与有关记录(如销售合同和销售发票上的记录)进行核对,此外,还应通过各种途径(如Internet)查询被询证单位的工商注册登记情况。如果核对结果存在重大差异,注册会计师应当引起警觉,查清被审计单位是否存在舞弊行为。

第三,关注"物流信息",避免"重账轻物"。追查存货的永续记录,关注被审计单位的实物流向,也是发现虚假销售收入的重要手段。许多收入操纵案件表明,"重账轻物"(即重视财务信息,忽略物流信息)很容易导致审计失败。为了确证销售收入的真实性,注册会计师实施的常规审计程序包括:审阅销售收入明细账中大额或非正常交易的会计记录并追查至相应的销售合同、销售发票、发运单据、银行对账单等原始凭证。然而,随着高科技的发展,上述单据很容易被篡改、伪造或变造[①]。基于此,当注册会计师对其中特

[①] 比如,美国HPL技术公司的高管人员就是利用高科技手段伪造单据的高手,主要包括:(1)借助电脑图片程序,提取客户相关负责人的签字,移植至伪造的订单和销售合同;(2)利用扫描技术和图片程序,编造与虚构销售有关的银行对账单;(3)修改传真机的电脑程序,伪造客户的询证回函。通过这些高科技手段,该公司在上市的第一年,就虚构了80%的销售收入,并且蒙骗了大名鼎鼎的普华永道(PwC)的注册会计师。

别重要的销售交易或原始凭证的真实性存有疑虑时，有必要再进一步追查存货的流转记录，测试存货余额的真实性。凭空捏造的销售收入一般不会伴随着真实的存货流转，因此，追查存货的事物流向往往能够有效地揭露虚假的销售收入。

3. 扩大审计范围，赋予注册会计师更大的外调权限

财政、审计、证券监管等部门经常提出这样的疑问：为什么我们能发现的重大财务舞弊和收入操纵问题，"经济警察"却发现不了？在我国，注册会计师的确享有"经济警察"之美誉，然而，盛名之下，其实难副。"经济警察"不仅要靠"被侦查对象"维持其生计，而且其"侦查范围"往往由"被侦查对象"直接圈定。其结果，在"猫鼠游戏"中，被捉的总是"猫"。监管部门之所以经常发现一些大案要案，并不表明其审计水平高于注册会计师，关键在于他们拥有了注册会计师所没有的"外调权"。就收入操纵而言，如果被审计单位与其客户或关联方通同舞弊，注册会计师依靠常规的审计方法是无法发现的。相反地，如果赋予注册会计师"外调权"，允许他们将审计范围扩大至被审计单位的客户和关联方，则核实销售收入的真实性就不再困难重重了。例如，某上市公司通过伪造港口费收入，虚构了巨额的利润，注册会计师因缺乏"外调权"，在多年的审计中一直上当受骗。这起收入操纵案件的最终曝光，得益于财政部门利用其"外调权"，将检查范围延伸至该上市公司的数十家客户，核实它们是否向该上市公司支付港口费。试想，倘若注册会计师也拥有同样的"外调权"，该上市公司的收入操纵把戏能够得逞吗？

既然市场经济秩序的正常运转和社会资源的优化配置离不开真实可靠的高质量会计审计信息，那么，通过立法途径，赋予注册会计师相应的"外调权"，不仅有助于防范审计失败，更有利于维护社会公众的正当权益免受不实信息之祸害。诚然，赋予注册会计师的

"外调权"可能增加相应的审计成本,甚至可能侵犯被审计单位及其相关当事人的"隐私权",但在当前会计信息失真已然成为一大社会公害的环境下,只要能够从根本上遏制会计造假,真正发挥高质量会计审计信息在资源配置中的信号显示作用,付出上述代价显然是符合"成本效益"原则的。

4. 完善审计聘任机制,切实维护注册会计师的独立性

众多审计失败案例表明,不少收入操纵之所以没有被揭露,并非注册会计师缺乏专业胜任能力,而是独立性缺失使然。例如,施乐公司利用所谓的"高层会计调整"操纵收入的手段并不高明,早已被毕马威的注册会计师和合伙人所洞悉,但由于担心失去这一给毕马威带来丰厚咨询收入和审计收入的客户[1],毕马威的主审合伙人选择对施乐公司的收入操纵视而不见。可见,只有完善审计聘任机制,确实维护注册会计师的独立性,使会计师事务所真正克服"拿人钱财,替人消灾"的心态,才能从根本上确保注册会计师对发现的收入操纵予以无情地揭露。

安然事件后,关于完善审计聘任机制的呼声不绝于耳。例如,纽约大学的Ronen教授在"会计丑闻不良后果下的政策改革"一文中,建议由上市公司向保险公司购买"财务报表险",再由保险公司出资聘请会计师事务所对上市公司进行审计(Ronen, 2002)。这一建议的精华在于利用市场机制,引入保险公司作为将会计师事务所与被审计单位隔离开来的"缓冲器",一劳永逸地终结会计师事务所与被审计单位的直接聘任关系,以提高注册会计师的独立性。上述建议对于改革和完善我国的审计聘任机制也极具借鉴意义。作者认

---

[1] SEC提供的资料显示,在施乐公司发生严重收入操纵的1997~2000年期间,毕马威共向施乐公司收取5600万美元的咨询费用和2600万美元的审计费用。

为，另一种方案是，由证券监管部门或证券交易所统一向上市公司收取审计费用，再由它们直接聘请会计师事务所对上市公司进行审计。这一做法对于提高注册会计师的独立性将起到立竿见影的作用，可从根本上抑制收入操纵等财务舞弊行为。为了防止证券监管部门或交易所在聘请会计师事务所的过程中滋生"权力腐败"，必须对监管者加强监管。如果所有上市公司的审计均有证券监管部门或证券交易所进行委托在短期内尚不可行，亦可考虑分阶段实施的方案。在现阶段，可由证券监管部门或证券交易所委托会计师事务所对拟再融资、ST和ST*、提出复市申请以及曾因违反财务规定而受处罚的上市公司进行审计。

主要参考文献：

[1] 黄世忠. 会计数字游戏——美国十大财务舞弊案例剖析 [M]. 北京：中国财政经济出版社，2003.

[2] 黄世忠，叶丰滢. 美国HPL技术公司财务舞弊案及其启示 [J]. 财务与会计，2003（1）.

[3] 3com's files with the SEC from 1996 to 1998.www.sec.gov.

[4] AICPA, Audit Issues in Revenue Recognition, 1999.

[5] AICPA, SAS 99, Consideration of Fraud in Financial Statement Audit, November 2003.

[6] Coso, Fraudulent Financial Reporting: 1987–1997 Analysis of U.S. Public Companies, 1999.

[7] GAO, Financial Statement Restatements: Trends, Market Impacts, Regulatory Responses, and Remaining Challenges, October 2002, www.gao.gov.

[8] Martin Fridson and Fernando Alvarez, Financial Statement Analysis, A Practitioner's Guide, 3rd ed., 2002, John Wiley & Sons, Inc.

[9] Microsoft's annual reports and quarterly reports from 1995 to 2003, www.microsoft.com.

[10] Joshua Ronen.Policy Reforms in the Aftermath of Accounting Scandals [J]. Journal of Accounting and Public Policy, 21, 2002.

[11] Scott Moritz, Qwest-Enron Deal Puts Swaps Back in Spotlight, www.thestreet.com, July 3, 2002.

[12] Chares W.Mulford and Eugene E.Comiskey, The Financial Numbers Game: Detecting Creative Accounting Practices, 2002, John Wiley & Sons, Inc.

[13] Qwest's annual reports and quarterly reports from from 2000 to 2003.www.qwest.com.

[14] Howard Schilit, Financial Shenanigans, 2nd ed. 2002, McGraw Hall.

[15] SEC's Staff Accounting Bulletin No. 101, Revenue Recognition in Financial Statement, www.sec, gov.

[16] SEC's Study Pursuant to Section 108 (d) of the Sarbanes-Oxley Act of 2002 on the Adoption by the United States Financial .Reporting System of a Principles-Based Accounting System, July 25, 2003, www.sec.gov.

应邀为全国会计硕士专业学位教育指导委员举办的讲座作专题报告

五、市场、政府与会计监管[①]

署名：黄世忠　杜兴强　张胜芳

摘　要：会计信息的公共物品属性和分布的不对称性引致了市场失灵，市场无力解决的问题政府能解决吗？安然、世界通信等恶性财务舞弊案件使人们认识到单纯依靠以民间机构为主导的市场力量进行会计监管的弊端，并引发了美国会计监管模式的再造，以政府为主导的行政手段大有取代行业自律之势。市场、政府在会计监管中孰优孰劣，孰重孰轻再次成为学术界和实务界聚焦的热点。本文以经济学中的公共物品理论为基础，并从社会优化选择的角度，提出了理性的会计监管是确保资本市场提供充分信息的重要手段。与民间自律相比，政府主导的独立监管模式在解决市场失灵、提高信息质量方面更具优势。本文最后提出了在我国建立以政府为主导的独立监管模式的初步框架。

关键词：公共物品；社会优化选择；会计信息；会计监管；政府管制

　　长期以来，主导现代经济的两大力量（市场和政府）一直在寻找一个适当的平衡点。工商界和政府至少已经一起跳了两个世纪的"双人舞"，复杂又微妙。它们的角色不时切换，各自的力量和影响范围此消彼长。然而，人们对政府及其管制的失望最终在20世纪80年代催生了新自由主义的三架马车：放松管制、私有化和自由化。

[①]　该文发表于《会计研究》2002年12期，获中国会计学会2002年度优秀论文一等奖和2003年福建省第五届社会科学优秀成果二等奖。

经历了20多年的尝试和辉煌,"自由放任"已经疲态毕露。亚洲金融危机(1997年)、长期资本管理公司破产(1998年)、安然事件引发的财务丑闻风暴(2001年),均昭示着热衷于新自由主义所付出的沉重代价。

摆向"市场"一端的钟摆开始往回摆,"政府"的作用再次得到人们的普遍关注。人们总是希望在市场失灵的领域看到政府活跃的身影。资本市场有效运行的基础是具有透明度和充分含量的信息。而在一个非完全有效的资本市场中,具有"公共物品"(Public Goods)属性的那些信息的供给一旦缺乏必要的约束就可能会存在市场失灵。会计信息是在市场上流动的众多信息中最重要的一部分,高质量的会计信息有助于人们区分效益良莠的企业,降低利益相关者决策过程中面临的不确定性,促使社会资源的趋利性流动,最终达到改善资源配置效率的目的。反之,经过粉饰和操纵的会计信息,则可能使投资者的利益受损,尤其是给中小投资者带来灾难性后果,进而使中小投资者选择"以脚投票"的方式退出资本市场,最终导致资本市场规模萎缩并影响经济的发展。可见,透明、充分的会计信息不仅是各种交易,尤其是投资交易所不可或缺的,而且在宏观上也具有一定的经济后果。然而,会计信息的公共物品属性使之潜藏着极易引发市场失灵的因素,往往会直接影响交易者的经济后果。会计信息的生产和消费机制经常引起公众和政府及其监管部门的注意,招致政府管制的介入。

基于以上分析,本文首先论述了会计信息失灵的根源——公共物品属性及其二重(管理当局和投资者之间、投资者相互之间)分布的不对称现象,指出理性的监管是会计信息市场失灵的缓冲器;第二部分从社会优化选择的角度分析会计监管在改进社会效益方面的积极意义,指出会计职业作为信息生产者①(企业)和信息使用者(主要是投资者)的联结者,担负了部分信息生产者本应完成的职能,极易成为监管目标;接下来评价民间自律难以逾越的利益冲突障碍——行业协会既是"守护神"又是"监管者",这是现行民间自律监管模式的致命缺陷,外部监管的比较优势凸显;最后,在前述结论的基础上,提出一个以政府为主导的独立监管模式的初步框架。

(一)理性监管——会计信息市场失灵的缓冲器

公共物品领域潜藏着极易诱致市场失灵的因素:消费的非竞争性和非排他性(由此产生公共领域,公共领域内无效的产权配置必然衍生出外部性)、生产和消费不可分(史蒂文斯,1993)、强制性消费(樊纲,1995),给政府介入②提供了最寻常的理由。从生产者角度看,公共物品具有的外部性特征使私人生产成本偏离社会成本,在交易价格以私人生产成本为基础确定时,私人生产公共物品所得效益(弥补成本后所得)就会偏离社会效益。生产公共物品的私人效益低于社会效益(存在正外部性)时,就会出现生产不足;反之,私人效益高于社会效益(存在负外部性),就会出现生产过剩,这是

---

① 广义地说,会计职业也是会计信息的生产者,因为审计信息也是会计信息的一个有机部分。虽然审计并不直接"生产"会计信息,但审计为会计信息提供了鉴证。瓦兹(Watts,1977,P53-75)认为,经过审计的会计报表可以实现委托代理关系的均衡,因此审计报告中的审计意见对会计信息的确证性具有重用的作用。斯考特(Scott,1997,P329)在论及会计信息及会计准则时,也将审计信息视为会计信息的一部分。

② 即政府干预或政府管制(政府干预不同于政府管制)是社会优化选择的一种特殊形式。社会优化选择是指由社会成员通过某种政治程序或政府政策这种非市场的方式解决与社会全体成员相关的经济问题的过程。但是,用政府管制的办法来解决经济问题不能忽视:(1)市场解决不好的问题,政府不一定能解决好;(2)即使政府能解决好,也不一定就是十全十美的(樊纲,1995,p.148)。

市场失灵的两种表现形式。从市场的角度看，私人商品可以借助市场机制显示、集合个人偏好，每个消费者根据市场价格，调整自己消费集的构成和数量，使市场能自动达成供需均衡；但公共物品的"消费非排他性"不仅使其交易市场趋于瘫痪，而且其强制性消费性质还使消费者个人不能单方面地调整自己的消费量，这决定了不可能存在市场偏好集合、显示机制（樊纲，1995）。因此，一个不受管制的市场缺乏使消费者为之付费并以此向供给者提供激励的机制，市场趋于无效率地生产有公共物品性质的商品（史蒂文斯，1993）。而一定种类、规模的公共物品供给，如对产权、合同义务的仲裁，是资本市场良好运转不可或缺的。

资本市场的基本制度安排之一是制定各种信息的生产和消费机制，如新闻媒体上的财经信息、政府统计数据、信息中介分析报告、公司会计信息。这些信息中，有的属于私人商品，存在初级的交易市场，因此市场价格显示机制能使其供需自动趋于均衡，如大部分付费使用的新闻媒体（私人经营部分）财经信息、信息中介分析报告；有的接近公共物品的特性，不存在显而易见的交易市场，也没有价格显示机制控制供需，私人即使有能力也没有兴趣提供这类产品（因为私人无法通过市场交易实现获利目的），但它们又是社会所需的，因此，政府被期望采取措施，即要么政府自己直接生产，要么给予生产者补贴，这方面的例子是政府统计数据；会计信息本质上属于公共物品，但也有学者认为会计信息介于公共物品和私人商品之间（瓦茨和齐默尔曼，1986）[①]。另外，会计信息被认为可以帮助投资人及证券市场区分效益不同的企业，前提是会计信息在交易

---

① 许多学者把会计信息假定为公共物品进行分析，如冈尼蒂斯和多普奇（1974）。一般来说，在目前的经济环境下，人们并不认为会计信息（主要指对外披露部分）是私人商品。本文虽然在一定程度上认同会计信息的双重属性，但在分析会计信息市场失灵时，主要从其公共物品属性的角度出发。

各方之间的分布是对称的。然而，现实中的资本市场存在着会计信息不对称现象（冈蒂尼斯、多普奇和彭曼，1976；冈蒂尼斯，1978）。会计信息的公共物品属性和信息不对称引致了其市场失灵问题[①]。

会计信息最显著的特征之一是消费非竞争性和非排他性，即一个信息使用者对会计信息的使用不会排除另一个使用者对它的使用。非排他性消费又进一步产生公共领域问题，进而滋生外部性问题。会计信息的使用者可初略分为三类（他们之间的界线并非固定不变）：利益相关者（包括潜在投资者）、企业的实际和（或）潜在竞争者、非投资者。企业被假设为有动力，在某种意义上是有义务向利益相关者提供充分的会计信息。至于后两类使用者，尚没有令人信服的证据表明企业有动力为之生产会计信息。企业直接负担生产会计信息的全部成本（披露成本、鉴证成本、投放市场的成本等），获得的效益是降低了与利益相关者的交易成本，如签约成本、监督成本和剩余损失。但从市场或社会的角度看，企业生产信息活动的社会效益还包括后两类信息使用者使用会计信息所带来的效率提高：企业披露的会计信息可能向市场传递其效率较低的信号，从而带来被兼并收购的风险；实际的竞争者将从公开信息中受益，这可能会提高其竞争力；潜在的竞争者则可能受会计信息揭示的利润吸引进入市场。这三种情形均有助于促进市场竞争，改善市场效率，即产生正的社会效益。正社会效益的存在，对企业来说并不一定是一件好事[②]。虽然在一些情况下，如会计信息为非投资者用于投资分析参考时，它不会损害企业利益，但确实有引发兼并收购和加剧市场竞

---

① 瓦茨和齐默尔曼（1986）还引入了投机问题来解释会计信息市场可能存在的失灵。这似乎假定市场上有发达的信息中介和积极利用信息的投机商为前提的。国内市场目前对信息的真正需求尚少，所以文中未论及投机所致的信息过度耗费（生产过剩）。

② 从长远看，企业也是社会效益的受益者，因此，短期内从事私人效益小于社会效益的行为（如企业在环境治理方面的支出）对企业并非全无吸引力。

争的可能，因而会直接影响企业的存续，甚至直接危及企业的短期生存能力。进言之，社会效益牺牲了企业的私人效益。因此，现实中企业或许更乐意把一部分正社会效益看成生产会计信息的附加成本。假定企业是个有限理性的"经济人"，那么在生产会计信息给企业带来的私人效益（与利益相关者之间的交易成本降低部分）小于或等于社会效益的情况下，企业在生产每一具体会计信息时便会慎重地权衡其成本，一些能带来社会效益但对企业本身无益和（或）有害的信息便不再生产。换言之，在纯粹的市场条件下，会计信息生产的帕累托最优，甚至帕累托改进都不可能出现。

造成会计信息市场失灵的另外一个原因是信息不对称引发的一系列问题。会计信息的信号发送作用激发了企业向市场披露信息的积极性，但信息不对称不仅会削弱前述积极性，而且会减损会计信息的显示能力，从而引起一定程度的信息生产不足或过剩。两大类信息不对称引人注目：一是企业管理当局和投资者之间的信息不对称，二是投资者相互之间的信息不对称。瓦茨和齐默尔曼（1986）认为，"如果经理人员可通过其他渠道获得更多的信息，而不将这些信息提供给市场，那么我们就有理由认为市场不可能像在其他情况下那样，去精确区别出效益高低不同的企业"。在一个缺乏适当管制的市场上，管理人员比外部投资者掌握更多有关公司价值的信息，如果这些信息没有通过适当的渠道公开传递到市场，可能会导致两个后果：1.管理人员利用信息优势与其他投资者交易获利，因交易引起的价格调整即使事后反映了该信息的存在（其他投资者被假定受到有效市场价格机制的保护），但因信息分布不公平引致的资源配置不公平已发生了；2.受前述潜在利益激励，管理人员更愿选择将信息尽量保留在自己手中伺机获利，信息生产便可能不足。

排除投资者自身禀赋造成的信息不对称，自由市场有时也会加剧信息在投资者之间的不公平分布。譬如，机构投资者和中小投资者之间就存在严重的信息不对称现象，因为前者可以利用自己掌握的大量社会资源"要挟"企业管理当局，通过经济学中所谓的"敲竹杠"的方式，与企业签定私人契约来索取更多的会计信息。而且，会计信息的披露成本由全部股东按照股权比例分摊，而机构投资者的上述要挟行为在加剧其与中小投资者之间信息不对称程度的同时，还会引起信息披露成本的不恰当转嫁。正如管理人员可能会有选择性地向部分投资者披露其拥有的信息，企业也可能有选择性地向特定使用者提供更多、更及时的信息。在这两种情况下，会计信息都会因为被作为控制既得利益扩散的手段而生产不足[①]。

前述关于会计信息生产不足或生产过剩的讨论，忽略了一个基本的问题：会计信息的质量。在企业提供的都是真实信息的前提下，会计信息的公共物品属性引发的外部性，以及其信息不对称现象都可能导致市场失灵。放宽这个假设，即现实中的企业可能出于各种原因而提供不实的会计信息，此时，对会计信息市场的管制范围进一步扩大了，防范作假、惩处作假者也成了管制的目标。

综上所述，在会计信息市场上，纯粹的市场力量难以有效防止信息生产不足或过剩的发生，也无法确保会计信息的质量。政府管制作为市场机制的补充，或许可解决这个问题。当然，牢记史普博（1989）的睿智是有益的，即市场失灵应被视为管制介入的必要条件而非充分条件。

---

① 管理当局对会计信息信号显示能力的贪恋和投资者利用信息分析进行过度交易均可能导致生产过剩。

（二）社会优化选择与会计监管

市场失灵表明，在帕累托法则意义上的政府管制可促使私人产出接近社会最佳量，从而可以改善社会福利。政府在帕累托法则意义上增加社会福利的能力意味着可以诱导一种产出变化，这种变化至少可改善某个人的状况而不会使其他人有所损失，即帕累托改进（瓦茨和齐默尔曼，1986）。蜜蜂和苹果的经典例子可用来进一步说明这类管制的意义。养蜂人和种苹果者虽然彼此相邻，但养蜂人只能享受蜜蜂在果树上采蜜的益处，其收益中并没有包括蜜蜂授粉结果子的好处；种苹果者则不能分享花蜜带来的好处。因此，两者在生产决策时都容易忽略自己能给对方带来的正外部性（正社会效益），蜂蜜和苹果的生产都有可能因此而低于社会最优意义上的投入量。现假设有一个第三方，他意识到了这种整体性的效益减损，于是安排一个共享计划，养蜂人和种苹果者互相按对方产量的一定比例分享对方的部分收益。收益互享安排将原先的外部性内部化（至少是部分地内部化），由此激励双方投入更多资源进行生产，达成社会优化选择角度的优化。

如前述，会计信息市场可能出现生产不足或生产过剩，但与蜜蜂和苹果的例子不同，将会计信息市场上的外部性内部化并不现实，因为企业与现实和（或）潜在竞争者、非投资者之间达成协议的成本高昂到使签约行为在经济上不可行，或者企业不应指望能够通过签约直接从这些受益者中得到补偿。史蒂文斯（1993）指出，利用市场提供公共物品和消除外部性是可能的，但其有效性很大程度上取决于交易费用、责任界定和策略行为。相比市场而言，监管虽然不一定在降低交易费用方面有所作为，它在责任界定和策略行为规范上的强制力可能是市场不能相媲美的。此外，从技术性角度看，蜜蜂和苹果的例子中只涉及效率问题，制度安排的目标是提高整体效率，只需顾及单一目标的制度相比需要顾及多个目标的制度更容易获得成功，至少，其效果更容易被观察和评价。试图在一种制度中融合多种目标的制度则要复杂得多。在对会计信息市场进行管制的场合，管制主体被认为不仅应当保证资源在私人及公共部门的有效使用，而且在必要时还要保证经济结果公平和平等。前者正是市场本应完成的职能，但它被市场失灵瓦解了，管制被认为能够弥补市场的不足。至于公平和公正，很容易使人联想到政府，市场在维护公平和公正方面的信任度似乎不比政府高[1]。考虑到会计信息具有的许多潜在后果[2]，会计监管本身的目标虽然看上去比较简单（向市场提供充分的信息），但如果要顾及潜在的经济后果，会计监管不再是一个仅与信息充分性相关的技术性为主的问题，或许它担负着多重性的目标，这似乎又取决于市场和政府在这场角逐中的力量对比。

管制被看作一个讨价还价的博弈过程，市场的参与者组成各自的联盟对管制政策及其实施展开谈判（史普博，1989）。会计监管涉及的主要市场参与者是企业、会计职业（注册会计师）、投资者。现有的监管模式是其初始博弈的结果，也是其后重复博弈的基本框架。在这个框架中，会计监管可粗略地分为会计信息披露监管和会计职业监管。其中，会计信息披露监管是解决其生产不足或过剩的重要

---

[1] 当然，鼓吹经济自由主义者显然并不这么认为，如德威特·R. 李在《自由民》（1986）指出："单独看来并不公平的经济运行效果却可能是那种全面的、具有长期产出模式的、并且可以产生完全公平的运作效果的经济制度的必由之路"，而由政府帮助人们摆脱由于市场行为造成的失败的政治化经济制度，"根本不能提供成功的经济和诚实的合作所需的基本要素——对经济行为的可负责性和对自由的容忍"。

[2] 威廉·比弗（1998）对会计信息的潜在经济后果作了比较全面的分类，包括：个体间的财富分配；累计风险水平与个体间风险分布；累计消费和生产（例如对资本构成率的影响）；企业间的资源配置；专门用于财务信息生产、鉴证、传播、处理、分析和解释的资源；用于规范开发、执行、检查和立法的资源；用于民间机构收集信息的资源。

措施。监管对象主要是企业，监管的基本手段是法规、会计准则及其相关解释等，会计信息披露监管相对来说技术性比较突出。

会计职业的监管比较引人注目。首先，会计职业存在的理由是满足企业和投资者有效利用信息资源的共同需要，并以提供鉴证信息这一专业服务实现之。但企业和投资者之间存在着潜在的（短期性）冲突，企业有提供低质量信息的动机，投资者又缺乏足够的资源验证信息质量，因此需要由独立的第三方即会计职业从事这项工作。会计职业既被迫又自愿地担当起调节者的重任。现行的制度体系试图将一个精密、复杂的利益平衡机制需要实现的功能维系在会计职业这一群尴尬、无权的人们身上，或许有点天真。这也容易诱使人们相信，会计领域的一些失败、丑闻的罪魁祸首非会计职业莫属，他们的行业自律令人怀疑，应让监管之剑时刻高悬其头顶，随时威慑失衡的会计职业群体。其次，会计职业受人监管，却又有意无意地被假定应分担其监管者的部分责任，极易成为企业和监管者的代过者，尤其在法律或监管本身不是很完善的时候更是如此。

尽管如此，会计职业由于其工作的特殊性和不可或缺性，在一段时期内仍将是监管的重心。道理很简单，它已经几乎被公认为负有监控会计信息质量的大部分责任，在监管企业（会计信息披露监管）的边际效率似乎低于监管会计职业的边际效率时（在成熟的市场上可能是这样的），会计职业是最后一个能够被拧得更紧的螺丝钉。会计职业的弱势群体特征由此可见一斑。这也在一定程度上解释了为何会计职业往往成为企业财务舞弊的替罪羊。

当然，在分析比较市场与监管的过程中，自始至终隐含着一个假定，即监管主体会自觉以改进社会效益为终极目标从事监管活动。

这也正是监管能够获得一定支持的缘故。或许放松这个假设更加现实，即监管主体的行动是建立在为维护他们自身利益而行事的，那么，值得深思的是，"谁来监管监管者"？政府是经常被纳入考虑范围的人选，但更多时候政府也不那么令人放心（俘获理论清楚说明了这种担心是有理由的）。独立性机构似乎能更胜任地发挥这方面的职能。

（三）会计监管模式及其效率评价

1. 会计监管模式的嬗变：美国经验

布罗姆利（1989）认为，制度安排是在有益于社会的范围内对个人积极性进行引导和许可。即使是高度自由的市场，有竞争力的制度安排也离不开对现有经济法律基础的认可和服从，政府确定的政策目标更是对制度的一种硬性约束。有关市场的制度或许也应契合上层建筑，至少它不可能设法使自己在背离上层建筑的情况下还能够长期存续。会计监管方面的制度安排一度被认为是属于市场范畴的，对会计职业的管理一度倾向于以行业自律为主便是这种观念的反映。然而，市场经济本身不能解决所有问题，这同样适用于会计职业。安然事件暴露了根植于市场规则运作的行业自律在急剧变幻的市场中可能会成为会计职业过度灵活地与市场共谋的天然途径。从美国的现状看[1]，会计职业似乎连"悔过自新"的机会也丧失了。

---

[1] 2002年7月30日，布什总统签署了《公众公司会计改革和投资者保护法案》，决定成立一个由五名委员组成的公众公司会计监察委员会（Public Company Accounting Oversight Board），负责监督上市公司审计，所有会计师事务所为发行证券的公司出具的审计报告，都必须向该委员会备案。这五名委员由证券交易委员会（SEC）经与财政部、联邦储备委员会磋商后任命，其中至多两名来自会计行业，要求超过一半的委员能够代表公众利益。

准政府监管在一个曾经信奉"自由市场经济"社会中得以认可，这本身说明了这场信任危机对这个行业的冲击简直是致命的。行业自律到底错在哪里？

美国的行业自律史[①]提供了一些线索。随着时间的流逝，获得自律权的AICPA以及"五大"会计师事务所逐渐将POB视为行业的"盾牌"，而不是独立的监管机构。或许当初似乎应预见到AICPA及其会计职业界这样做会把自己置于一个利益冲突的旋涡：行业协会既是"守护神"又是"监管者"。这一体制的潜在弊端短期内可能被经济繁荣掩饰，但并不意味着没有突破口。实际上，最近已经找到突破口且几近崩溃了。角色冲突不仅是自律走向衰败的主要原因，会计信息披露监管（准则制定）滞后于技术革新和市场交易创新引发的问题也不可忽视[②]，但本文将这方面的监管归入披露监管之列，不再详述。另一个容易被忽略的重要原因是会计职业执业环境和执业理念的变化，这虽然不是既定的监管框架所能虑及的，但至少应引起人们的注意并设法适应之。现在的情况是，所有的人都曾经对环境和理念变化视而不见[③]。就在市场惩罚这种傲慢的冷漠时，会计职业成了最应承担责任并因此承受谴责的倒霉群体。

[①] 20世纪70年代，美国出现了自30年代经济危机以来最为严重的一系列重大审计失败案，引发国会参众两院在1977~1978年就如何加强注册会计师行业监管等问题举行了一系列的听证会。美国注册会计师协会（AICPA）为了避免政府部门对行业监管的全面介入，向国会提出了允许注册会计师行业实行自律监管的请求。AICPA为此建立了一整套的自律监管机制，特别是与SEC的执法部（The SEC Practice Section）合作，成立了公共监督委员会（Public Oversight Board，POB），代表公众利益监督AICPA上市公司业务部（主要是五大会计事务所）的工作，对注册会计师的独立性和审计质量进行监督和检查（汤圣河，2002）。

[②] 美国准则制定者已在考虑以原则为基础而非详细规则为基础制订准则，后者很容易被企业特别设计的交易形式规避。

[③] 黄世忠（2002）指出，适应环境变化而引起的审计模式嬗变，改变的决不仅是审计方法，也必然影响审计理念，并有可能使审计由一门高尚职业（其精髓由专业判断和公众责任所组成）沦落为一种唯利是图的生意（其核心是风险与报酬的权衡与抉择）。

市场已经用冷酷的事实证明了纯粹行业自律的失败，因为自律毁掉了会计职业赖以存续的重要基础——信誉。独立的外部监管至少在以下方面能做得比自律更有效：（1）人们对会计职业的道德疑虑侵蚀了使之维系的职业信誉时，行业自律的优势（职业道德能够使会计职业的精髓——专业判断和公众责任——得到一以贯之的保护以及利用行业熟悉自己执业环境并因之反应灵敏）不再令人信服。相反，独立监管以独立于会计职业的超然地位（一般来说更容易取信于民），借助监管（法规）的力量强制执行最低限度的职业道德要求，法规的信誉提供了额外的担保，这有利于加速重塑会计职业信誉进程；（2）外部监管者没有利益冲突，执法阻力低。这也是它区别于行业自律最关键的一点。如在美国，与原职业监管机构POB相比，依据《公众公司会计改革和投资者保护法案》设立的公众公司会计监察委员会在人选、资金、检查程序等方面作了重大改进，彻底强化了其独立基础和执法能力；（3）与前述第一点相关，独立监管更不易被职业团体俘获。制度的效率减损有两个主要原因：制度不再适应规范对象的需要以及腐败对制度力量的销蚀。在制度更新上，与自律相比，监管似乎处于劣势，但也不是不可弥补，一个尽责的专门委员会可望解决这个问题。腐败滋生又源于制度本身，似乎是个循环问题，尽管监管不可能绝对排除腐败，理论上外部独立的监管条件有助于遏止腐败。

既然监管以不可阻挡之势掀起了取代自律（至少是取代自律的部分职能）浪潮（主要发生在美国，英国也未雨绸缪，酝酿改革），对监管效率的进一步考察或许是必要的。纯粹从技术角度看，会计监管的效益不易观察评价，尽管它通常被笼统地归结为维护市场秩序、保护社会效益不受恶意损害。监管的成本效益角度提供了一个比较清楚的轮廓，瓦茨和齐默尔曼（1999）将其分为直接成本和间接成本两部分。直接成本包括法规和准则的制定成本及执行成本、利益集团的游说成本、会计职业掌握新法规和准则的成本、法规和准则变更和可能增加的诉讼损失等。间接成本不是那么显而易见，其中最主要是对企业经营管理决策造成的潜在影响，因而几乎不可能准确估计。或许正是这些难以估量的间接成本使得人们对监管的适当性有所保留。总之，在一片用监管取代自律的呐喊声中，监管的效率似乎不再是其介入市场的障碍了，目前的情况确实如此。

不过，监管也有鞭长莫及之处，经济学上的监管失灵同市场失灵在一定程度上只是一念之差而已。摆在监管者面前很现实的一个问题是，在监管的同时如何着手改善监管的操作基础，如良好的公司治理、职业道德、信誉等。只有在一个有能力执行监管措施的环境里，市场才能不受监管的意外伤害。

2. 自律和监管：一个融合性框架

我们知道，审计活动存在着外部性。会计信息使用者信任经过审计但仍存在重大错报漏报的财务报表而作出错误决策并最终蒙受损失，这可以看作是一种典型的、与审计活动相伴随的（负）"外部性"。该外部性源自对审计质量的信息不对称以及预防道德风险所采取措施的不可观察性。任何理性的经济行为都受制于成本效益原则，会计职业的行为也不例外。基于成本与效益的权衡，注册会计师往往选取符合"边际审计成本等于边际审计效益"条件的审计质量。这对于会计师事务所而言是最佳的，但对投资者乃至社会整体而言未必是最佳的。

为此，对会计职业进行外部监管的终极目标是矫正审计外部性产生的根源以达到最大化社会效用。而矫正审计外部性的最佳方法是将其内部化（Internalization）。所有与某项审计相关的代理人都可以看作是一个假设的企业的各方，那么外部性的内部化就可以通过最大化诸多代理人的联合效用（Joint Utility）而实现。而这等价于最大化社会福利。对审计业务进行外部监管的目标函数可以表达为（转化为）最小化审计成本和最小化负外部性。

$$\text{MinSC}(q) = AC(q) + E(q) \cdot P(L|q)$$

其中，q代表审计质量，审计质量是指确保注册会计师免于因重大失误而受到诉讼的临界水准。SC(q)代表社会成本。AC(q)代表审计成本，审计成本与审计质量正相关。E(q)代表注册会计师的审计意见给报表使用者带来的损失额（外部性），它依存于审计质量；P(L|q)代表注册会计师审计意见给报表使用者带来损失的概率（可能性）。E(q)·P(L|q)代表实际的损失额，负相关于审计质量。这样，SC(q)对于q而言就是一个严格凹性（Strictly Convex）的函数，必然存在着一个审计质量q*，使SC(q)达到同时也是最小值点SC(q*)。因此，当实际审计质量q<q*时，对审计市场的管制使q→q*（使q向q*逼近）。即对会计职业进行外部监管的存在实现了使审计成本AC(q)的q向q*移动，这是一项福利改进（welfare-improving）行为。

外部监管和行业自律相互排斥吗？我们认为，从行业自律和外部监管的依据和优缺点来看，两者并不相互排斥，行业自律和外部监管应该相互补充。具体来讲，关于注册会计师审计技术性层面和职业道德方面的规范，应该实行严格的外部监管，由外部监管机构制定，但可以吸收注册会计师的广泛参与。这体现了外部监管和行业自律的有机结合。

（1）注册会计师审计具有技术性很强的特点，所以技术性的规范应该是外部监管的重心。具体来讲，就是由外部监管机构事先制定审计准则，来约束注册会计师严格按照独立审计准则执行审计业务。外部监管机构制定的独立审计准则在本质上具有一般性和通用性，着眼于事先修正注册会计师的审计行为，旨在为注册会计师履行其职业责任、保证其审计质量（胜任性和独立性）提供指南。但是，考虑到效率原则，注册会计师由于其专业知识和对委托方经营情况的了解而相对于信息使用者和监管方而言具有信息优势，所以独立审计准则一般应该广泛吸收既有理论修养，又有丰富执业经验的注册会计师参与制定。简言之，独立审计准则的制定应当体现以外部监管为主，注册会计师行业积极参与的思路。

（2）对职业道德规范进行外部监管的原因在于：在现代资本市场上，由于注册会计师的审计责任已经扩展到所有相关的报表使用者，而不再局限于委托方，那么一旦注册会计师违背其"诚信"原则导致审计失败，不仅导致的损失金额非常庞大，而且将影响到更多的利益相关者。况且注册会计师不当审计报告的危害也许并不能够立即凸现，往往需要相当长的一段时期才能够显示出其危害，那时"木已成舟"。所以必须事先对注册会计师的职业道德规范进行外部监管。在外部监管的威慑下，注册会计师往往会内部化预期的损失，并因此采纳相应的预防措施来生产出恰当审计质量的审计报告。但是，对注册会计师职业道德的外部监管要比独立审计准则技术层面的外部监管要困难得多，为此不仅需要外部监管，而且在职业道德方面注册会计师的行业自律将发挥更大的作用。

（3）行业自律和外部监管的相互补充和有机结合是目前世界范围内对会计职业进行规范的主流。英国从1999年已经由原来纯粹的行业自律模式过渡到行业自律和外部监管相结合的模式，并且不断探索外部监管和行业自律的有效结合。美国2002年的《公众公司会计改革和投资者保护法案》尽管十分重视政府在会计监管中的作用，但并没有全盘否定行业自律。可以说,外部监管和行业自律相结合是未来的发展方向。

(四)初步结论——构建以政府为主导的独立监管模式

上述以经济学理论为基础的分析表明,要抹杀政府的作用,建立一个"只有市场"的社会,这纯粹是一种幻想。要使现代经济高效运转,需要建立制度安排等基础设施,其中涉及大量的公共物品(如会计监管体系),而一个不受约束、没有政府的市场是根本不可能提供这些公共物品的。既然会计信息具有公共物品的特性,完全依赖民间自律型的市场力量进行会计监管,显然不能带来经济学意义上的社会效用最大化。

然而,我们也不赞同会计监管模式选择上的极端主义倾向——从"只有市场"的极端走向"只有政府"的另一个极端。市场不是万能的,政府也不是救世主,不切实际地夸大政府的作用,同样不利于高质量会计信息的产出。我们认为,在会计监管问题上,政府的主要作用是弥补市场机制的不足,而不应成为市场的替代。如何使政府监管与市场机制相得益彰,是选择会计监管模式的关键。为了在短期内从根本上解决我国会计信息市场失灵的问题,我们建议借鉴美国"公众公司会计监察委员会"的思路,建立以政府为主导的独立监管模式。在构建这种监管模式时,应当确保监管机构的权威性、代表性和独立性。就权威性而言,可考虑将监管机构直接纳入全国人大或国务院的直接领导下,如设立"全国人大(或国务院)会计监察领导小组",小组成员由人大法工委、财政部、发改委、人总行、证监会、审计署、税务总局等权威政府部门的有关领导组成；代表性可通过吸收政府部门、信息使用者（股权和债权资本提供者）、信息提供者（各种所有制企业）、信息鉴定者（注册会计师）的代表组成会计监管基金会，负责监管委员会的人事任免和经费审批；独立性要求监管委员会的全体成员由专职、高薪的专业人士组成，经费单列，独立进行决策，但会计监管基金会保留否决权。我们设想的政府主导型独立会计监管框架图示如图1所示：

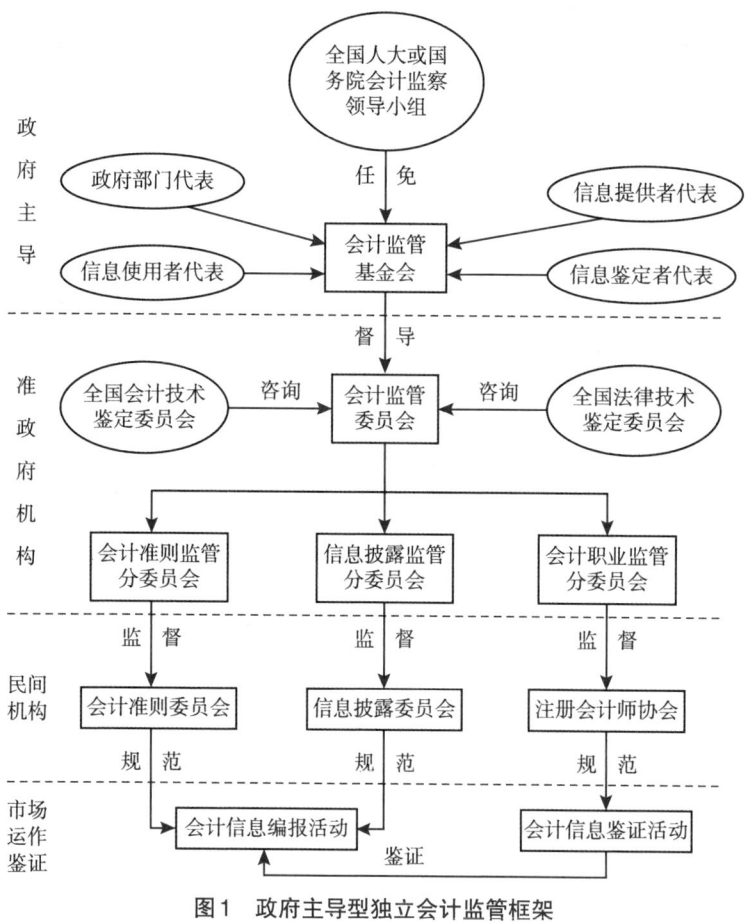

图1　政府主导型独立会计监管框架

这种监管模式有四大特点：（1）在组织设计上，由全国人大或国务院牵头，形成会计监管的合力，避免对会计和会计职业的多头监管，有助于克服行政部门的本位主义和权力之争，降低对企业和会计师事务所重复检查所带来的社会资源浪费；（2）在监管标准上，设立全国性的会计和法律技术鉴定委员会，向会计监管委员会提供专业标准方面的支持，避免不同部门按照各自标准进行监管形成相互矛盾的结论，提高监管和惩处的权威性；（3）在监管制度安排上，明确政府在会计监管方面的行政权力，如对会计信息质量提出总体要求的权力以及对会计服务市场的行业准入和退出加以限制的权力；（4）在监管方式上，采用例外管理原则，既不完全信赖市场力量，也不滥用政府权力。当社会公众对会计信息质量和会计服务市场没有太多抱怨时，政府不宜过多介入，日常的监管由民间机构负责。当会计信息质量或会计服务市场发生系统性信任危机或发生重大审计失败时，政府应积极果断地介入，采取直接监管和间接监管的策略。直接监管表现为行使诸如处罚或吊销从业资格等行政权力；间接监管表现为对报表编制企业和行业自律组织施加影响和压力，迫使它们改进监管、处罚违规的会计人员或注册会计师。

从经济学的角度看，以政府为主导的独立外部监管模式，其蕴涵的理念是：市场失灵应被视为政府管制介入的必要条件，而非充分条件。其优点是既保持政府的主导地位，维护行政权力的权威性，又不使政府陷于繁杂的日常监管事务。从会计服务市场上看，这种监管模式主张剥夺注册会计师行业协会的监管权和准则制定权（但可吸收其成员参与制定程序），将其收归政府部门，以克服行业协会角色冲突（保护者与监管者）所带来的弊端，避免行业协会过多地偏袒会员而损害公众利益，从制度安排上确保政府在维护社会公众利益的地位。此外，这种监管模式还可调动行业协会的积极性，充分发挥行业协会熟悉执业环境及其技术专长的优势，提高监管效率。

主要参考文献：

[1] 黄世忠.安然丑闻及其审计失败的深度剖析[M].中国财政经济出版社，2002：22-25.

[2] 樊纲.市场机制与经济效率[M].上海：上海三联书店，上海人民出版社，1995：149-185.

[3] 吴敬琏.比较·第一辑[M].北京：中信出版社，2002：93-124.

[4] 张育军.美国证券立法与管理[M].北京：中国金融出版社，1993：9-60.

[5] 乔·B.史蒂文斯.集体选择经济学[M].杨晓维，译.上海：上海人民出版社，1999：129-138.

[6] 丹尼尔·W.布罗姆利.经济利益与经济制度——公共政策的理论基础[M].陈郁，等，译.上海：上海人民出版社，上海三联书店，1996：58-96.

[7] 罗斯·L.瓦茨杰罗尔德·L.齐默尔蔓.实证会计理论[M].黄世忠，等，译.北京：中国商业出版社，1990.

[8] 詹姆斯·L.多蒂，德威特·R.李.市场经济——大师们的思考[M].林季红，等，译.南京：江苏人民出版社，2000：21-34.

[9] 美国2002年公众公司会计改革和投资者保护法案（概要）[N].中国证券报，2002-08-07.

[10] 休·史卓顿，莱昂内尔·奥查德.公共物品、公共企业与公共选择[M].费昭辉，等，译.北京：经济科学出版社，2000：67-99.

[11] 威廉·H.比弗.财务呈报——会计革命[M].薛云奎，等，译.大连：东北财经大学出版社，1999：1-17，155-168.

[12] Wiliam R.Scott, Financial Accounting Theory, Prentice Hall, 1997：329.

[13] Peter Taylor and Stuart Turley. The Regulation of Accounting. Oxford OX4 1JF, UK: Basil Blackwell Inc, 1986：1-33.

六、金融危机触发的公允价值论战[①]

署名:黄世忠

摘 要:百年一遇的全球性金融危机在金融界和会计界之间引发了关于公允价值会计优劣和存废的空前激烈的大论战。本文综述了争论双方的主要观点,指出了美国第157号准则需要改进的领域,介绍了SEC关于公允价值的研究报告,剖析了金融危机发生以来IASB和FASB迫于政治压力而做出的两次重大妥协和让步,最后提出了经过金融风暴洗礼的公允价值会计将日臻完善且继续成为21世纪主流计量模式的观点。

关键词:金融危机;公允价值;会计模式

2007年8月肇始于美国的次贷危机,在雷曼兄弟于2008年9月15日倒闭后,引发了波及全世界的金融危机。根据国际货币基金(IMF)2009年4月21日发布的《全球金融稳定报告》,此次金融危机给金融机构造成直接损失高达4.1万亿美元。亚洲开发银行(ADB)今年3月发布的研究报告声称,这次百年一遇的金融危机给实体经济和虚拟经济造成的总损失超过50万亿美元。这场损失惨重的金融危机不仅撼动了华尔街金融巨头的生存根基,也在金融界与会计界之间掀起了一场硝烟弥漫的战争,重新点燃了公允价值会计优劣和存废的激烈论战。

[①] 本文是作者承担的财政部重点研究课题《金融危机与公允价值问题研究》的阶段性成果,批准文号为:财会函〔2008〕49号,发表于《中国金融》2009年第8期,2011年获福建省第五届社会科学优秀成果三等奖。

金融界与会计界之间的这场战争始于2008年3月。最先对会计界发难的是在危机中遭受重创的金融巨头。他们指出，在金融危机的市场环境下，按公允价值对资产支持证券（ABS）、抵押贷款支持证券（MBS）、抵押债务债券（CDO）和信用违约互换（CDS）等金融产品进行计量，导致金融机构在账面上确认未实现（unrealized）且未涉及现金流量（non-cash flow）的巨额损失。这些天文数字般的"账面损失"，影响了投资者的心理，诱使他们恐慌性地抛售持有这类产品金融机构的股票。这种非理性的抛售行为，反过来又迫使金融机构的高管层不惜代价降低次债和其他金融产品的风险暴露投头寸。其结果，本已脆弱不堪的次债和其他金融产品市场濒临崩溃，金融机构不得不在账上进一步确认资产减值损失或公允价值变动损失，最终引发金融产品螺旋式的价格下跌浪潮。他们声称，公允价值会计这种独特的"反馈效应"（feedback effect）和"顺周期效应"[1]（procyclicality），造成了极具破坏性的恶性循环，在金融危机中推波助澜。为此，以花旗、美林、瑞银、百士通为代表的金融机构，纷纷将矛头直指公允价值会计，声称公允价值计量模式夸大了次债和其他金融产品的实际损失，放大了金融危机的广度和深度，要求完全废除或暂时停止采用公允价值会计。

以美国财务会计准则委员会（FASB）和国际会计准则理事会

---

[1] 经济政策制定中，顺周期效应是指一项经济政策的制定和实施可能加剧经济或金融波动。例如，巴塞尔新资本协议（Basel II Accord）要求银行面临更大风险时，必须计提更多的减值拨备，从而降低资本充足率，这将迫使银行在经济衰退或信贷紧缩时减少信贷投放，这反过来导致经济形势进一步恶化或信贷资金日趋紧张。在这次危机中，金融界声称公允价值的运用迫使银行对金融资产确认大量的损失，这些损失致使银行和投资者对金融资产的质量缺乏信心，引发金融资产价格进一步下跌，这种独特的顺周期效应不仅使金融危机愈演愈烈，而且削弱了政府拯救金融机构的效果。

（IASB）为代表的准则制定机构不甘示弱，奋起反击，指责金融界抨击公允价值会计完全是寻找替罪羊的一种伎俩，无非是为了转移公众的视线，为自己激进的放贷政策和失败的风险管理开脱罪责①。FASB主席罗伯特·赫兹（Robert Herz）在2008年4月召开的"公允价值圆桌会议"上指出，FASB完全是应投资者清楚而明确的要求才规定金融资产应当按公允价值计量。言下之意是金融界对公允价值会计的指责明显置投资者的信息需求于不顾。FASB技术部主任兼紧急问题任务小组主席卢塞尔·戈登（Russell Golden）也态度鲜明地回击金融界的指责：我们认为，公允价值向投资者提供了衍生金融工具基础资产更加透明的信息。IASB主席大卫·特迪爵士（Sir David Tweedie）在接受《首席财务官》杂志的专访时更是毫不客气地回应，金融界只会对公允价值会计横加指责，却不能提出令人信服的替代方案。在与金融界的这场论战中，代表信息使用者的财务分析师协会（CFA Institute）旗帜鲜明地支持会计界，坚定捍卫公允价值会计模式，指出公允价值比历史成本更加透明，以迅捷和高效的方式让投资者了解金融危机对不同金融机构资产质量、盈利能力和财务状况的影响程度。

笔者认为，金融界放松信贷标准、毫无节制地发放住房按揭贷款制造了房地产泡沫，并通过不受监管、不透明、容易滋生道德风

---

① 例如，美国第二大次级贷款发放机构——新世纪金融公司（New Century Financial Corporation）就是因为采用激进的放贷政策、疏于风险管理而在2007年4月初申请破产保护的。2008年2月29日，负责审理新世纪金融公司破产案的独立法官Michael J.Missal公布了一份长达543页的调查报告。报告显示，新世纪金融公司42%以上的次级贷款属于"收入申报贷款"，也称"骗子贷款"，即借款人办理住房案揭贷款时，其工作是否属实、收入是否真实和稳定，完全由借款人自己随意填写，新世纪金融公司并未按其风险管理政策，对借款人的这些重要信息进行调查核实。该报告还认为毕马威（KPMG）在为新世纪金融公司审计时，存在重大过失，建议投资者和债权人向KPMG索赔至少10亿美元。

险的资产证券化（securitization）等金融创新手法放大金融资产泡沫，才最终酿成这起灾难深重的金融危机。会计界并非金融危机的罪人，而是揭开危机面纱的功臣。会计界借助公允价值计量模式，及时、透明、公开地揭露金融资产泡沫，促使金融界、投资者和金融监管当局正视和化解金融风险。倘若没有采用公允价值会计，投资者可能永远被金融界制造的虚幻泡沫所蒙蔽。金融界提出的"反馈效应"和"顺周期效应"理论是彻头彻尾的本末倒置、倒因为果的逻辑。如果"顺周期效应"确实存在，那么监管部门在确定金融机构的资本基础时，完全可以将公允价值的影响予以剔除。此外，笔者还注意到，金融界对公允价值会计的指责带有明显的功利主义色彩。2007年前当美国的楼市和股市一路高歌猛进时，金融界通过次贷和次债等金融产品赚得盆满钵满时，他们并没有力阻公允价值会计的运用。而当楼市和股市急转直下时，公允价值会计便一夜之间成为金融界千夫所指的替罪羔羊。

当然，金融危机也暴露出美国第157号准则《公允价值计量》（以下简称FAS157）的一些缺陷。FASB于2006年9月颁布了FAS157，该准则自2007年11月起实施。该准则的最大贡献包括：（1）给公允价值下了一个全新的、更加严谨的定义；（2）按客观性（objectivity）和可观察性（observability），将公允价值分为三个层次：按公开报价计量的公允价值、按可观察信息计量的公允价值、按不可观察信息计量的公允价值；（3）统一了不同层次公允价值的计量方法：第一和第二层次的公允价值采用市场法确定，第三层次的公允价值采用收益现值法或重置成本法计量；（4）对不同层次的公允价值信息披露提出差异化要求：第三层次的公允价值要求更为详细披露。FAS157将公允价值定义为"市场参与者在计量日的有序交易中，假设将一项资产出售可收到或将一项负债转让应支付的价格"。

FASB给公允价值所下的最新定义,假设计量所涉及的资产或负债存在着一个习以为常的交易市场。但金融危机表明,这一假设并非永远成立。例如,因为投资者过度恐慌和信贷极度萎缩,抵押债务债券(CDO)的市场交易早已名存实亡。同样地,FAS157也没有考虑流动性缺失的资产(illiquid assets)对公允价值计量的影响问题。不幸的是,金融危机中的ABS,MBS和CDO由于信贷萎缩大都变成了流动性缺失的金融资产。更为严重的是,当市场剧变和信贷萎缩导致次债相关产品从第一或第二层次掉落至第三层次时,FAS157却未能为这种情形下如何确定公允价值及时提供技术指引,致使第三层次的公允价值计量具有很大的主观随意性。美国国际集团(AIG)持有的信用违约互换(CDS)就是一个典型的例子。根据AIG自己的估值模型,这类金融衍生产品的损失约9亿美元,但摩根士丹利的分析师经过测算,认为AIG在CDS上的估值损失介于30亿~130亿美元。在其审计师普华永道(PwC)指出AIG对CDS的估值存在重大缺陷后,AIG不得不在2007年度确认了110亿美元的损失,到了2008年AIG在CDS确认的损失已经超过1000亿美元。可见,对于需要利用复杂的数学模型进行估值的第三层次公允价值而言,由于要求管理层对市场情况做出大量的假设、估计和判断,按模型估算出的结果,其可靠性令人生疑。这也是会计界面对金融界指责时显得底气不足的主要原因。

FAS157存在的另一个重大缺陷是要求金融机构确认因自身信用等级变动对其负债公允价值的影响。如果金融机构因经营改善导致信用等级的提高,其负债的公允价值将增加,必须确认为一项损失。反之,如果金融机构因经营恶化导致信用等级的下降,其负债的公允价值将减少,则必须确认为一项利得。这种因经营好转必须确认损失,经营恶化反而可以确认利得的做法,明显有悖于正常的商业逻辑，为广大投资者所诟病①。

应当承认，会计界制定的公允价值准则远非完美。IASB承认第39号国际会计准则过于复杂和繁琐，并在2008年3月发布了一份旨在简化该准则的咨询文件。同月，美国证券交易管理委员会（SEC）也提出了更加严厉的披露标准，要求上市公司充分披第三层次公允价值计量所依据的前提假设。SEC甚至考虑要求上市公司以估值区间而不是单一金额的方式披露第三层次的公允价值，以彰显第三层次公允价值高度依赖估计和判断的特性。但不论如何，公允价值准则存在的缺陷不应成为废止公允价值会计的理由。诚如IASB主席大卫·特迪爵士指出的，退回历史成本会计解决不了金融工具的计量问题。在他看来，公允价值是所有金融工具唯一合适的计量方法。

为了明辨公允价值会计的是非，美国国会2008年10月3日通过的《2008年紧急经济稳定法案》在133条款责成SEC就六个重大问题进行研究并在90天内提交研究报告。这六个问题是：（1）公允价值会计准则对金融机构资产负债表的影响；（2）公允价值会计准则对2008年度银行倒闭的影响；（3）公允价值会计准则对投资者所获取财务信息质量的影响；（4）FASB制定会计准则恰当程序（due process）的合理性和效率性；（5）用于替代FAS157的会计准

---

① 2009年第一季度很多金融机构的"利润"就是来自因自身信用等级下降导致其负债的公允价值减少而确认的利得。花旗集团（Citigroup）在2009年第一季度报告了16亿美元的净收益，其中包含了25亿美元因其信用情况恶化而确认的负债公允价值变动利得。同样地，汇丰银行（HSBC）2009年第一季度报告的8.72亿美元净收益中高达66亿美元也是因为信用等级下降而确认的负债公允价值变动利得。剔除这一因素的影响，花旗和汇丰在2009年第一季度显然是虚盈实亏。与此相反，摩根士丹利（Morgan Stanley）却因经营改善导致信用等级提高而不得不在2009年第一季度确认了15亿美元的负债公允价值变动损失。若不尽快修改FAS157这一显而易见的缺陷，金融机构报告的被扭曲的经营业绩将严重误导投资者和债权人的决策。

则;(6)修订公允价值会计准则的合理性和可行性。2008年12月30日,SEC提交了长达209页的研究报告。报告的主要结论包括:(1)金融机构45%的资产和15%的负债采用公允价值计量,但公允价值计量对金融机构损益的影响小于25%。在按公允价值计量的金融资产中,属于第一层次(存在活跃市场且按市价计量)的占15%,属于第二层次(不存在活跃市场但相同或相似资产存在活跃市场需要参照市价计量)的占76%,属于第三层次(不存在活跃市场只能按估值模型计量)的占9%;(2)公允价值准则在2008年银行倒闭潮中发挥的作用微不足道,银行日益增长的信贷损失、投资者对银行资产质量的担忧、交易对手和投资者对银行缺乏信心以及流动性缺失,才是商业银行和投资银行倒闭的主因;(3)公允价值的运用,提升了投资者所获取财务信息的质量,公允价值最具相关性,提高了不同金融机构财务信息的可比性,向投资者提供了最透明、最及时的信息,便于他们做出更好的投资决策和进行更有效的资源配置,SEC召开的三次圆桌会议表明,绝大多数投资者旗帜鲜明地支持公允价值会计,反对暂停或中止公允价值计量;(4)制定机构的独立性是确保会计准则质量的关键,准则制定不应受政治力量或特定信息使用者的影响,会计准则的最主要服务对象是投资者,FASB的治理机制仍有改进空间,其工作效率和决策方式应当进一步改进;(5)暂停FAS157不能消除公认会计准则对公允价值计量或市价标价法会计的要求,表外披露不能取代表内确认,选择其他计量属性将带来一系列衍生问题;(6)暂停或中止公允价值会计,改用历史成本或其他计量基础是不合理的,将使投资者面临更大的不确定性,并很可能对投资者本已脆弱的信心产生十分不利的影响。

基于上述研究结论,SEC同时提出八大建议:(1)FAS157应予完善,但不应当被暂停;(2)现行公允价值计量和盯市会计的要求不应被中止;(3)FASB应采取额外措施完善现行公允价值的运用要求;(4)金融资产减值会计应当重新审视;(5)FASB应当对公允价值会计在运用中如何培养良好的专业判断提供进一步指引;(6)会计准则的制定应当以满足投资者的信息需求为导向;(7)FASB应采取额外的正式措施处理会计准则运用中遇到的实际问题;(8)FASB应当进一步简化金融资产和投资相关的会计处理。

可以看出,SEC提交的权威研究报告澄清了金融界和国会议员对公允价值的错误认识,既为公允价值正名,也为会计界洗刷了莫须有的罪名。然而,只要金融危机不消失,对公允价值的争论就不会平息,金融家及其利益相关方(主要是不懂会计却对会计拥有无与伦比影响力的国会议员)要求会计界放松对公允价值运用要求的压力就不会停止。继IASB迫于欧盟压力在2008年10月13日做出屈辱的妥协[①]后,FASB也不得不对金融界和国会做出让步。2009年

---

① 2008年9月,法国总统萨科奇首先对IASB发难,指责IASB不允许对金融资产重分类将使欧盟的银行处于不利的竞争地位。其后,在法国财政部的牵头下,欧盟的财政部长们向IASB提出最后通牒,声称IASB在2008年10月底前若不允对金融资产重分类,欧盟将宣布不再遵循IASB发布的与金融资产和公允价值相关的财务报告准则。迫于欧盟的巨大政治压力,IASB征得其信托人委员会(IASB Trustee)的同意,破天荒在没有遵循恰当程序(due process)的情况下,于2008年10月13日对第39号国际会计准则《金融工具:确认与计量》和第7号国际财务报告准则《金融工具:披露》进行修改,允许某些以公允价值计量且其变动计入当期损益(FVTPL)和可供出售(AFS)的金融资产在特定情况下可以重分类。具体修订要点包括:(1)在极少数情况下,允许将FVTPL的金融资产重分类至其他类别的金融资产;(2)预计未来仍将持有且有能力持有的AFS金融资产可重分类至贷款及应收款;(3)已经计入损益表的损失不得再转回;(4)该修订自2008年7月1日起生效,且追溯的适用期间截至2008年11月1日。IASB允许将按公允价值计量的金融资产重分类为按摊余价值计量的金融资产,是彻头彻尾的妥协,是会计专业性让步于政治现实性的无奈之举。允许金融资产重分类,迎合了金融机构管理层的机会主义倾向,为他们进行盈余管理甚至盈余操纵提供了更大的自由裁量权。德意志银行就是一个典型的例子。通过将按公允价值计量的金融资产重分类为按摊余价值计量的金融资产,该行得以在2008年第3季度报告了4.41亿欧元的净利润,倘若没有重分类而是仍然采用公允价值计量,该行将不得不在该季度报告4.31亿欧元的净损失。令人匪夷所思的,这种通过改变会计政策而实现的"扭亏为盈"伎俩,竟然蒙骗了整个资本市场,季报公布当天,德意志银行的股价飙升了17.5%!可见有效资本市场假说(EMH)仍需进一步论证。

4月2日，FASB以3票赞成、2票反对的方式通过了极具争议的放松对公允价值运用和资产减值准备的要求。根据新的规定，对于缺乏活跃市场的特定金融产品（如MBS和CDO），如果金融机构管理层认为市价不能代表其真实价值，可采用内部模型，即折现现金流量（DCF）对这些金融产品进行估值和计价。这一规定与FAS157要求优先运用市场参数确定公允价值的做法相去甚远，为金融机构管理层利用主观判断调节利润大开方便之门。而对于持有至到期（HTM）和可供出售（AFS）金融资产的减值处理，则区分为信用风险与非信用风险两类，分别计入当期损益和调整股东权益，即作为其他综合收益（other comprehensive income），如图1所示。

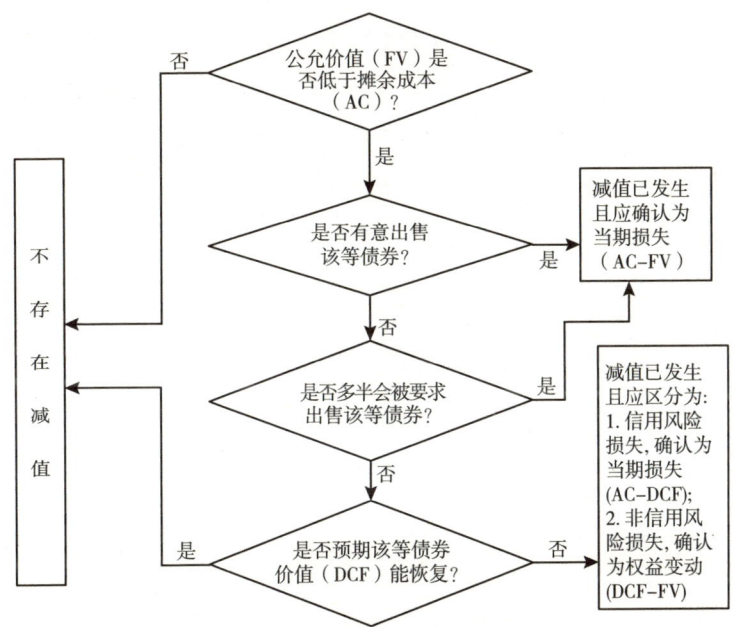

图1 持有至到期和可供出售金融资产减值判断和处理方法

根据《华尔街日报》的测算，FASB降低对公允价值会计的要求和修改金融资产减值的处理方法，至少让金融机构在2009年第一季度报告的净利润上升了20%，美国股市也因为FASB对公允价值会计"注水"而出现"井喷"行情。FASB的妥协固然取悦了金融界和国会，但在投资界和会计界却引起轩然大波。《彭博社》的专栏作家乔纳森·威尔（Jonathan Weil）因FASB无原则的妥协而建议将FASB改为舞弊会计准则委员会（Fraudulent Accounting Standards Board）。宾夕法尼亚大学的爱德华·凯斯（Edward Ketz）教授则要求FASB的主席罗伯特·赫兹（Robert Herz）引咎辞职。

笔者认为，不论是IASB的妥协，还是FASB的让步，实质上是将正确的做法改为错误的做法，这种倒退是会计专业性臣服于政治现实性的典型写照。与审计准则不同，会计准则绝不是纯粹的技术规范。究其本质，会计准则就是财富分配的游戏规则，它界定了财富分配的金额和流向。鉴此，各利益相关方利用其影响力，介入会计准则的制定也就不足为奇了。不过，会计界在这次金融危机中与金融界和政治家的较量，输得如此凄惨和迅速着实出乎意料。准则制定机构在捍卫独立性方面的不抵抗政策，更是令会计界感到灰心和郁闷。笔者衷心希望，金融危机结束后准则制定机构能够尽快拨乱反正，纠偏纠错，还会计界以应有的严肃性和专业性。

笔者坚信，公允价值会计尽管因为政治势力的介入而遭受前所未有的大挫折，但它绝不会因为金融界和政治家的干预而夭折，退回历史成本模式将成为会计史上因噎废食的大倒退。金融界和政治家对公允价值的指责，只会让会计界痛下决心，不断完善公允价值的确认标准、计量方法和披露要求。经过金融风暴洗礼的公允价值会计必将日臻完善，继续成为21世纪计量模式的主流。

主要参考文献:

[1] AICPA.Business and Industry Economic Outlook Survey Q12008.www.aicpa.org.

[2] FASB.Statement of Financial Accounting Standard 157 FAIR VALUE MEASUREMENT. www.fasb.org.

[3] IMF.Global Financial Stability Report, April 21, 2009, www.imf.org.

[4] Alex Hawkes.Fair Value: Standard Scapegoat.Accountancy Age.April 10, 2008.

[5] Sarah Johnson.The Fair-Value Blame Game. www.CFO.com.March 19, 2008.

[6] Nicholas Rummell.Fair-Value Rules Get More Blame for Crunch.www.financialweek.com. March 24, 2008.

[7] SEC.Report and Recommendations Pursuant to Section 133 of the Emergency Economic Stabilization Act of 2008: Study on Mark-To-Market Accounting, December 31, 2008.www.sec.gov.

[8] Andrew R.Sorkin.Some Blame the Bean Counters for Financial Industry Woes.www.iht.com. July 1, 2008.

[9] Michael R.Young. Fair Value Accounting and Subprime [J]. Accountancy.March 7, 2008.

[10] United States Bankruptcy Court.Final Report of Michael J.Missal on New Century Financial Corporation.February 29, 2008.

七、后危机时代公允价值会计的改革与重塑[①]

署名：黄世忠

摘　要：全球性金融危机已基本结束，世界经济正步入缓慢而痛苦的复苏阶段，但全球性金融危机触发的改革热潮才刚刚开始，现行的制度安排亟须重新评估和再造。就会计方面而言，后危机时代如何改革和重塑公允价值会计，是学术界和实务界必须正视的大是大非问题。本文分三个部分探讨这一问题，第一部分分析公允价值会计的改革背景，第二部分介绍公允价值会计的改革方向与领域，第三部分对公允价值会计改革与重塑的利弊和挑战进行评价。

关键词：公允价值会计；改革；重塑

会计发展史表明，每次重大的财务丑闻和金融危机都会推动会计审计准则的变革。安然等财务舞弊丑闻催生了对会计和审计影响深远的萨班斯奥克斯利法案（SOX）的出台。同样地，百年一遇的全球性金融危机不仅将促使我们对金融创新、金融监管、公司治理、风险管理、内部控制和绩效评价进行全面的反思[②]，而且同时也必将

---

① 本文是作者主持的财政部重点研究课题"金融危机与公允价值计量研究"的阶段性成果，批准文号为：财会函〔2008〕49号，发表于《会计研究》2010年第10期，2011年获福建省第五届社会科学优秀成果三等奖。

② Peter J.Wallison在其"公允价值会计：一个评论"的论文中指出，金融危机涉及一系列利益攸关方的责任问题，次贷经纪人对贷款质量漠不关心、次贷借款人不负责任的借贷行为、次贷发放机构放松信贷标准、房地产投机商兴风作浪、金融神童创造的极端复杂的结构性证券化工具、评信机构漏洞百出的评级模型、商业银行拙劣的风险管理、投资者的疏忽大意、证券机构不负责任的促销做法以及监管部门失效的监管，都是导致危机的根源。当然，公允价值也在危机中扮演了推波助澜的角色。所有这些，都值得深刻检讨和反思。

对会计准则特别是公允价值会计准则产生巨大而深远的历史影响。不论是金融稳定理事会（FSB）还是金融危机咨询组（FCAG）等国际组织2009年以来发布的改革意见和建议，还是国际会计准则理事会（IASB）宣布在2010年底前完成对第39号国际会计准则的替代并在2009年11月相继出台了新的金融资产准则和新的减值模型征求意见稿，都预示着后危机时代公允价值会计正以暴风骤雨般的速度进行全方位的改革和重塑。鉴此，全面了解公允价值会计的改革背景、改革方向和改革领域，深刻分析公允价值会计改革与重塑的利弊及挑战就显得十分必要。

（一）公允价值会计的改革背景

笔者认为，后危机时代公允价值会计的改革动力源自技术层面和政治层面。在技术层面上，公允价值会计在金融危机时期暴露的诸多缺陷和由此引发的争论孕育了改革的氛围，积聚了改革的能量。尽管对公允价值会计的争论由来已久，但全球性金融危机无疑加剧了争论的烈度和强度。金融危机发生后，不同利益攸关方围绕公允价值会计的命运展开了空前激烈的博弈。以金融界及其审慎监管部门（prudential regulators）为代表的反对方，视公允价值会计如"瘟疫"，他们认为公允价值会计夸大了金融机构的财务损失，放大了金融危机的深度和广度，并通过账面损失与资本监管交叉传染的方式危及金融机构的生存，因而强烈要求暂停或终止公允价值的运用。以投资者及其证券监管部门为代表的支持方，则视公允价值会计为"英雄"，他们认为公允价值会计增强了财务信息的透明度，如实反映了华尔街片面追逐高成长高回报所带来的危害，让世人及时了解金融危机的演变和全貌，有助于监管部门分清金融机构的良莠并确定拯救的优先顺序,因而坚决主张公允价值继续运用。

综观危机发生以来的文献资料,反对公允价值会计的论点可大致归纳为:(1)在恐慌肆虐、流动性缺失的市场环境下,金融机构按"着火价"出售金融资产,此时,市价并不能真正代表金融资产的内涵价值;(2)许多衍生产品和结构性产品,其市价是通过高度复杂的估值模型推算出的,其准确性受到建模风险的重大影响[1],因而可能歪曲其"真实"的公允价值;(3)公允价值会计从时点角度而不是从时期角度看待价值问题,不准备在短期内出售的金融资产若按盯市法计价(mark-to-market),不是低估就是高估金融机构的真实财务状况;(4)当市场系统性恶化时,采用盯市计价法易使次级债借款人或交易对手违反触发性条款(triggers),迫使他们追加保证金或抵押品,从而放大金融危机;(5)公允价值会计大幅加剧了市场的波动性,危害了金融稳定;(6)公允价值会计和已发生损失减值模型具有严重的顺周期效应(procyclicality),在经济繁荣时期使本已过热的经济火上浇油,制造资产泡沫,在经济萧条时期使本已恶化的经济雪上加霜,形成资产黑洞;(7)公允价值会计具有破坏性极强的反馈效应(feedback effect),迫使金融机构在危机时期确认巨额的账面损失(未实现且没有现金流出的损失),导致不明真相的投资者恐慌性地抛售其股票,这反过来又迫使金融机构不惜代价处置其风险资产,从而造成金融资产价格出现螺旋式下跌的恶性循环;(8)采用公允价值对负债进行计量有时会得出匪夷所思的

---

[1] 美国国际集团(AIG)持有的约4500亿美元信用违约互换(CDS)就是一个典型的例子。根据AIG自己的估值模型,这些CDS的损失约为9亿美元,但摩根士丹利的分析师经过测算,认为AIG在CDS上的估值损失介于30亿~130亿美元。在其审计师普华(PwC)指出AIG对CDS的估值存在重大缺陷后,AIG不得不在2007年确认了110亿美元的损失,而到了2008年AIG在CDS上实际确认的损失已经超过1000亿美元。可见,对于需要利用复杂的数学模型进行估值的第三层次公允价值而言,由于要求管理层对市场情况做出大量的假设、估计和判断,按模型估算出的结果,可能与实际情况相去甚远。

结果，现行会计准则要求金融机构确认因自身信用等级变动对其负债公允价值的影响，如果金融机构因经营改善导致信用等级的提高，其负债的公允价值将增加，必须确认为一项损失。反之，如果金融机构因经营恶化导致信用等级的下降，其负债的公允价值将减少，则必须确认为一项利得。这种因经营好转必须确认损失，经营恶化反而可以确认利得的做法，明显有悖于正常的商业逻辑，为广大投资者所诟病[①]。

另外，支持公允价值会计的主要论点可概括为：（1）公允价值会计不是导致金融危机的根源，而是客观地反映了金融危机的事实；（2）公允价值会计及时发出市场恶化预警信号，使金融机构和投资者避免更大的伤害；（3）公允价值会计并没有加剧市场的波动，惟有市场波动才会导致公允价值的变动，将市场波动归咎于公允价值会计是典型的倒因为果、本末倒置的转移视线伎俩；（4）及

---

① 2009年第一季度很多金融机构的"利润"就是来自因自身信用等级下降导致其负债的公允价值减少而确认的利得。花旗集团在2009年第一季度报告了16亿美元的净收益，其中包含了25亿美元因其信用情况恶化而确认的负债公允价值变动利得。同样地，汇丰银行2009年第一季度报告了8.72亿美元净收益有高达66亿美元也是因为信用等级下降而确认的负债公允价值变动利得。剔除这一因素的影响，花旗和汇丰在2009年第一季度显然是虚盈实亏。与此相反，摩根士丹利却因经营改善导致信用等级提高而不得不在2009年第一季度确认了15亿美元的负债公允价值变动损失。若不尽快修改公允价值会计这一显而易见的缺陷，金融机构对外报告的经营业绩将被严重扭曲从而误导投资者和债权人。为了解决这一被广为关注的问题，IASB于2010年5月11日公布了"金融负债：分类与计量——公允价值选择权"的征求意见稿，提出了两步法的思路。对于采用公允价值选择权对金融负债进行计量的报告主体，第一步要求将金融负债的公允价值变动全部计入利润表，第二步要求将因自身信用等级变动所造成的金融负债公允价值变动从利润表中转出，列示于综合收益表。显而易见，两步法是一种折衷的方案，既避免了将自身信用变动引起的公允价值计入利润表可能造成的业绩扭曲和业绩波动，又能够让报表使用者了解自身信用变动对金融负债公允价值的影响。笔者认为，这种折衷方案并没有最终解决这一问题，而仅仅改变其报表呈报方式。将这一令人困扰的问题列入综合收益表，是否有助于报表使用者做出决策值得研究。笔者发现，综合收益表似乎已成为缓解矛盾的归宿，任何有争议的问题都可转入这张报表，综合收益表有成为收集问题"垃圾筒"之嫌。如果这种趋势不改，综合收益表的作用将大打折扣。

时确认公允价值变动损失和金融资产减值损失，有助于恢复而非危害金融稳定，日本20世纪80年代末至90年代初对泡沫资产久拖不决给日本经济长期造成的破坏性影响就是明显的例证；（5）暂停或终止公允价值会计，无助于恢复市场信心，反而可能因不能及时了解金融机构受危机影响的程度而造成市场恐慌；（6）公允价值会计只是传递市场情况的信使，将金融危机怪罪于公允价值会计并要求将其废除，无异于"射杀信使"；（7）公允价值会计准则早就为极端市场情况准备了"短路机制"，明确规定在财务状况恶化时被迫出售（forced sales）金融资产的价格不属于公允价值，且金融危机发生后准则制定机构发布的指南规定，对缺乏活跃交易市场的特定金融产品（如MBS，即抵押贷款支持证券），若金融机构管理层认为市价不能代表其真实价值，可采用内部模型（即折现现金流量法）进行估值和计价；（8）公允价值会计并不完美，需要改进，但没有更好的替代，退回历史成本显然不是解决问题的办法，尤其是对衍生金融工具和结构性金融产品而言，公允价值是唯一可行和合理的计量方法。

尽管对公允价值会计优劣与存废的争论见仁见智，但反对和支持的论点无疑为IASB改革和重塑公允价值会计和金融资产减值计提方法提供了正反两方面的视角和依据。具体地说，反对公允价值会计的令人信服的论点从技术层面为IASB指明了改革的方向和领域，而支持公允价值会计的令人信服的论点也从技术层面上增强了IASB对公允价值的信心和信念，避免IASB在改革过程中矫枉过正。

在政治层面上，以G20（20国集团）、FSB（金融稳定理事会）、FCAG（金融危机咨询组）以及其他国际组织（如欧盟和巴塞尔委员等）为代表的政治势力的强势介入，无疑成为公允价值会计改革的催化剂，既对IASB构成压力，也为IASB提供了改革动力。值得一提的是，G20、FSB 和 FCAG 针对公允价值会计改革提出的意见和建议特别具有针对性，在很大程度上影响了 IASB 的改革方向和思路。

G20 于 2009 年 4 月在伦敦召开的首脑峰会，就会计改革提出六点重要建议：（1）在保持公允价值会计框架的情况下，以流动性和投资者持有期限为基础，完善金融工具估值准则；（2）降低金融工具会计准则的复杂性；（3）通过采纳更广泛的信用信息强化贷款损失拨备的会计确认；（4）改进减值计提、表外风险暴露和估计确定性的相关会计准则；（5）加大国际趋同力度，尽快建立单一的高质量全球会计准则；（6）国际会计准则基金会在其作为独立会计制定程序的框架下，应通过对 IASB 成员构成的审查，提高包括审慎监管部门和新兴市场在内的利益攸关方在准则制定中的参与程度。

作为 G20 首脑峰会的协调和监督机构，FSB 提出的改革建议涵盖面非常广泛，既包括金融监管、公司治理、薪酬激励等制度安排，也包括资本监管、风险管理、会计审计等技术问题。其中，与公允价值会计改革相关的建议主要包括：（1）探索利用前瞻性信息确定贷款拨备的减值模型，以缓解顺周期效应；（2）改进公允价值计量准则，且不应当扩大公允价值的运用范围；（3）改进表外金融工具的会计和披露准则，进一步提高透明度；（4）准则制定机构应加强与金融监管部门的联系与合作，在金融工具准则方面更多地征询其意见；（5）IASB 和 FASB 在简化金融工具准则、制定新的金融资产减值准则等方面采用趋同的做法，避免各行其是。

成立于 2008 年 12 月的 FCAG，是为 IASB 和 FASB 应对全球性金融危机所涉及的财务报告问题提供高级咨询的机构。FCAG 从四个原则出发，向 IASB 和 FASB 提出了具体的改革建议。第一个原则为

"有效的财务报告",具体建议包括(1)IASB和FASB应当将简化和改进金融工具准则作为最高优先议程,既要有紧迫感,又要广泛征求意见;(2)在减值等领域,IASB和FASB应当采用趋同的解决办法;(3)在金融工具项目上,探索按已发生损失模型计提贷款拨备的替代方案,新的拨备法应更多地运用前瞻性信息,替代方案包括预期损失模型和公允价值模型;(4)如果选择预期损失模型,应当充分关注可能降低透明度的"盈余管理"问题;(5)在金融工具项目上,重新考虑金融机构和企业根据自身信用情况变化确认负债公允价值变动利得或损失的恰当性;(6)与金融工具、合并、终止确认和风险披露相关的会计准则,对审慎监管当局具有特殊重用性,IASB和FASB应当继续征询相关审慎监管当局的意见。第二个原则为"财务报告的局限",具体建议包括:(1)在联合的概念框架项目中,IASB和FASB应当澄清财务报告的局限(不能反映宏观经济变动的影响;取决于运作良好的市场提供可靠数据;取决于金融机构和其他企业主体采用恰当程序对价格的验证、对资产和负债的估值);(2)使用者应当认识财务报告的局限性,应当发挥自己的判断并保持应有的审慎;(3)建议相关监管当局确保对柜台交易市场(特别是结构产品和衍生产品市场)建立强有力的价格验证机制,以确保市场价格的透明度;(4)企业特别是金融机构应当建立有效的价格验证制度,不断提高资产和负债的估值水平,为确保价格验证最有效,出售、交易和其他商业职能应当彼此独立。第三个原则为"会计准则的趋同",具体建议包括:(1)IASB和FASB应当竭尽全力达成趋同的解决方法,尤其应当在应对金融危机中的项目和谅解备忘录涉及的项目中加快趋同步伐;(2)各国政府、金融市场参与者和全球企业界应当积极支持制定单一的高质量会计准则;(3)那些已经宣布将与IFRS保持趋同的国家,应当制定采纳或与IFRS保持趋同的切实可行的时间表;(4)即使会计准则实现了趋同,财务报告仍然会因不同国家或地区审计准则的差异以及执行会计准则的差异而存在差异。相关国际组织应当关注并采用趋同的解决方法、共同的解释以使不同国家的准则制定机构保持协调。国际会计师事务所在这方面可以发挥重要作用。第四个原则为"准则制定机构的独立性和受托责任",具体建议包括:(1) IASB和FASB应当将金融工具项目作为其工作的重中之重,且不得在恰当程序(due process)上妥协;(2) 为了确保其工作在紧急情况下得到普遍认可,IASB和FASB应当事先界定采用变通恰当程序的特殊情况,并制定确保在这些特殊情况下获得最广泛的征询意见;(3) 作为受托责任的一部分,政策制定者可以且应当表达其关注的问题并为准则制定提供支持,但应避免预先设定准则制定的特定结果。惟有如此,才能确保公众对准则制定程序独立性的信心,进而提高公众对财务报告和金融体系的信心;(4) 为确保其独立性免受不当影响,IASB应当建立基于公平、强制的永久性资金筹措机制;(5) 为了增强权威性,IASB监督委员会的人员构成应当在地理分布上扩大代表性,包括吸收更多国家的证券监管部门参与。

可见,全球性金融危机不仅暴露了公允价值会计的一些技术缺陷,也为不同政治力量强势介入公允价值会计改革与重塑提供了契机。可以说,以G20、FSB和FCAG为代表的政治力量为后危机时代会计改革确定了路线图,IASB目前基本上是沿着这张路线图从事具体的修订工作。政治力量高调介入专业性很强的会计改革,是福是祸,利弊得失,尚待历史检验。

(二) 公允价值会计的改革方向与领域

概而言之,政治力量为后危机时代会计改革描绘的路线图主要聚焦在三个方向：降低金融工具会计准则的复杂性、缓解公允价值会计的顺周期效应、增强金融机构财务信息的透明度。IASB 基本认同这些改革方向并提出相应的改革举措。在降低金融工具会计准则复杂性方面，IASB 准备在 2010 年年底前，分三个阶段完成对第 39 号国际会计准则（IAS39）的替换：(1) 简化金融资产的分类和计量，将金融资产由过去的四分类改为二分类[①]；(2) 采用单一的减值模型，终结多种减值模型并存的格局；(3) 改革套期繁琐规则，简化套期会计处理。在缓解公允价值会计顺周期效应方面，IASB 采取的改革举措包括：(1) 改革金融资产减值模型，探索以预期损失模式（expected loss model）取代已发生损失模型（incurred loss model）；(2) 为缺乏流动性的金融资产公允价值计量提供更详细的指引，允许报告主体在业务模式发生变化的情况下对金融资产进行重分类；(3) 赋予金融机构和企业更大的公允价值选择权，以降低金融资产和金融负债在计量上产生的错配效应（mismatch effect）。在增强金融机构财务信息透明度方面，IASB 的改革举措也包括三方面：(1) 改进风险披露准则，大幅增强有关金融工具风险披露的内容；(2) 强化合并报表的管理，特别是对特殊目的工具（SPV）的并表管理；(3) 完善终止确认标准，大幅提高证券化业务的终止确认门槛。

上述三个会计改革方向中，第一和第二个方向触及后危机时代公允价值会计改革与重塑的核心。在简化金融工具相关会计准则方面，IASB 已经完成了第一阶段的工作。2009 年 11 月 12 日，IASB 正式发布了《第 9 号国际财务报告准则——金融工具》（以下简称 IFRS 9）。IFRS 9 要求报告主体根据管理金融资产的业务模式和契约性现金流量的特征，将金融资产划分为三类：按摊余成本计量的金融资产和按公

---

① 迫于保险公司巨大的游说压力，IASB 后来又将二分类改为三分类。

允价值计量且其变动计入当期损益的金融资产以及按公允价值计量且其变动计入其他综合收益的金融资产。其划分标准和流程如图1所示：

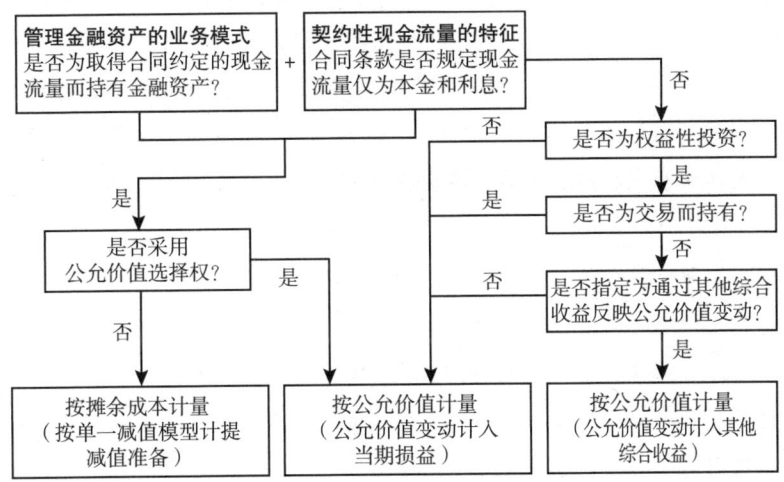

图1 金融资产划分标准和流程图

IFRS 9将金融资产由四分类改为三分类，不仅简化了金融资产的类别及其会计处理，而且统一了金融资产的减值模型，要求金融机构和企业必须采用单一的减值模型对按摊余成本计量的金融资产计提减值准备，不再允许采用多种减值模型[①]计提金融资产减值的做法。此外，公允价值变动的处理方法也予以精简，只有为非交易目的而持有的权益性投资，其公允价值变动方可选择通过其他综合收益予以反映，其他金融资产公允价值的变动均必须直接计入当期损益。

---

① 根据IAS 39的规定，按摊余成本计量的金融资产（包括持有至到期以及贷款和应收款等金融资产），采用未来现金流量模型计提减值准备，减值按未来现金流量现值低于账面余额之间的差额确定，而按公允价值计量的可供出售金融资产，采用公允价值模型计提减值准备，减值按公允价值低于账面余额之间的差额确定。

至于套期会计的简化工作，IASB目前尚未完成。但根据2008年3月颁布的讨论备忘录《降低金融工具复杂性》，可看出IASB对这项工作的思路。IASB拟淡化繁琐的规则基础，改按原则导向对套期会计进行规范，具体的简化建议包括：（1）套期项目一经指定，就不可撤销；（2）禁止对特定项目进行部分套期，只允许全额套期；（3）取消80%~125%追溯式的有效性测试；（4）放松或取消对组合套期的"类似项目"测试；（5）不论预测中的交易是否按计划发生，现金流量套期损益的重分类在套期伊始就应载明并计入当期损益。

金融工具会计准则之复杂，长期为业界所诟病。早在全球性金融危机全面爆发前，降低金融工具会计处理的复杂性就已经列入IASB和FASB的议事日程。IASB和FASB甚至提出所有金融工具均按公允价值计量的设想，这一设想可谓简化金融工具会计处理的终极方案，因为如果所有金融资产和金融负债均按公允价值计量，就不需要：（1）对金融资产进行分类；（2）对金融资产进行减值测试；（3）对金融资产转移进行规范；（4）对嵌入式衍生工具进行拆分[①]；（5）对套期会计进行规定。另外，这一旨在降低金融工具会计处理复杂性的终极方案，又会在公允价值计量方面产生新的复杂性，特别是对于缺乏流动

---

① 可转化债券中的转股权就是一种典型的嵌入式衍生工具（embedded derivative）。可转换债券这种金融工具一般由两个组成部分，在债券这一主合同中嵌入可以转换成股票的期权（即转股权）。根据IAS 32的规定，转股权应从债券这一主合同中拆分出来并单独进行会计处理。债券主合同作为负债并以摊余成本计量。转股权的会计处理则取决于转股条款的规定，如果转股权条款规定以固定金额换取固定数量的股份，并且附设防稀释条款以使可转换债券持有人与股东享有相同的经济权利，则转股权计入股东权益，对损益没有影响。否则，转股权应当作为衍生工具计入负债，并以公允价值计量且其变动计入损益。转股权的公允价值计量相当复杂，一般按考虑了股价波动因素的期权定价模型（如Black and Scholes模型）进行估值。但在新兴市场经济国家，即使是较为成熟的定价模型对转股权、认沽权等期权的估值结果往往与实际情况相差甚远。在转股权不能可靠计量的情况下，IAS 32并没有明确说明是否允许背离公允价值基础，这无疑加大了嵌入式衍生工具会计处理的复杂性和不确定性。从IASB于2010年5月颁布的金融负债计量征求意见稿看，对可转换债券等嵌入式衍生金融工具的会计处理迄今没有作出改变，仍然要求分拆。

性的金融资产，其公允价值计量的可靠性高度依赖于建模技术、模型假设、数据来源以及管理层的估计和判断。面对金融界对公允价值的诸多指责，后危机时代准则制定机构要将上述终极方案付诸实施，可能性微乎其微。比较现实的选择是在维持金融工具双重计量的前提下，对金融工具会计准则尽可能精简。

在金融工具实行双重计量的情况下，如何对按摊余成本计量的金融资产计提减值准备，成为准则制定机构难以回避的问题。全球性金融危机发生后，金融界和政界对当前会计界采用的已发生损失减值模型[1]提出严厉抨击。IASB将这些批评归纳为以下六个方面[2]：

（1）这种模型内在逻辑不一致，因为报告主体在对金融资产进行初始计量时就考虑了预期损失，但确定用于后续计量的实际利率时却忽略了预期损失因素，结果导致在损失事件发生前对利息收入产生系统性的高估。

（2）已发生损失滞后于预期损失，由于要求以触发事件或减值迹象作为确认减值的前提，信用风险的变化未能及时得到确认，导

---

[1] 减值模型是指用于确定按摊余成本计量的金融资产何时发生减值以及减值如何计量的方法，包括已发生损失模型（incurred loss model）、预期损失模型（expected loss model）、公允价值模型（fair value model）和经济周期模型（through-the-cycle model）。在已发生损失模型下，报告主体只有在获得证据（如贷款或货款逾期未还、抵押品贬值等）表明信用损失已经发生的情况下，方可确认金融资产的减值损失。在预期损失模型下，报告主体在发放贷款或赊销产品时，就必须预计未来信用损失，将金融资产未来现金流量现值低于其账面价值的差额确认为减值准备，并从确认的收入中扣减。在公允价值模型下，报告主体在发放贷款或赊销产品后，如果金融资产的公允价值低于其账面价值，必须将其差额确认为减值准备，并计入当期损益；在经济周期模型下，报告主体在发放贷款或赊销产品时，必须根据统计参数估计金融资产的减值，并计入当期损益。

[2] IASB, Basis for Conclusions, Exposure Draft, ED/2009/12, Financial Instruments: Amortized Cost and Impairment.

致对信用损失的确认被系统性推迟。而当触发事件或减值迹象表明金融资产确已发生减值时,就必须在当期确认损失,从而产生所谓的"悬崖效应"①。

(3)已发生损失模型既与报告主体的定价决策方式不一致,因为金融工具的定价包含了旨在补偿信用损失的风险溢价,也与报告主体的风险管理方式不一致,因为在风险管理中必须明确考虑预期信用损失。

(4)已发生损失模型要求只有存在充分证据(触发事件已发生或减值迹象很明显)表明损失已发生时,方可确认减值,导致不同报告主体按不同的触发事件或减值迹象进行减值测试,对类似金融资产的减值认定和处理存在很大差异,严重降低了可比性。

(5)当信用损失的初始预期逐步明朗化,预期损失变成"已发生",按照这种模型的要求,报告主体就必须确认一项损失,这似乎在暗示金融资产的质量在恶化,而实际情况并非如此,这项损失早在意料之中。可见,已发生损失模型不能准确反映金融资产的经济现实。

(6)已发生损失模型对何时转回已确认的减值损失语焉不详。

鉴此,金融界和政界强烈呼吁废除已发生损失模型,改用有助于缓解顺周期效应的减值模型,提出的可供选择方案包括预期损失模型、

---

① 英文为 cliff effect,是指金融机构发放贷款时因无需立即确认预期信用损失,确认了较高的收益,而在损失事件发生时期,必须确认已发生的信用损失,造成当期收益骤然下降。在经济不景气时期,这种"悬崖效应"极易引发严重的顺周期效应,加剧并放大金融系统的不稳定。

公允价值模型和经济周期模型（其中最具代表性的是动态拨备法[①]）。经过认真权衡，IASB 倾向于选择预期损失模型，基本将公允价值模型和经济周期模型排除在外。表 1 列示了金融资产不同减值模型在会计处理上的异同。

表 1　　金融资产不同减值模型及其会计处理特点[②]

	已发生损失模型	预期损失模型	公允价值模型	动态拨备法
减值的确定方法	按摊余成本计量的金融资产，其减值等于未来现金流量现值低于账面余额的差额；按公允价值计量的金融资产，其减值等于公允价值低于账面余额的差额	按摊余成本计量的金融资产，其减值等于未来现金流量现值低于账面余额的差额；按公允价值计量的金融资产不计提减值准备，公允价值变动计入当期损益	按摊余成本计量的金融资产，其减值等于公允价值低于账面余额的差额；按公允价值计量的金融资产不计提减值准备，公允价值变动计入当期损益	按摊余成本计量的金融资产，其减值采用统计参数估计，这些统计参数来自涵盖一个完整或几个经济周期的历史信用损失数。按公允价值计量的金融资产不计提减值准备，公允价值变动计入当期损益
初始实际利率（EIR）的确定基础	以初始计量和预期（合同约定的）现金流量（不含未来信用损失）为基础	以初始计量和预期现金流量（含未来信用损失）为基础	以初始计量和预期现金流量（含未来信用损失）为基础	以涵盖整个经济周期的信用风险为基础
对减值性质的认定	贷款或赊销业务的一种成本	贷款或赊销业务的收入抵减	贷款或赊销业务的收入抵减	贷款或赊销业务的一种成本
收入确认的考虑因素和处理方法	不考虑未来信用损失，已发生信用损失计入当期费用	应考虑未来信用损失，且应从收入中扣减	应考虑未来信用损失，且应从收入中扣减	应考虑未来信用损失，并计入当期损失

---

　　① 动态拨备法（dynamic provisioning）是指监管部门要求银行在经济繁荣时期计提更多的贷款减值准备，以作为银行在经济衰退时期消化贷款减值的缓冲。

　　② 本表部分内容参考了 IASB Agenda Paper Comparison between possible impairment approaches，May 2009。

续表

	已发生损失模型	预期损失模型	公允价值模型	动态拨备法
减值测试的触发事件及迹象	减值测试以触发事件或减值迹象为前提（有证据表明损失已发生）	无需触发事件或减值迹象，对预期现金流量进行持续重估以确定是否发生减值	减值测试可能需要以触发事件或减值迹象为基础，需要根据公允价值变动判断是否减值	减值准备按公认的模型和自动的触发机制计提和转回
账面价值的重新计量	预期现金流量反映按初始EIR折现的已发生损失；无需调整市场因素；不考虑未来信用损失	持续更新的未来现金流量反映按初始EIR折现的预期损失；无需调整市场因素；考虑未来信用损失	若公允价值低于账面余额，账面余额代表公允价值；公允价值包含了信用相关变动（如流动性）	由计算公式驱动，代表初始损失；由权威机构确定模型参数
减值转回及相关利得的确认	确认减值损失后若发生触发事件，要求转回；转回额不得超过摊余成本	通过调整预期现金流量自动转回（无需触发事件）；上限为按初始EIR折现的合同现金流量	有可能转回；可根据触发事件转回，或只根据价值恢复转回	拨备额的下降应当反映为价值调整（通过当期损益确认，以抵消经济低迷期的损失）

IASB之所以将公允价值模型排除在外，主要是基于以下考虑：（1）按金融资产的公允价值计量减值损失，与以成本为基础的金融资产的计量属性不一致，而且会不恰当地增加复杂性；（2）金融资产的摊余成本按实际利率计算，相应地，其利息收入、减值损失也按实际利率确定，这种做法使得金融资产的账面价值、收入确认和减值计算之间保持相互关联，采用公允价值计量减值损失，将破坏这种关联性；（3）任何基于公允价值的减值方法，事实上都要求公允价值会计处理以或有事项（即满足一个或多个减值标准）为基础，这就会对减值触发事件或减值迹象提出要求，从而增加复杂性，实务工作表明运用减值迹象是十分困难的；（4）基于公允价值的减值方法，将导致在单一的计量类别中出现摊余成本模型与公允价值模型相互混淆，把这两种在概念上存在重大差异的计量模型混淆在一起，将产生重大的复杂性并在运用时滋生诸多问题，IAS 39之所以如此复杂，显然与此有关。

以动态拨备法为典型代表的经济周期模型,尽管有助于缓解顺周期效应,却未被IASB所采纳。IASB反对经济周期模型的主要理由包括:(1)这种模型并没有采用统计信息预测未来信用损失,而是仅仅依赖历史违约事件在每个报告期末确定减值"计提"水平,这将导致所计提的信用损失准备不能反映金融资产在计量日的经济特征;(2)有用的信息应当是中立的且能够反映所确认金融资产的经济特征,仅仅根据统计模型和参数,就确认减值损失准备,既不中立,也未必真实。

基于上述考虑,IASB于2009年11月5日发布了《金融资产:摊余成本与减值》的征求意见稿,拟以预期损失模型替代目前的已发生损失模型,以便在尽可能缓解顺周期效应的同时,最大限度地降低金融资产减值计提的复杂性。该征求意见稿的要点包括:(1)取得一项金融工具时,就应确定该资产的预期信用损失;(2)预期信用损失等于该金融资产未来现金流量现值低于其账面余额的差额,其中,未来现金流量属于期望值,代表按发生概率加权的可能结果,折算为现值时采用的是初始实际利率;(3)在金融工具存续期间,按合同利息收入减去预期信用损失的方式,确认净利息收入;(4)在金融工具存续期间,为预期信用损失建立专门的拨备账户;(5)在每个会计期间,必须对预期信用损失重新评估,信用损失预期的任何变动影响,立即确认为当期的损益;(6)预期信用损失既可按单项金融资产估算,也可按金融资产组合估算;(7)金融资产减值确认不需要以损失或触发事件(loss or trigger event)为前提。

预期损失模型若付诸实施,将意味着IASB在会计理念上发生了重大的变化,会计只确认已发生信用损失,不确认预期信用损失的传统惯例将被彻底颠覆,这固然有助于消弭会计界与金融界的长期纷争,但也在一定程度上体现了会计界对金融界的妥协。IASB认为,按预期损失模型计提金融资产的减值损失和减值准备,具有以下好处:(1)更好地反映金融资产的经济实质,弥合了信用损失会计处理与信用风险管理之间的鸿沟;(2)减值测试不再需要触发事件或减值迹象,消除了实务中由此导致的不一致现象,增强了金融资产相关信息的可比性;(3)利息收入的确认及时考虑了预期信用损失,更好地反映了报告主体在金融资产存续期间内预期赚取的经济利益;(4)避免不恰当地在金融资产持有的前期确认较多的利息,大幅缓解已发生损失模型下的"悬崖效应"(如图2所示),从而降低减值计提可能滋生的顺周期效应,真正体现"居安思危、平抑波动"的理念。

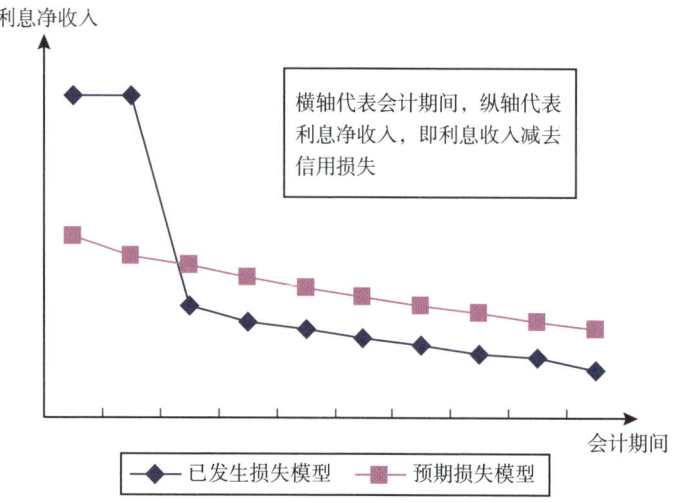

图2 预期损失模型与已发生损失模型对损益的不同影响

(三)对公允价值会计改革与重塑的评论

如前所述,金融危机暴露了公允价值会计的诸多缺陷,后危机时代对公允价值会计的改革和重塑势在必行。但也应注意到,这些缺陷在很大程度上是由极端市场条件（如投资者因恐慌而不计后果抛售金融资产、市场交易因流动性枯竭而陷于停顿）而引起的。笔者认为，百年一遇的金融危机本质上属于由黑天鹅事件（Black Swan Events，即难以预测的小概率、大影响事件）触发的系统性风险。在金融危机背景下，戴着有色眼镜审视现行的会计准则（包括公允价值相关的准则）、风险管理和金融监管，看到的必定都是这些制度安排的缺陷。殊不知，再好的制度安排也不一定能够经受黑天鹅事件所带来的系统性风险的冲击和考验。试图从系统性风险的角度评价和修正现行的制度安排，既不公正，还可能带来不当的社会成本。鉴此，会计准则、风险管理和金融监管等制度安排的修订，最好要有一个冷却期。在危机尚未全面结束之前，关于改革制度安排的讨论和建议是可取的，但最好不要操之过急，匆忙定论，否则，可能矫枉过正，适得其反。2008年10月13日，IASB允许对金融资产重分类，就是操之过急从而导致会计专业性不合理地臣服于政治现实性的一个明显例证。

应当承认，IFRS 9 的颁布表明 IASB 朝着降低金融工具会计处理复杂性迈出了重要的一步，但复杂性的降低程度相当有限。诚如对 IFRS 9 持反对意见的 IASB 委员詹姆斯·雷森林（James Leisenring）所指出的，只有按公允价值对所有金融工具进行计量[①]，才能一劳

[①] FASB 于 2010 年 5 月 26 日颁布了《关于金融工具的会计处理和衍生工具与套期活动会计处理的修订》的会计准则更新建议，采用的就是对几乎所有金融资产均按公允价值计量的思路。根据该建议，除了某些可赎回投资和核心活期存款负债外，其他金融资产均必须按公允价值计量。即使传统上按摊余成本计量的的贷款，也必须按"摊余成本-预期信用损失-公允价值调整=公允价值"的方式列报，只不过商业银行可选择将贷款的公允价值变动计入其他综合收益。FASB 的这一建议，不仅扩大了公允价值的运用范围，可能导致商业银行的业绩波动，因而遭到金融界的极大非议，而且与 IFRS 9 的做法背道而驰，使 FASB 和 IASB 在金融工具准则上的趋同陷入困境，令人质疑 FASB 与 IASB 保持合作的诚意。诚然，FASB 的这一建议将大幅降低金融工具会计准则的复杂性，但在计量上（尤其是缺乏流动性的金融工具计量）增加的复杂性有多大、带来潜在的经济后果有多严重，尚待评估和分析。FASB 的建议若付诸东流，在金融工具会计准则带来的将不是渐进式的改革，而是推倒重来的革命。

永逸地解决金融工具会计处理纷繁复杂的问题,也只有采用单一的公允价值计量模式,才能最大限度地提高金融资产相关信息的可比性,最大限度地降低金融工具会计处理的复杂性。但公允价值在计量上的复杂性和挑战性最终让IASB望而却步,不得不维持摊余成本与公允价值这种混合计量模式并存的格局。IFRS 9只是在金融资产划分类别上实现了简化,在金融资产的计量方面复杂性依然如故。只要金融资产继续采用混合计量模式,减值模型的选择、套期会计的规范、嵌入衍生工具的分拆、公允价值选择权的运用等高度复杂的问题就不会因IFRS 9的颁布而消失。此外,IFRS 9以管理金融资产的业务模型和契约现金流量的特征作为划分金融资产的标准,但这两个标准之间的关系(递进关系还是层级关系)并未得到清晰的阐述,在操作上高度倚赖于管理层的估计和判断。

IFRS 9招致批评的其他方面包括:(1)以业务模式作为金融资产的划分和计量基础,缺乏令人信服的理论依据,并可能导致相同的金融资产因业务模式的差异而采用完全不同的会计处理,从而削弱与金融资产相关的财务信息在横向和纵向上的可比性;(2)IFRS 9对业务模式和现金流量这两个划分标准的运用缺乏一致性。按照IASB的解释,如果持有金融资产的目的是为了取得合同约定的现金流量,而不是为了在到期前出售而实现公允价值变动收益,则应划分为按摊余成本计量的金融资产,但报告主体在合同期限届满前若将金融资产出售,并不意味着业务模式的改变,仍按摊余成本计量,这种相互矛盾的规定确实令人费解。第二个划分标准涉及的是金融工具的现金流量特征,要求报告主体必须判断合同约定的现金流量是否仅仅包括本金和利息,但对于在合同上相互关联的金融工具(如抵押债务债券的不同层级①),其现金流量特征却被忽略,而是要求报告主体"识别"(look through)发行主体的资产和负债结构。这种要求不仅前后不一致,而且在操作上高度复杂;(3) IFRS 9取消了权益性投资按摊余成本计量的例外原则,即使没有公开市场报价的权益性投资,也必须按公允价值计量,除非报告主体不能获取充分的更新信息以确定公允价值,或者公允价值的计量结果在较大范围波动且成本代表这一范围内公允价值的最佳估计。同时,IFRS 9又列出了表明成本不能代表公允价值的七个标志②,对例外原则严格限制。由于缺乏活跃的交易市场或没有公开市场报价,这类权益性投资的公允价值计量高度依赖于管理层的估计和判断,计量结果随意性很大且具有重大不确定性。按公允价值对这类权益性投资进行计量,所生成的信息不一定对决策有用,计量时却要耗费大量的信息收集成本,明显有悖于成本效益原则;(4) 对于为非交易目的而持有的权益性投资,IFRS 9赋予报告主体通过其他综合收益(other comprehensive income, OCI)反映公允价值变动的选择权,并规定一旦行使选择权,即使处置这类权益性投资,所形成的利得或损失也不得再循环至损益表,只有相关的股利收入才可确认。这一规定不仅导致对同样性质的损益项目采取差别化的会计处理,

---

① 抵押债务债券(简称CDO)一般分为三个层级:高级、中级和低级。高级层次(senior tranche)的持有人可优先获得本金和利息,但利率回报较低,中级层次(mezzanine tranche)又称夹层,其持有人获得本金和利息的优先顺序仅次于高级层次持有人,但利率回报较高,低级层次(junior tranche)又称权益层次(equity tranche),其持有人最后获得本金和利息,承担最大风险,相应地获取的利率回报最高。

② 这七个标志是:被投资单位业绩发生重大变化;被投资单位的技术和产品预期发生重大变化;被投资单位的权益、产品或产品市场发生重大变化;全球经济或被投资单位所处经营环境发生重大变化;可比主体的业绩或市场整体所蕴涵的估值发生重大变化;被投资单位内部发生了重大事件,如舞弊、纠纷、诉讼、管理层更换、战略调整等;外部交易的证据表明被投资单位的权益价值发生了变化。

而且低估了行使OCI选择权的报告主体的经营业绩，可能对投资者的决策产生误导；（5）IFRS 9在很多段落以罗列例子的方式对金融资产的划分进行规范，与IAS 39的做法如出一辙，这种带有明显规则基础色彩的做法与IASB所倡导的原则导向背道而驰，使其降低金融工具会计处理复杂性的功效大打折扣；（6）IFRS 9一旦付诸实施，很多在这次金融危机中发生大量损失且按公允价值计量的金融工具，将可改按摊余成本计量，这显然是为了迎合金融界的偏好，而不是出于良好会计理念、惯例和技术上的考虑。

在减值模型的改革方面，IASB拟以预期损失模型取代已发生损失模型，其主要逻辑基础是风险与报酬应保持对称。以金融业为例，商业银行通过发放贷款获取报酬（利息收入）的同时，也面临着信用损失风险。商业银行做出信贷决策时就清楚地预计到潜在的信用损失风险，并通过定价机制将这一风险因素考虑在内。换言之，实际利率的确定已经包含了预期信用损失的补偿，即信用风险溢价。因此，商业银行在发放贷款时就必须考虑预期信用损失对其利息收入确认的影响，并在贷款存续期间持续不断地评估预期信用损失及其对各期利息收入确认的影响。惟有如此，才能避免信用风险溢价与相关信用损失的确认产生时间上的错配（timing mismatch），财务报表才能真正反映商业银行实际赚取的经济报酬（利息收入减去信用损失），才能防止这种错配造成的"悬崖效应"引发在这次金融危机中被广为诟病的顺周期效应。此外，发放贷款并对其信用损失风险持续监控和管理，本来就是商业银行正常的业务模式。为此，巴塞尔新资本协议（Basle New Capital Accord，俗称Basle II）规定，商业银行在信用风险管理中，必须定期估算预期信用风险损失及其对资本充足率的影响，估算的公式为：$EL = PD \times LGD \times EAD$。其中，EL代表Expected Loss，即预期损失；PD代表Probability of Default，即违约概率；LGD代表Loss Given Default，即违约损失率；EAD代表 Exposure At Default，即违约暴露敞口。因此，以预期损失模型取代已发生损失模型，既与商业银行的业务模式保持一致，也与商业银行估算预期信用损失所蕴涵的理念相互契合。

从理论上说，预期损失模型既可缓解顺周期效应，增强金融系统的稳定性，亦有助于会计界的信用损失确认与金融界的信用风险管理在做法上实现耦合，弥合会计界与金融界由来已久的分歧。在对IASB于2009年6月25日发布的讨论稿"金融资产减值（预期损失模型）信息征询：预期现金流量法"[1]的反馈中，绝大多数意见认为预期损失模型所蕴涵的逻辑和理念明显优于已发生损失模型，但同时对预期损失模型在实务操作上的复杂性和高昂的成本深表关注。概而言之，预期损失模型若付诸实施，将在以下七个方面提出严峻的挑战。

基础设施方面的挑战。预期损失模型的适用范围过于宽泛，拟用于按摊余成本计量的所有金融资产。相比而言，大型商业银行运用预期损失模型的条件比较成熟，但要求非银行的金融机构（如保险公司、社保基金、退休基金）以及企业运用预期损失模式计提减值，将构成巨大挑战，因为这些报告主体缺乏持续评估信用风险的模型、流程、数据[2]和专业知识等基础设施。更重要的是，在新兴市

---

[1] IASB DP, "Request for Information（'Expected Loss Model'）Impairment of Financial Assets: Expected Cash Flow Approach", June 25, 2009

[2] 保险公司、社保基金和退休基金往往长期持有大量的债券组合，这些债券通常是从证券市场购买的。因此，它们不仅难以与债券发行人直接联系，而且难以获取债券发行人的信用风险信息。在这种情况下，只有从外部（如评信机构）获得可靠的信用风险信息，这些报告主体才有可能对所持债券组合的预期信用损失进行评估并据以测算减值损失。而外部信息的可获性及其质量，在很大程度上取决于所持债券的品种以及发行人的信息透明。由于数据的局限，保险公司、社保基金和退休基金若运用预期损失模型，必将困难重重。

场经济国家，金融机构在信用风险管理领域中的数据库建设、模型开发运用、风险评估技术以及专门人才储备等方面，尚处于初级阶段，运用预期损失模型的客观环境在相当长的时间内都不具备。

模型构建方面的挑战。即使是已经按巴塞尔新资本协议的要求对信用风险进行管理的大型商业银行，运用预期损失模型也将面临不少挑战。首先，大型商业银行关于信用风险的数据库，反映的更多是历史，而非未来，要将这些数据库转化为可用于持续评估预期信用损失所必需的具有前瞻性特征的数据库颇具挑战性；其次，大型商业银行根据巴塞尔新资本协议开发的违约模型，预测期只有一年，而IASB所倡导的预期损失模型，要求将违约概率的测算覆盖信贷资产存续期，优化违约模型从而大幅提高其预测期间，将是一项任重道远的任务；最后，大型商业银行按"EL=PD×LGD×EAD"方式确定的预期信用损失，与预期损失模型的要求存在较大差异，后者采用按违约发生概率加权的未来现金流量现值作为确定减值的基础，这意味着仅仅预测违约概率还不够，还需要测算这些违约事件在何时发生，因为现金流量现值受金额（amount）、发生时间（timing）和不确定性（uncertainty）这三个因素的影响；

内部控制方面的挑战。预期损失模型对金融机构的业务流程再造和内部控制改进提出新的挑战。以商业银行为例，信贷业务至少经历风险评估、资产定价、贷款发起、质量监控和会计处理等五个流程，且每个流程由不同部门独立开展。这意味着一笔贷款的未来现金流量现值要由不同流程和部门独立测算，这就要求商业银行建立更加严格的内部控制，为不同流程和部门如何测算未来现金流量现值提供操作指引，并对不同流程和部门测算的差异处理权限和相应的报告机制加以规定；

金融监管方面的挑战。预期损失模型将给监管部门带来前所未有的挑战。这种减值模型高度依赖于报告主体管理层的估计和判断,信息透明度较低,为监管规避和盈余操纵提供了很大空间。金融监管部门需要判断金融机构所计提减值准备的合理性,才能提出相应的资本监管要求,金融机构的管理层是否滥用预期损失模型的自由裁量权以规避资本监管,就成为金融监管部门不得不正视的问题。同样地,如何判断金融和非金融机构等上市公司是否利用预期损失减值模型调节利润从而达到操纵股价等目的[1],也将成为证券监管部门难以回避的棘手问题;

独立审计方面的挑战。预期损失模型将大幅增加审计难度和诉讼风险。由于预期损失模型取消了以损失事件或触发事件作为确认金融资产减值损失的前提条件,计提减值准备不再需要充分确凿的证据,已发生损失模型给注册会计师所留下的审计轨迹在预期损失模型下将荡然无存,这必将加大审计的难度和成本,当会计估计和判断出现意见分歧时,无形中为被审计单位管理层留下与注册会计师讨价还价的余地和空间。此外,预期损失模型固有的不确定性,很容易将注册会计师卷入代价高昂的诉讼旋涡中;

利率环境方面的挑战。预期损失模型所蕴涵的基本假设是,利率包含了预期信用损失(即风险溢价的弥补)。在实行利率市场化的发达国家,这一假设无可厚非,但在新兴市场经济国家,这一假设很可能不成立。在新兴市场经济环境下,金融市场的竞争不是很充分,利率并非完全市场化。即使是对信用风险较高的借款人,商业

---

[1] 以在创业板上市的公司为例,根据相关规定,这类上市公司原始股东的股票禁售期为三年。如果采用预算损失模型,这类上市公司的管理层(他们往往持有大量的股份)就有可能在禁售期利用特别保守稳健的估计和判断,将本应确认的收入和利润推迟至禁售期后确认,为禁售期后股价上涨做铺垫。

银行也不一定能够通过提高利率的方式,完全弥补其额外承担的预期信用损失。因此,在利率没有完全市场化甚至是实行严格管制的经济环境下,预期损失模型是否适用在理论层面仍然存在较大争议。

成本效益方面的挑战。预期损失模型涉及大量的执行成本,包括业务疏理成本、数据收集成本、模型开发成本、系统更新成本、人员培训成本、审计和监管成本等,但所耗费的高昂成本能否带来预期的效益仍有待判断。由于需要在金融资产获取时及其存续期间对预期信用损失进行持续评估,报告主体所确认的收入(利息收入或营业收入)具有暂估和不确定性的性质。按这种方式确认的收入,反映的不一定是金融资产信用风险和信用损失的变化,很可能是对信用风险和信用损失预期的变化。将预期变化作为收入确认的调整,这种信息是否会对财务报告使用者的决策产生误导,仍是一个悬而未决、尚待检验的问题。

主要参考文献：

［1］黄世忠. 金融危机触发的公允价值论战［J］. 中国金融，2009（15）：35-37.
［2］黄世忠. 公允价值会计的顺周期效应及其应对策略［J］会计研究，2009（11）：23-29.
［3］陆建桥，朱琳. 跟踪国际 主动参与 积极应对 深入研究金融工具会计最新动向与对策［J］. 会计研究，2010（2）：13-18.
［4］EFRAG. Impairment of Financial Assets: The Expected Loss Model.2009. www.efrag.org.
［5］FCAG. Report of the Financial Crisis Advisory Group. July 28.2009.www.iasb.org.
［6］FSF. Report of the FSF Working Group on provisioning. March.2009.www.fsb.org.
［7］IASC Trustees Foundatiton. Letter to President Barack Obama.September 15.2009.www.iasb.org.
［8］IASB. DP.Reducing Complexity in Financial Instruments.March 18.2008.www.iasb.org.
［9］IASB. DP, "Request for Information ('Expected Loss Model') Impairment of Financial Assets: Expected Cash Flow Approach" .June 25.2009.www.iasb.org.
［10］IASB.Agenda Paper. Comparison Between Possible Impairment Approaches，May. 2009. www.iasb.org.
［11］IASB. IFRS 9 Financial Instruments.2009.
［12］IASB. Exposure Draft ED/2009/12.Financial Instruments: Amortised Cost and Impairment.2009.
［13］Wallison，P.2008 Fair value accounting: a critique.www.aei.org.

访问英国肯特大学

八、移动互联网时代财务与会计变革与创新[①]

署名：黄世忠

摘　要：本文尝试分析移动互联网时代的商业模式创新、资源整合理念、智能制造模式对财务会计、财务管理、管理会计的影响和启示，希望引起更多的关注和讨论，共同推动会计学科的繁荣与发展。

关键词：商业模式；资源整合；智能制造；财务会计；财务管理；管理会计

1991年万维网（world wide web）的诞生，开启了人类的互联网时代，2007年苹果公司推出以因特网为基础的智能手机（iPhone），推动人类迈入了移动互联网时代。国家互联网信息中心的统计数据表明，截至2014年底我国网民总数已达6.49亿，85.8%的网民通过手机上网。移动互联网不仅改变了我们的生活和工作方式，而且颠覆了传统的商业模式。若不出意外，1999年创立的阿里巴巴的商品交易总额（GMV）很快将超过1962年成立的沃尔玛[②]，这意味着世界上最大的虚拟店超越了世界上最大的实体店。此外，以

[①] 本文发表于《财务与会计》2015年第11期，获《财务与会计》2015年度优秀论文一等奖。

[②] 2016会计年度阿里巴巴的商品销售总额（GMV）折合4850亿美元，超过沃尔玛的4786亿美元销售收入。2017和2018会计年度，两者的差距进一步扩大，2017和2018会计年度，阿里巴巴的商品销售总额分别为5540亿美元和7408亿美元，而沃尔玛这两个会计年度的销售收入只有4813亿美元和4957亿美元。

小米、海尔为代表的智能制造,让我们看到了工业4.0在中国落地生根的曙光。移动互联网时代下的技术迭代快速,商业模式创新层出不穷。在营商环境发生天翻地覆的背景下,财务会计、财务管理和管理会计的理论和实务已经严重滞后于实践的发展,如果不与时俱进,就有被边缘化的危险。本文尝试分析移动互联网时代的商业模式创新、资源整合理念、智能制造模式对财务会计、财务管理、管理会计的影响和启示,希望引起更多的关注和讨论,共同推动会计学科的繁荣与发展。

(一)商业模式创新对财务会计的影响和启示

强森(Johnson)等在《如何重塑商业模式》一文中指出,商业模式就是如何创造和传递客户价值和公司价值的系统[①]。过去,我们比较重视技术创新,对商业模式创新重视不够。对此,管理大师彼得·德鲁克曾经告诫我们:现在企业之间的竞争,已经不是产品之间的竞争,而是商业模式之间的竞争。在产品经济时代,我们对德鲁克的告诫领悟得还不太透彻,但在移动互联网时代,我们日益感受到商业模式的重要性,同样的产品、同样的质量,同样的品牌,采用不同的商业模式,可以产生截然不同的竞争力和盈利能力。

BAT(百度、阿里巴巴、腾讯)的商业模式创新令人叹为观止。百度通过"免费搜索+有偿广告"的商业模式,在广告业异军突起,2013年取代了中央电视台,成为我国最大的广告平台,2014年其广告收入比中央电视台多了近200亿元。阿里巴巴则通过"交易撮合+

---

① Mark W.Johnson, Clayton M.Christensen, Henning Kagermann, "Reinventing Your Business Model", Harvard Business Review, August, December 2008.

服务收费"的商业模式,彻底颠覆了传统的商业零售和批发,成为我国最大的商品交易平台,2015会计年度(截至3月31日)阿里巴巴的商品销售总额(GMV)高达2.444万亿元。不可思议的是,尽管交易规模如此庞大,但阿里巴巴的存货为零,且没有工厂、仓库、商店和物流,其最大的资产就是近1400亿元的现金性资产,这就是商业模式创新的威力。腾讯的商业模式更具传奇色彩,通过"免费社交服务+有偿网络游戏"的商业模式,迅速确立其在网络游戏行业的龙头地位,成为全世界最大的网络游戏平台,2014年的网络游戏收入高达450亿元。

移动互联网时代日新月异的商业模式创新,对财务会计具有深远的影响和重要的启示。

首先,商业模式创新亟需拓展资产要素的定义、放宽会计确认的标准。用户数量、用户黏性、数据资产、交易平台、支付平台、商业模式、行业地位等要素,对于移动互联网企业维持其核心竞争力和价值创造能力至关重要,但因其不符合现行的资产定义,且难以可靠计量,往往被排除在资产负债表之外。值得一提的是,国际会计准则委员会(IASB)2015年5月发布的财务报告概念框架征求意见稿(ED)将资产重新定义为:主体因过去事项而控制的当前经济资源,而经济资源是有产生经济利益潜力的权利[1]。与现行定义相比,新的资产定义不再强调资产预期能够带来未来经济利益,仅仅强调有产生经济利益的潜力。此外,ED对会计确认标准也有所放松,只要符合相关性、如实反映和成本效益原则,就应当确认资产。尽管IASB对概念框架的修订并非针对新经济新业态的特殊需要,但

---

[1] IASB, Exposure Draft, Conceptual Framework for Financial Reporting, May 2015, www.iasb.org.

拟议中的资产定义和确认标准显然有助于移动互联网企业根据商业模式创新的需要,将用户、平台等要素确认为资产。

其次,商业模式创新亟需赋予企业更大的计量属性选择权。资产负债的分类、计量属性的选择将更多地依据商业模式,相同的资产和负债,因商业模式的差异,可以产生不同的分类,采用不同的计量方法。事实上,第9号国际财务准则(IFRS 9)就是根据商业模式和现金流量特征这两个标准,对金融资产的分类和计量加以规范的。移动互联网企业的商业模式创新方兴未艾,资产的效用大小取决于运用资产的方式方法,相同的资产采用不同的商业模式,其创造价值和现金流量的能力也将存在重大差异,"一刀切"的计量属性显然不适合新经济、新业态的营商环境,客观上要求准则制定机构赋予企业根据其特定的商业模式选择计量属性的权利。

再次,商业模式创新亟需完善财务报告特别是分布报告的披露。如前所述,腾讯采用第三方付费的商业模式,通过免费提供微信和QQ等社交服务,吸引一部分用户从事网络游戏进而获取收入和利润。分布报告显示,腾讯有四大业务板块,分别是增值服务(绝大部分为网络游戏)、网络广告、电子商务和其他服务。其中,2014年增值服务的收入和毛利分别为633亿元和427亿元,占腾讯当年收入和毛利总额的80%和89%,增值服务的毛利率高达67%。增值服务的毛利率如此之高,显然与腾讯没有将让用户免费使用的微信和QQ等社交平台的维护成本分摊到网络游戏有关。换言之,在"免费社交服务+有偿网络游戏"的商业模式下,分部报告如何编制和披露,有偿服务的收入如何与免费服务的成本相配比,是值得会计界探索的问题。如果这些问题不解决,腾讯等采用第三方付费商业模式的企业,其披露的分布报告将严重高估有偿服务的盈利能力,对报表使用者产生误导。

最后,商业模式创新亟需明确商业模式在财务报告中的角色。IASB在2013年5月发布的概念框架讨论稿(DP)[①],在第九部分专章讨论了商业模式在财务报告中的角色,从而引起不少争议。争议主要集中在三个方面:财务报告应否反映报告主体的商业模式;如何定义商业模式;在财务报告中导入商业模式将对概念框架产生什么影响。由于DP在征求意见过程中争议太大,IASB在ED中明显回避了商业模式,不仅篇幅大为缩小,而且语焉不详。这种回避态度与商业模式创新日新月异的氛围极不和谐。在这方面,国际整合报告理事会(IIRC)更加开明,其在2013年发布的整合报告(Integrated Reporting)中,旗帜鲜明地将商业模式作为核心要素,IIRC认为披露商业模式有助于使用者更加清晰地了解企业如何为社会、为股东创造价值。可见,在商业模式不断创新的时代背景下,会计界应当直面商业模式这一问题,准则制定机构需要澄清商业模式在财务报告中的角色、地位和作用。

(二)资源整合理念对财务管理的影响和启示

不论是国内的BAT,还是美国的AGM(苹果、谷歌、微软),其成功的经验都表明:资源整合决定成败!利用互联网信息平台整合资源,既是企业发展的大趋势,也是财务管理转型的关键点。资源整合理念迭代快速,经历了从"链式整合"到"网式整合"的发展阶段。"链式整合"是指以迈克尔·波特(Michael Porter)教授1985年提出的价值链分析(VCA)理论为基础的纵向供应链整合和横向的价值链整合。"网式整合"是阿里研究院2015年4月提出的新

[①] IASB, Discussion Paper, A Review of the Conceptual Framework for Financial Reporting, March 2013, www.iasb.org.

观点,即生产制造商、材料供应商、技术开发商、产品代理商和品牌策划商,以消费者的需求和偏好为中心,进行分工协作和资源整合。依靠资源整合、竞争合作、协同共生,通过外包(outsourcing)、众包(crowdsourcing)和联盟(alliance)等战略,实现轻资产和OPM(利用别人的钱赚钱)运营,已然成为新经济、新业态企业为社会、为股东创造价值的新途径和新方法。

苹果公司的资源整合堪称典范。如果没有采用外包这种资源整合方式,苹果公司将不得不增加数百上千亿美元的存货和机器设备,这不仅会增加其资金占用和利息负担,而且会加大存货跌价和固定资产减值风险。同样地,如果没有采用众包、网上音乐商店(iTune)和网上应用程序商店(APP Store)所结成的联盟关系进行资源整合,苹果公司不仅要增加大量的研发和销售支出,而且不能分享代销音乐和应用程序所分成的高额利润。根据笔者的测算,外包、众包以及iTune和App Store贡献的利润占苹果公司过去五年利润总额的60%以上。

移动互联网时代已不再是"单打独斗"的年代,而是"资源整合定成败"的年代。在生态网络日益盛行、资源整合纵横交错的营商环境下,企业之间的边界日益模糊,你中有我,我中有你,"无边界组织理论"应运而生,企业管理和财务管理已超越企业传统的边界。以单个企业或单个企业集团为边界的传统财务管理模式面临巨大的挑战,亟需变革,迫切需要拓展财务管理的边界。以生产制造商为例,即使其预算管理、成本控制、定价策略、运营资金、税务筹划、业绩评价、危机管理等财务管理工作做得再好,但与其协同配合的材料供应商、技术开发商、产品代理商、品牌策划商没有做好相应的财务管理工作,生产制造商的核心竞争力和盈利能力将大受影响。可见，将财务管理的边界由单个企业或单个企业集团延伸到整个供应链、价值链、生态网络，是大势所趋、环境使然。如何以资源整合为契机，构建崭新的供应链财务、价值链财务和生态网络财务，是值得会计界认真探讨的一个重大课题。供应链管理、供应链金融等领域所积累的丰富经验，或许可以为财务管理的变革提供有益的启示和借鉴。

在产品经济时代，"渠道为王"是做大企业规模的主要途径，但在移动互联网时代，将大量资源用在物理世界布设营销渠道已经过时，"渠道为王"甚至可能演化为"渠道为亡"。相反地，通过网络世界搭建社交、交易、支付、游戏、广告等平台的方式，不仅是做大企业规模的捷径，最符合成本效益原则，也是整合各方资源的最有效手段。新经济、新业态的"野蛮增长"，主要得益于平台战略，其成功经验可概括为"流量为王，平台是金"。流量为王是指海量的用户可以积聚人气，提升平台的关注度，增加访问量和交易量。平台是金是指平台可以汇集信息流、资金流和物流，对这些信息流、资金流、物流加以发掘和利用，就可衍生出无尽的商机。

以BAT和AGM为代表的平台型企业，其独特的资产负债结构也将使财务管理的重心发生位移。最新的年报显示，百度、阿里巴巴的存货均为零，腾讯的存货不到2亿元，现金性资产分别为575亿元、1391亿元和808亿元，占其资产总额的比例分别为58%、54%和47%。无独有偶，现金性资产也是AGM的最大资产项目。截至2015年6月，苹果、谷歌、微软的现金性资产分别为2028亿美元、742亿美元和1084亿美元，占其资产总额的比例分别为74%、53%和62%。现金性资产之所以成为BAT和AGM的最大资产项目，是因为它们都是平台型企业，交易、支付、游戏、广告、社交等平台，除了汇集海量的信息流和物流外，还可聚集庞大的资金流。如何对这些资金进行有效管理，使其效用最大化，自然成为平台型企业财务管理的核心，资金调度、资金增值、资金安全是这类企业财务管理的重点领域。推而广之，如何对平台所汇集的信息流、资金流和物流进行开发利用，是移动互联网时代财务管理面临的新课题、新任务，值得会计界深入探索。

最后，通过商业模式创新和实施平台战略带来的用户和资源积聚效应如何进行估值，是移动互联网时代财务管理面临的另一个新课题。产品经济时代的估值体系如重置成本法、现金流量折现法和市场法，在移动互联网时代已经不适合对TMT（电信、媒体和科技）企业的价值评估，亟需财务管理提出新的估值理论和方法。国内外的风险投资基金和投资银行界基于投资和承销的需要，对TMT企业的估值作了不少尝试，取得了一些阶段性的成果，如基于流量（用户）的梅特卡夫定律（Metcaffe's Law）、摩根斯坦利的折现权益估值分析法（Discounted Equity Valuation Analysis，简称DEVA法），以及国泰君安的估值模型（V=变现因子（K）×溢价系数（P）×[用户流量（N）的平方÷网络节点距离（R）的平方]）等。尽管这些估值理论和方法还不够成熟，且富有争议，但值得财务管理在创新估值理论和方法时学习、借鉴和完善。

（三）智能制造模式对管理会计的影响和启示

互联网＋、工业4.0已经成为移动互联网时代的热门话题。互联网＋与工业4.0既有联系，又有区别。互联网＋泛指利用云计算、大数据和物联网等现代信息技术，实现信息技术与制造业、服务业和农业的融合发展，工业4.0尽管也充分利用信息技术，但主要聚焦在制造业。工业4.0是由德国工程院院长孔翰宁（Henning Kagermann）博士在2010年提出的，2012年被德国政府被采纳，并成为德国振兴其制造业的国家战略。工业4.0又称第四次工业革命，是相对于人类的前三次工业革命（蒸汽机、流水线、信息化）而言。工业4.0利用基于"网络－物体系统"（CPS）的物联网（Internet of Things），将生产中的订单、采购、制造和销售系统的信息与机器设备串联在一起，实现快速、高效的智能制造。

工业4.0尽管还处于初步尝试阶段，但其智能化制造的先进理念已在小米、海尔等国内企业得到运用。小米2011年开始生产和销售手机，当年销售收入只有5亿元，2014年销售收入高达743亿元，预计今年可超过千亿元大关，估值更是超过450亿美元。更令人叹为观止的是，小米如此辉煌的成就是在没有一家工厂、没有一座仓库、没有一家物流公司、没有花费一分钱的情况下取得的。除了雷军总结的"专注、极致、口碑、快"的经验外，小米的成功之处在于其利用代工厂产能过剩的局面，通过智能制造和商业模式创新，制造出低成本、高性能的智能手机。智能手机是竞争空前激烈的"红海市场"，小米的成功表明，制造模式和商业模式的创新决定着企业的成败。

工业4.0开启的智能制造模式，为我国制造业的转型升级指明了方向，也对管理会计的变革和创新提出新的要求。首先，智能制造模式的一个显著特点是个性化小批量订制，成本核算的精细化势在必行，直接成本的归集和间接成本的分摊必须细化到每个订单，惟有如此，成本核算才能为每个订单的定价提供科学的决策依据；其次，智能制造模式的另一个特点是脱媒化营销，企业直接与客户打交道（B2C），不需要经过任何中间环节，这意味着管理会计必须在订价方面发挥更大作用。个性化订制与脱媒化营销这两个特点相互作用，每个客户和每笔订单都必须差别性定价，定价决策和成本核算将成为管理会计的核心功能；再次，智能制造模式的第三个特点是网络化协作，一件产品甚至一个零部件的生产，需要制造商与供应商、代理商、品牌商和技术开发商之间通力合作、协同配合，这就需要管理会计更多地关注协同效应分析，通过分工协作，优势互补，实现轻资产、去库存、低成本、快周转、高回报，将成为视野涵盖整个生态网络的新型管理会计所追求的财务目标；最后，智能制造模式背后功能强大的物联网以及发展迅猛的信息共享中心，将为作业成本法（ABC）的普及和推广奠定坚实的基础，困扰会计界的制造成本分摊将不复存在，流程再造的代价将大幅降低。所有这些将进一步凸显管理会计的决策功能，从事管理会计的人才结构将因此发生变化，不仅需要精通会计的人才，更需要谙熟IT、工程、业务和营销等方面的人才。

以上分析表明，商业模式创新、资源整合理念和智能制造模式等移动互联网时代的新思维、新观念，对财务会计、财务管理和管理会计产生了深刻的影响。会计界必须树立跨界创新的精神，因应时代和营商环境的变迁，对财务会计、财务管理和管理会计进行重大变革和创新，不断丰富会计学科的内涵，拓展会计学科的外延，推动会计学科的繁荣与发展。

第六部分　部分代表性论文

访问南非开普敦大学

九、会计的未来[①]

署名：黄世忠

摘　要：本文首先论述了会计从滞后性向前瞻性演进的发展趋势，指出会计愈来愈依赖于对未来现金流量的预计，会计正逐步演变为预计。其次分析前瞻性会计以及经营环境变迁导致专业判断的内涵和外延发生嬗变。最后从重构能力框架的角度，提出会计审计教育模式的改革建议。

关键词：会计；未来现金流量；预计；专业判断；教育模式

通过观察国际会计准则理事会（IASB）和美国财务会计准则委员会（FASB）最近几年的动向可以发现，伴随着财务报告概念框架潜移默化的影响、准则制定导向的改变、收益确定观念的转向，会计愈来愈依赖于对未来现金流量的预计。会计只反映过去不反映未来的信条正在被颠覆。作为会计审计职业的灵魂，专业判断的内涵和外延随着会计的演进和经营环境的变迁已发生嬗变，仅仅依靠会计审计的知识和经验，已经无法确保专业判断的质量。牵引会计审计教育改革的能力框架（Competence Framework），亟需重新审视和修订，以顺应会计从滞后性向前瞻性演进、专业判断从经验型向专家型转变的发展趋势。

[①] 发表于《财会通讯》2011年第12期，原来的题目为"从会计到预计：论会计的演进及其对专业判断和教育模式的启示，该文的英文版以"The Move Towards Forecounting"的标题2013年7月发表于ACCA杂志Accountancy Future。后作修改更新，刊发于厦门国家会计学院微信公众号"云顶财说"上。

（一）会计趋势——从滞后性向前瞻性演进

传统上，会计只反映过去，不反映未来。与此信条相适应，历史成本会计居于主导地位，利润表观成为收益确定的核心，只有已发生交易才纳入会计核算的范围，会计计量强调以真实的交易价格为基础。20世纪90年代以来，伴随着公允价值会计的勃兴，会计不仅要反映过去，也要反映未来，资产负债表观日益成为收益确定的重心，会计核算对象不仅包括已发生交易，也包括假设性交易（Hypothetical Transactions），会计计量既使用真实的价格，亦使用虚拟的价格（Artificial Price）。更重要的是，会计不论是在理论层面，还是在准则层面，或是实务层面，都愈来愈离不开对未来现金流量的预计。不夸张地说，对未来现金流量的预计，已然成为会计的核心所在。

从理论层面上看，概念框架对资产和负债的定义，要求会计将重心置于未来现金流量上。FASB在第6号财务会计概念公告《财务报表要素》中，将资产定义为"某一特定主体由于过去的交易或事项而拥有或控制的可预期的未来经济利益"，负债是"某一特定主体由于过去的交易或事项而承担的在将来向其他主体交付资产或提供劳务的义务，这种义务将导致预期的未来经济利益的牺牲"。IASB在《财务报表的编报框架》和财政部在《企业会计准则——基本准则》中，对资产和负债的定义虽然在表述上与FASB的定义略有差异，但均明确强调资产是可带来未来经济利益的资源，就是说，资产可以单独或与其他资产相结合，直接或间接地为企业创造未来现金流量。而负债则是将导致未来经济利益流出的义务，就是说，这种义务的履行将导致未来现金流量流出企业。因此，能否带来未来现金流量的流入或导致未来现金流量的流出，便成为确认资产或负债的试金石。相应地，资产和负债的计量越来越倚重于对未来现金流量的预计，也就不足为奇了。

从准则层面上看，资产负债观在收益确定中的强势回归，同样将会计焦点引向未来现金流量。收益确定是准则制定的核心领域，但在收益确定中历来存在着利润表观[①]与资产负债表观之争。佩顿和利特尔顿1940年撰写的《公司会计准则导论》，改变了几代会计人的思维和观念，资本性支出与收益性支出的划分、收入实现原则和配比原则等理念深入人心，收益确定中的利润表观成为准则制定者笃信的理论基础。利润表观主宰一切的局面，一直延续到20世纪90年代。由于受到财务报告概念框架潜移默化的影响，FASB和IASB过去10多年在准则制定中，明显转向资产负债观。与利润表观相反，资产负债观以资产和负债的变动作为确认收入的依据，在收入确认中将关注点聚焦在借方科目（资产的增加和负债的减少），而不是贷方科目（收入），资产和负债的计量（在很大程度上表现为对未来现金流量的预计）成为收入确认中的重中之重。譬如，IASB和FASB于2014年5月颁布并从2017年年底开始实施的"五步骤法"收入准则《源自客户合同的收入》，已经建立一套以合同为基础、以资产负债观为导向的全新的收入确认模式。该模式淡化了实现原则和配比原则，要求企业在识别合同权利（Contract Rights）和履约义务（Performance Obligations）是否产生资产和负债的基础上，在履行了合同的义务（即客户已取得对合同约定的产品或服务的控制）时，按照预期能够收到的对价金额（交易价格按预计发生的不同结果、发生概率和折现率折算的期望值）确认收入。因此，确认收入的前提是，企业必须能够对应收账款的期望值（即应收账款减去预期信用损失，也就是应收账款中可实现的未来现金流量）进行预计。

[①] 利润表观的另一种表述为收入费用观。

从实务层面上看，资产负债越来越多按公允价值计量或计提资产减值，同样将会计重心牵引至对未来现金流量的预计上。金融工具、公允价值、资产减值、收入确认、租赁、雇员福利、股份支付、无形资产、企业合并等准则的实施，均高度依赖于对未来现金流量的预计。特别是，IASB最近发布的许多准则和征求意见稿，在很大程度上奠定在对未来现金流量的预计上。例如，2009年11月IASB颁布的第9号国际财务报告准则《金融资产：分类与计量》，要求企业和金融机构对所有既无控制权又无重大影响力的股权投资均按公允价值计量，即使是对非上市公司的股权投资也不例外。根据IASB于2011年5月发布的第13号国际财务报告准则《公允价值计量》，对非上市公司的股权投资缺乏公开市场报价时，其公允价值只能采用收益现值法（具体操作时主要运用市盈率法或未来现金流量折现法）加以确定。又如，IASB关于金融资产减值的准则，要求以预期损失模型（ELM）替代已发生损失模型（ILM）以缓解潜在的顺周期效应。预期损失模型如何实施，颇具争议，但不论是2009年11月提出的"预期现金流量法"（Expected Cash Flow Approach），或是2011年1月和8月提出的"好账坏账法"（Good Book and Bad Book Approach）和"三组别法"（Three Bucket Approach），还是2014年7月最终确定的"三阶段法"（Three Stage Approach），金融资产减值的确认和计提都离不开对未来现金流量的预计。特别是，按照预期损失模型的要求，金融机构和企业不仅应根据历史经验测算客户的违约概率（PD）、违约损失率（LGD）和违约风险敞口（EAD），而且应当研判宏观经济走势、商业模式创新、技术变革速度等因素对金融资产存续期间现金流量的影响，并且将这些因素的未来影响在资产负债表日予以确认。简言之，预期损失模型不仅颠覆了会计只反映过去不反映未来的传统，而且有可能成为推动会计演变为预计的催化剂和里程碑。

(二）专业判断——从经验型向专家型转变

安然事件后，美国以规则为基础的准则制定模式广受诟病，IASB以原则为导向的准则制定模式备受推崇。原则导向的会计准则十分倚重专业判断。那么，何谓专业判断？传统上，专业判断是指会计审计人员依据其从业经验以及其所掌握的会计审计专业知识，在会计准则和概念框架内对不同会计方案（包括会计政策、会计估计和会计判断）和审计方案做出抉择。换言之，传统意义上的专业判断，属于以会计审计为基础的经验型专业判断，发挥专业判断对其他从业经验和其他学科知识的依赖微乎其微。伴随着会计从滞后性向前瞻性演进、对未来现金流量的预计日益成为会计的重心以及经营环境的变迁，专业判断的内涵和外延已发生嬗变。从内涵上看，专业判断的内容和对象已不再局限于会计审计。从外延上看，专业判断的时间纬度已不再囿于过去和现在。专业判断正从经验型向专家型转变，就是说，专业判断越来越依赖于其他领域和学科的专家意见和知识支持。专业判断不仅需要丰富的会计审计执业经验和知识，也需要经济、金融、法律、统计、经营、技术等学科的经验和知识。利用专家的工作，已成为专业判断不可或缺的基本要素。

会计的演进和专业判断的嬗变，不仅受到诸多内因（如概念框架、收益确定观、公允价值导向）的作用，也受到一系列外因（如经营环境的变迁）的驱动。概而言之，经营环境的变迁主要包括以下几个方面：

第一，世界经济正经历着从以产品买卖等短期合约为基础的制造业向以长期合约为基础的服务业过渡，ERP、因特网等服务合约覆盖的履约期限愈来愈长，客观上要求会计更具前瞻性，专业判断离不开对经济走势的研判和服务合约法律条款的把握。

第二,知识经济异军突起且发展迅猛,要求企业以未来现金流量或超额盈利能力为基础,评估人力资源、研究开发、品牌资源、商业模式和平台经济等无形资产的价值,会计审计人员需要运用经营学(人力资源管理、市场营销、品牌管理等)、工程学和经济学的知识,评估和判断这些虽不符合现行确认标准或难以可靠计量的表外资产对企业维持核心竞争力和为股东创造价值能力的影响。

第三,层出不穷的金融创新和日趋复杂的衍生产品,为客户提供了越来越多的避险工具和保值手段,对未来现金流量的预计成为金融工具会计处理的关键,专业判断的质量,直接受到会计审计人员是否掌握、能否有效利用金融工程(如估值理论、估值模型等)和数理统计(如概率论、多元回归等)知识的影响。

第四,创新的交易设计(如捆绑营销、出售回购、资产证券化等)、经营战略(如业务外包、技术联盟)和商业模式(如免费和第三方付费),既要求企业评估未来经营环境变化对交易对手持续经营和信用风险的影响,更要求会计审计人员掌握经营学和法律学的知识,对交易的经济实质进行判断。

第五,信息技术日新月异,产品生命周期越来越短,同样要求企业评估技术变革对现有固定资产和无形资产可能造成的减值影响,高质量的专业判断显然离不开对工程技术知识和经验的掌握或利用。

第六,以未来经营业绩为基础的期权计划和退休福利等创新型激励机制日益盛行,要求会计审计人员在发挥专业判断时以前瞻性思维、金融工程和精算学为基础,评估和计量未来导向型的薪酬计划对企业财务状况和经营业绩的影响。

第七,组织结构日趋复杂,旨在规避法律法规和会计准则的新型组织形式如特殊目的实体(SPE)、特殊目的工具(SPV)和可变权益主体(VIE)不断涌现,要求会计审计人员在发挥专业判断时必须掌握专有的法律和财务知识,以评估企业利用组织设计进行表外融资和交易安排的合理性和合法性。

(三)教育模式——从单学科向多学科发展

如上所述,内因和外因共同作用,不仅促使会计逐步演变为预计,而且使专业判断的内涵和外延发生了深刻变化。不难看出,专业判断的主动权正逐步远离会计审计人员的掌控,专业判断所必须具备的经验和知识日益超出会计审计领域。由此带来的问题是,以单学科为基础的传统教育模式是否应当顺应会计的演进趋势和专业判断的嬗变作出相应的改革?答案是显而易见的。会计审计以单一学科为特点的因循守旧教育模式,已经不能适应会计本质和专业判断的变化,亟需进行大刀阔斧的改革。

会计审计的教育模式,唯有从单学科向多学科发展,才能适应会计的演进趋势和专业判断的嬗变。会计审计教育模式的改革,目标在于提高专业判断的胜任能力,关键在于重构起牵引作用的能力框架。会计审计的学历教育和后续职业教育(CPE),应当以能够将会计学科与其他学科有效融合的能力框架为基础,重新调整课程设置。会计审计的本科教育不应再以强调技能性的职业教育为导向,而应当以强调知识性的素质教育为导向。宽口径的通识教育理应成为会计审计教育的主流，本科阶段不应过分强调专业性，更不宜将专业再细分为会计、审计、国际会计、财务管理等专业。本科教育应当强化数学、外语、经济、金融、统计、商务、法律、信息技术、商务沟通和职业道德等方面的课程设置，专业课程的设置应尽量做到少而精，只需要设置会计、审计和财务管理等原理性课程，再辅以会计审计理论、会计审计准则、财务报表分析等基本课程即可。只有到了研究生阶段，才应以模块化的方式强化专业课的课程设置。这里所说的模块化专业课程，主要包括四个方面：财务会计（如概念框架、合并报表、金融工具、收入确认、租赁和外币折算等）、审计方面（如绩效审计、风险评估、内控审计、舞弊识别、尽职调查、金融保险审计、事务所管理等）、财务管理（如内部控制、风险管理、预算管理、成本控制、绩效评价、收购兼并、融资投资、尽职调查等）、税务筹划（如比较税制、税收法规、转移定价等）。同样地，后续职业教育除了提供会计审计的知识更新外，应更加侧重从其他学科领域为从业人员提供有利于其更好发挥专业判断的专题培训（如企业估值、金融工程、商业模式、资本运作、技术管理等）。

必须说明的是，教育模式的改革虽然至关重要，但不可能提供"一站式"的终极解决方案。只有合理搭配具有不同专业背景和从业经历的多元化人才，不断优化企业财务部门和会计师事务所的人才结构，会计审计界才有可能凤凰涅槃，顺应会计从滞后性向前瞻性演进、专业判断从经验型向专家型转变的发展趋势。

主要参考文献：

［1］Cormier，D and M.Magnan.From Accounting to Forecouenting.Canadian Accounting Perspective.2005.onlinelibarary.wiley.com.

［2］Gibbins，M and A.K.Mason.Professional Judgment in Financial Reporting.CICA Research Study，1988.

［3］FASB.Statement of Financial Accounting Concept No.6.Elements of Financial Statements.1985.www.fasb.org.

［4］FASB.Statement of Financial Accounting Concept No.7."Using Cash Flow Information and Present Value in Accounting Measurements".2000.www.fasb.org.

［5］FASB.ASC No.2014-9.2014.www.fasb.org.

［6］IASB.IFRS 13.Fair Value Measurement.2011.www.ifrs.org.

［7］IASB.Financial Instruments：Amortized Costs and Impariment.Exposure Drafts.2009 & 2011. www.ifrs.org.

［8］IASB.IFRS15.Revenue from Contracts with Customers.2014.www.ifrs.org.

［9］Skinner，R.Judgment in Jeopardy.CA Magazine（November）.1995.

［10］黄世忠.CFO≠UFO：CFO亟待精准定位［J］.财务与会计，2006.4.

十、会计的十大悖论与改进[①]

署名：黄世忠

摘　要：会计上的悖论，是指前后矛盾、逻辑混乱、似是而非的会计认知和会计惯例。会计悖论根深蒂固，固化思想，束缚思维，影响改革，必须澄清，加以消解，才能推动会计理论和会计实务的进步。本文系统、深入地分析了现行会计理论和会计实务存在的逻辑不一致性，澄清了十个妨碍会计进步的错误观点，并简明扼要地提出30条改进思路和建议，从独特的视角，为改革和完善会计准则体系提供了有益的启示。

关键词：会计悖论；财务报告；会计准则；相关性；如实反映

悖论1：会计以客观事实为依据

贵州茅台2018年的财务报告显示，其资产总额、净资产、营业收入和净利润分别为159846674736.01元、117408487922.53元、77199384110.22元和37829617756.81元。这些动辄成百上千亿元的财务数据，居然精确到小数点后两位，令外行肃然起敬，给人以会计是一门无比精确科学的印象。在会计学原理的讲授中，教师们一再对学生谆谆教导：会计是以客观事实为依据的一门学科。本人也曾

[①] 本文2019年11月发表于《财务与会计》，是作者主持的全国会计文化名家暨"四个一批"人才科研课题"财务舞弊识别与方法研究"的阶段性研究成果，批准文号：中宣干字〔2018〕86号。

提出，会计精神的真谛是"用数据说话，靠证据做事"。可惜的是，理论与实际严重脱节。建立在权责发生制基础上的财务会计，与客观事实渐行渐远，貌似精确的会计数字背后，充斥着主观的估计和判断，靠真凭实据做事日渐演变成靠模型假设做事。

以2019年度《一般企业财务报表格式》为例，在资产负债表的31个资产项目和21个负债项目中，除货币资金、短期借贷、应付票据、应付账款、预收账款、长期借款外，其余30个资产项目和16个负债项目余额的确定，都离不开估计和判断，占比分别达到97%和76%。同样地，在利润表中的17个损益项目中，除营业外收入和营业外支出外，其余15个项目也都需要大量的估计和判断，占比高达88%。在资产负债表上，凡是存在减值可能的资产项目，均必须以扣除减值后的余额列示，坏账准备、跌价准备和减值准备的计提，估计多于事实，主观超过客观。按公允价值计量的资产和负债项目，如果采用的是第二和第三层次的公允价值，就离不开估计和判断，甚至是估值模型，后者在变量、参数、假设等方面，无不涉及主观判断因素。即使是按历史成本计量的固定资产和无形资产，在计提折旧和摊销时，对使用期限、经济寿命、剩余残值等因素的确定，也必然参杂交织着估计和判断。在利润表上，收入的确认，成本的归集，费用的分摊，以及公允价值变动收益、信用和资产减值损失的确定，也充满着估计和判断的成分。

列夫和谷丰从标准普尔500指数公司中随机选择了50家样本公司，分析这些公司1995~2013年期间每份财务报告对期望（expected）、估计（estimated）、预测（projected）、预见（anticipated）、可能（likely）、假定（assumed）等与估计相关术语的使用情况，发现这些术语的平均使用频率从1995年的30次，增至2005年的100次和2013年的150次（Lev and Gu, 2016），如图1所示。

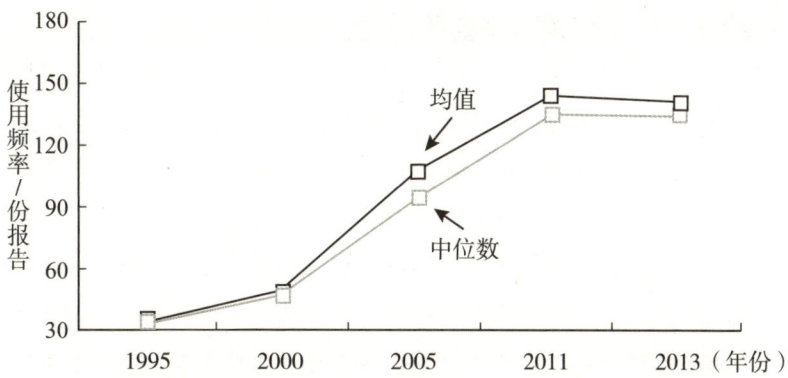

图1　美国50家样本公司每份财务报告对估计相关术语的使用频率
资料来源:《会计的没落与复兴》。

上述分析表明,会计变得越来越像统计了。尽管会计的统计化趋势日益明显,但会计并没有借鉴统计的做法,以区间值反映估计和判断带来的不确定性,也没有采用统计的方法,以误差率说明估计和判断可能产出的偏差,而是以确信无疑的方式,披露资产、负债、所有者权益、收入、成本、费用"十分精准"的余额和发生额,仿佛这些数字都是基于客观事实因而是不容置疑的。将主要是基于估计和判断的会计数据,通过精确到小数点后两位的方式予以呈报和披露,掩盖了企业经营面临着诸多不确定性的真相,容易误导财务报告使用者。鉴于此,建议:(1)在财务报表前增加一项专门提示,说明记账算账和报表编制是基于大量的估计和判断,会计数据存在着固有的不确定性,提醒报表使用者不要被会计数据表面上的精确性和确定性所迷惑;(2)在附注中说明哪些报表项目是依据客观事实确定的,哪些报表项目是根据估计和判断确定的,如果运用到模型,还应披露模型的选择依据、主要假设和参数;(3)对于涉及重大不确定性的报表项目,应在附注以区间值的方式披露,若以单一值披露,应说明误差率。

悖论2：会计回顾有余前瞻不足

会计界普遍认为，会计历史回顾有余，未来展望不足，缺乏前瞻性。这种看法即使在过去也不完全正确，因为固定资产折旧年限和无形资产摊销年限的确定，需要从前瞻性的角度考虑技术进步和业务发展等因素对有效使用寿命的影响。此外，资产负债确认和收益确定对期后事项的考虑，对产品保证负债、法律诉讼和环境责任等或有负债进行确认，使用权资产和租赁负债按未来现金流量折现值计量，都说明财务会计并非一点前瞻性都没有。20世纪90年代以来，随着公允价值计量的运用日趋普遍，特别是金融资产前瞻性减值模型的推广实施，继续指责财务会计顾后不瞻前就不符合事实了。

资产和负债按第二和第三层次的公允价值计量，采用未来现金流量折现值等估值模型时，既要考虑信息技术进步、商业模式创新、竞争格局变化等因素对这些资产和负债预期现金流入和现金流出的影响，又要考虑利率、汇率、税率以及风险偏好等宏观经济因素对折现率的影响，前瞻性信息已经悄无声息地融入会计信息中。即使是按历史成本或摊余成本计量的资产，通常也必须计提减值准备，进行减值测试时同样需要利用前瞻性信息测算未来现金流量。

国际会计准则理事会（IASB）2014年颁布的新金融工具准则，引入了三阶段预期损失模型，彻底终结了会计只顾后不瞻前的历史。在获得或购入一项金融工具时，即使没有证据表明该项金融工具已发生信用风险，也应当在损益表中确认该项金融工具12个月内的预期信用损失（第一阶段）。初始确认后获得的证据表明，该项金融工具的信用风险已大幅增加导致低于投资级别时，即使违约事件尚未实际发生，也应确认存续期间的全部预期信用损失（第二阶段）。当该项金融工具的违约事件已实际发生，则不仅应确认存续期间的全部预期信用损失，而且应冲减与该项金融资产相关的利息收入（第三阶段）。可见，三阶段预期损失模型具有明显的前瞻性特征，该模型的付诸实施，意味着会计理念已发生重大变化，会计只确认已发生信用损失，不确认预期信用损失的传统惯例已被彻底颠覆（黄世忠，2016）。

上述分析表明，会计已经不再是简单的历史回顾，而是蕴含着大量的前瞻性信息。前瞻性信息对会计的日益渗透，在提高会计信息相关性的同时，也引起了对会计信息可靠性（最新的表述为如实反映）的担忧。如何兼顾相关性和可靠性，一直是困扰会计界的难题。从过去10多年的准则制定角度看，对相关性的重视显然超越了对可靠性的重视。准则制定机构对相关性的重视和偏好，把会计日益推离历史回顾的领域，促使会计加速进入未来展望的轨道。前瞻性信息难以验证，容易被操纵，建议：（1）以报表附注的方式，披露对行业趋势、竞争格局、技术变革、模式创新等引入如何影响资产和负债的价值确定；（2）宏观经济数据的来源；（3）用于确定第二和第三层次公允价值的估值模型在过去几年的实际表现，模型修正或调整的内部控制措施。

悖论3：费用化比资本化更稳健

稳健是会计的文化基因，不对称性是这种文化基因的鲜明特征。宁可高估损失和负债，不可高估收益和资产的习惯做法延续数百年，其结果，面临不确定性时，对支出资本化的要求十分严苛，支出费用化成为主流，即使支出具有明显的资本性支出属性也是如此。最典型的例子莫过于研究开发支出的会计处理。以华为为例，2008~2018年，该公司的研究开发支出高达4955亿元，形成了87805件技术专利，奠定了其在运营商业务和消费者业务方面的领先地位，但其2018年末的无形资产余额仅为71.34亿元，且这些无形资产主要是外购的专利技术，可见其发生的研究开发支出几乎全部费用化。

费用化就一定比资本化更稳健吗？如果没有会计分期假设，费用化当然比资本化更稳健，但只要会计分期假设构成会计核算和报表编制的基础，则费用化未必比资本化更稳健。在会计分期假设的背景下，只有稳健相对论，没有稳健绝对论，支出费用化当期的稳健，必然导致支出费用化后期的不稳健。以研究开发支出为例，这种支出具有显著的投入产出不对称性。在研究开发初期，往往只有投入，没有产出，而在研究开发后期，只有产出，没有投入。如果将研究开发支出费用化，在初期势必低估高科技企业的盈利能力，在后期则高估其盈利能力，导致高科技企业在不同会计期间的利润表从来没有正确过。

稳健文化虽然历史悠久，但并非亘古不变。IASB在2018年发布的财务报告概念框架，延续了2010年版的做法，对稳健性进行修正，明确指出编制财务报表遵循的稳健性，指的是判断不确定性时采用的一种审慎态度或方式，以使资产和收入不被高估，负债和费用不被低估，而不应含有蓄意低估资产和利润或高估负债和费用之意（黄世忠、黄晓韡，2019）。基于稳健的考虑，年复一年将具有资本支出属性的研究开发费用化，造成资产负债表被严重虚化，净资产被持续低估，是否属于IASB明文禁止之列，值得深思。2018年末，华为的资产总额和净资产分别只有6658亿元和2331亿元，将其过去10年发生的4955亿元研究开发支出费用化而不是资本化，严重低估了其资产和净资产,导致其87805件技术专利的价值在财务报表上得不到任何体现,形成这些技术专利一文不值的错觉。

  费用化比资本化更加稳健的悖论,导致利润表失实和资产负债表虚化,不利于高科技企业通过资本市场和金融市场融资,具有严重的经济后果,在新经济时代,继续将研究开发支出以及其他资本支出费用化,显然不是与时俱进之道。建议:(1)准则制定部门改变风险偏好,正视稳健具有相对论的特点,扭转资本性支出过度费用化的倾向,适当放松资本化的严苛要求,尤其生物制药和信息技术行业;(2)准则制定部门重审稳健原则的新内涵,不得以稳健为由,既不得蓄意高估负债和费用,也不得蓄意低估资产和收益;(3)强化对实物期权估值法的研究,将其引入具有重大不确定性资本性支出的估值,从组合而不是单个项目的角度,评估研究开发的成功率,为资本化奠定基础。

悖论4:市场交易重于事项影响

  重交易轻事项的会计态度由来已久,市场交易金额再小,对投资者决策的影响再小,也必须及时确认,而对投资者决策影响再大的事项,除非已经对经营业绩和财务状况产生实际影响,否则只能披露,无需记录。这种做法源于市场交易具有可验证性而事项影响不具可验证性的传统观念。对事项的记录姗姗来迟,是导致会计信息相关性日益下降的三大原因[①]之一(Lev and Feng, 2016)。

---

  ① 列夫和谷丰认为,20世纪50年代以来会计信息相关性日益下降,主要有三大原因:对无形资产令人费解的会计处理;会计不再以事实为依归;未记录的事件日益影响公司价值。

投资信贷决策功能是会计信息的三大职能（其他两大职能为受托责任评价职能和经济利益分配职能[①]）之一。从投资信贷决策功能的角度看，只要有助于投资者和信贷人做出决策的信息，都是相关的信息，均应及时确认、记录和披露。资产重组、技术突破、合同签订、客户获取、法律诉讼、监管新规、版号审批、高管变动、战略转型、模式创新、竞争加剧等内外部重大事项，往往导致股价大幅波动，对上市公司的价值产生重大影响，但在会计系统却悄无声息，不见踪影，一直要等到这些事项导致报表要素发生变化时才加以确认和记录。而与市场发生的微不足道的交易，如购买一台打印机、出售一辆旧车等，会计系统通常会在第一时间加以确认和记录，与事项的严重滞后反映形成强烈反差。会计系统这种厚此（交易）薄彼（事件）的不对称处理方法，让信息使用者困惑不解，久而久之，迫使他们在决策时舍弃会计信息，越来越多利用非会计信息，使会计信息的决策相关性日趋恶化。

列夫和谷丰的研究表明，美国上市公司未得到及时确认和记录的重大事项，在过去20多年呈快速攀升态势，且对异常股价回报率绝对值的影响急剧增大，如图2所示。

重交易轻事项的习惯性做法，不仅导致造成会计信息相关性日益降低，而且造成会计处理逻辑混乱，譬如外购商誉往往确认为资产，而自创商誉则不得确认，外购技术专利通常资本化，而内部研

[①] 财务报告目标或职能通常表述为决策有用观和受托责任观，较少提及经济利益分配职能。笔者认为，受托责任观和利益分配观是财务报告的固有职能，决策有用观是衍生的职能。利益分配观是指财务报告具有为税收确定和股东分红等经济利益分配提供依据的职能。对此，娄尔行和张为国（1991）指出，确保合理分配是会计的一项职能，会计应当为合理分配社会剩余产品服务，处理好经济过程中的分配问题。

发形成的技术专利却费用化。为了提高会计处理的逻辑一致性，建议：（1）平等对待市场交易和事项影响，更加及时确认和记录内外部事项，要求企业加大对内外部事项的影响分析力度，提高对内外部事项的披露力度和及时性；（2）对外购和自研的技术专利采用一致的会计处理，鼓励企业参照外购价格，确定自研技术专利的价值；（3）加大对事项法（event approach）的研究，为逐步推行事项会计奠定基础。

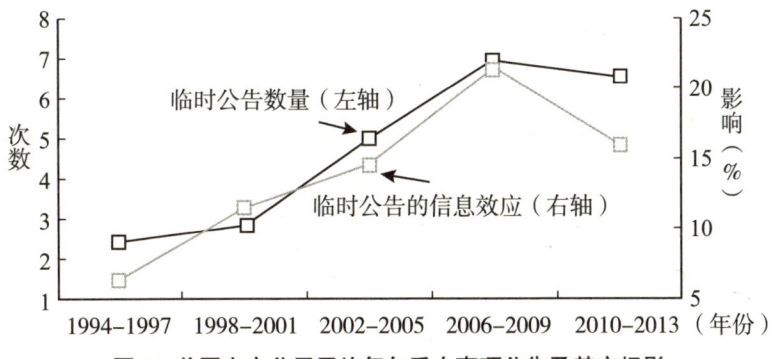

图 2　美国上市公司平均每年重大事项公告及其市场影响

资料来源：《会计的没落与复兴》。

悖论 5：利润代表企业经营业绩

利润表旨在反映企业的经营业绩，遗憾的是，日益盛行的总括收益观（all-inclusive concept）玷污了利润表的纯洁性，使利润不再代表企业经营业绩。随着准则制定机构日益青睐于总括收益观，当期经营收益观（current operating income concept）不断式微，利润表充斥着越来越多非经常性损益项目。根据 2018 年修订的《公开发行证券的公司信息披露解释性公告第一号——非经常性损益》，非经常性损益是指与公司正常经营业务无直接关系，以及虽与正常经营业务相关，但由于其性质特殊或偶发性，影响报表使用者对公司经营业绩和盈利能力做出正确判断的各项交易和事项产生的损益，如投资损益、净敞口套期损益、公允价值变动损益、资产减值损失、资产处置收益、营业外收入和营业外支出等。非经常性损益项目的大量出现，导致利润总额和净利润不再能够代表企业的经营业绩。

表1列示了2018年度十大盈利和十大亏损上市公司非经常性损益占利润总额的比例。从表中可以看出，非经常性净收益占十大盈利上市公司利润总额的比例总体上相对较小，但上汽集团、中国石油和长江电力占比较大，可能影响报表使用者对经营业绩的判断。而在十大亏损上市公司中，除了*ST凯迪外，其余九家非经常性净亏损占亏损总额的比例都很高，亏损总额并不能真实反映公司的经营业绩。

表1　2018年十大盈利和十大亏损上市公司非经常性损益占比货币

十大盈利上市公司（非金融类）				十大亏损上市公司（非金融类）			
公司名称	非经常性净收益（亿元）	利润总额（亿元）	占比（%）	公司名称	非经常性净亏损（亿元）	亏损总额（亿元）	占比（%）
中国石油	-344.24	1152.00	-29.88	中兴通讯	112.31	73.50	152.80
中国石化	46.62	1005.02	4.64	天神娱乐	73.34	68.51	107.05
中国建筑	-43.05	717.89	-6.00	*ST庞大	7.54	60.85	12.39
中国神华	-36.33	700.69	-5.18	*ST华业	39.17	60.12	65.15
万科A股	10.72	674.60	1.59	*ST富控	5.24	54.97	9.53
上汽集团	338.02	543.44	62.20	华闻传媒	40.26	48.77	82.55
贵州茅台	-5.06	508.28	0.99	*ST凯迪	-0.18	48.64	-3.70
海螺水泥	9.93	398.82	2.49	华映科技	40.69	45.76	88.92

续表

十大盈利上市公司（非金融类）			十大亏损上市公司（非金融类）			
公司名称	非经常性净收益（亿元）	利润总额（亿元）	占比（%）	公司名称	非经常性净亏损（亿元）	亏损总额（亿元）	占比（%）
格力电器	4.71	312.74	1.50	ST秋林	40.80	41.27	98.86
长江电力	28.08	270.07	10.40	*ST工新	28.60	37.20	76.88

资料来源：2018 公司年报。

列夫和谷丰的研究表明，美国上市公司异常和特殊损益在净利润中的占比在过去20多年中呈现不断上升的趋势，如图3所示。

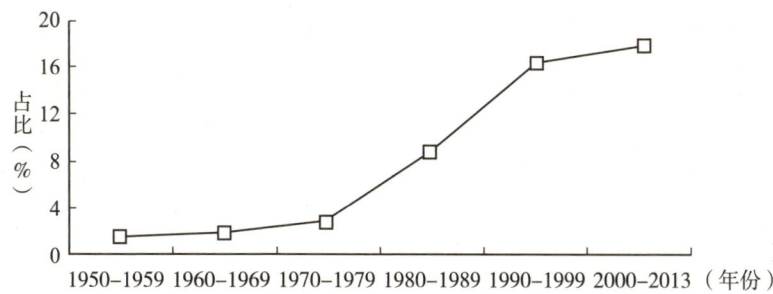

图3 美国上市公司异常和特殊损益项目占净利润比例

资料来源：《会计的没落与复兴》。

非经常性损益项目占比越来越大，既降低了会计利润在投资信贷决策中的作用，还干扰了业绩评价，使投资者难以对管理层是否有效履行受托责任进行评价，也不利于实施以会计利润为基础的激励机制。为了提高利润表信息的相关性，建议：（1）抑制总括收益观，倡导当期经营收益观，促使利润表回归反映企业经营业绩的本源，准则制定部门加快制定业绩报告准则，为业绩界定和业绩评价提供依据；（2）改变利润表格式，将其分为上下两部分，第一部分反映经常性损益项目，第二部分反映非经常性损益项目，或者将第二部分并入综合收益表；（3）在管理层分析与讨论部分，增加对非常损益项目对企业当期利润总额或损失总额的影响分析，区分可控因素和不可控因素对当期损益的影响程度，便于投资者评价管理层的受托责任。

悖论6：使用股权资本没有代价

会计在确定利润时，只扣除债权资本成本，而不扣除股权资本成本。这实际上隐含着这样的假设：使用债权人的资本是有代价的，而使用股东的资本是没有代价的。这个悖论与经济学家早已证明的"天下没有免费午餐"的定律背道而驰。在资源稀缺的环境下，机会成本无所不在，使用股权资本同样存在着机会成本。不考虑股权资本成本，将导致会计利润严重偏离经济利润，使会计利润不能准确衡量企业管理层创造价值的真实情况。

表2列示了中国石油过去五年会计利润和经济利润之间存在的巨大差异。

表2　　中国石油2014~2018年会计利润与经济利润　　单位：亿元

年份	2014	2015	2016	2017	2018
会计利润（净利润）	1190.34	423.64	294.14	367.88	724.10
股权资本（年末股东权益减去当年净利润）	10568.60	13016.70	13433.21	13445.31	13382.48
股权资本成本率	6%	6%	6%	6%	6%

续表

年份	2014	2015	2016	2017	2018
权益资本成本	634.12	781.00	805.99	806.72	802.95
经济利润（EVA）	556.22	-357.60	-511.85	-438.84	-78.85

资料来源：根据中国石油2014~2018年年报整理。

从会计利润的角度看，中国石油管理层过去五年似乎都在为股东创造价值，这种价值创造的假象，是由于没有在利润确定中计入股权资本成本造成的。价值创造与否，取决于经济利润（EVA）是否为正数，因为EVA不仅扣除债权资本，而且扣除股权资本成本。从EVA的角度看，中国石油管理层只在2014年为股东创造了价值，其余没有为股东创造价值。五年合计，中国石油管理层为股东创造的价值为-830.92亿元。可见，会计界在确定利润时假定使用股权资本没有代价，严重歪曲了企业的价值创造情况，夸大了管理层在价值创造中的实际贡献。当然，基于微观层面的EVA，也不能反映企业的价值创造全貌。从宏观层面上看，企业上缴给政府的税收、支付给员工的工资福利、支付给金融机构的利息费用，为股东创造的利润，都属于价值创造的范畴。从这个角度看，中国石油管理层在2018年为社会创造了4973亿元的价值，其中仅上缴给政府的税收就高达2584亿元。

使用股权资本成本没有代价是虚幻的，极易对投资者产生误导。为此建议：（1）投资者要客观评价企业为股东创造多少价值，必须千方百计将会计利润转化为经济利润，会计准则有必要要求企业披露EVA信息，或按"价值创造＝经营活动创造的现金流量＋费用化资本性支出－资本化支出－权益资本成本"（列夫与谷丰，2018）的方式披露价值创造信息，便于投资者更加客观地评价企业管理层在价值创造中实际做出的贡献；（2）有条件的企业，考核和激励机制应当尽可能以EVA为基础，逐步淡化对会计利润的依赖；（3）投资者要客观评价企业为社会创造多少价值，应当将企业的微观利润表转换为宏观利润表。

悖论7：有形资产优于无形资产

建立在工业经济时代的会计准则，在反映有形资产方面游刃有余，在反映无形资产方面却力不从心。现行会计系统事无巨细地反映对企业价值创造能力和核心竞争力帮助不大的有形资产，而对企业价值创造能力和核心竞争力影响影响巨大的无形资产却得不到应有的反映。按照有形资产优先于无形资产的传统做法编制出来的财务报表，难免有比基尼式财务报表之嫌，且容易导致无形资产密集型的上市公司市净率居高不下。

以同花顺为例，该公司2019年6月份最后一个交易日的股票市值高达529.18亿元，其6月末的资产总额和净资产分别为43.32亿元和33.48亿元，市净率高达15.8倍。没有会计背景的人士，往往将如此之高的市净率解读为投机炒作的结果。事实上，同花顺的高市净率主要源自其大量无形资产没有在报表上反映，与投机炒作无关。与万得、大智慧和东方财富一样，出售金融财务数据是同花顺的商业模式和盈利模式，数字资产是其最有价值的资产，但数字资产却游离于同花顺的财务报表之外。在资本市场上，数字资产通常采用市销率法进行估值。同花顺过去三年的平均营业收入为15.1亿元，若按该行业惯常的6至9倍市销率估值，同花顺的数字资产价值介于90.6亿~135.9亿元。若将这些表外资产反映为表内资产后，同花顺6月末的市净率便从15.8倍降至3.12倍~4.26倍。同花顺未在财务报表上确认的表外数字资产相当于表内资产总额的2.09倍和3.14倍,其财务报表被扭曲的程度触目惊心,令人难以置信。这种财务报表提供的会计信息有何相关性可言?

没有在财务报表确认的无形资产何止是数字资产。为了获取核心竞争力并提升价值创造能力,新经济新业态的企业将大量资源投放在研究开发、创意设计、人才培养、专利申请、平台建设、数据积累、客户获取、市场开拓、品牌锻造、内部控制、风险管理、绩效评价、业务流程优化等无形投资方面,培植了软实力,构建了"护城河"。尽管新经济企业的无形投资已经超越有形投资,形成了价值不菲的无形资产,但会计游戏规则却罔顾这些无形投资的资本性支出属性,以难以可靠计量为由,将其费用化,导致表外资产多于表内资产的尴尬局面。为了扭转这种局面,建议:(1)在确认环节淡化对不确定性因素的考虑,将其置于计量环节,为无形资产入表创造条件;(2)摒弃有形资产优于无形资产的过时观念,借鉴其他学科成熟的计量理论和方法(如用于计量客户价值和行业地位的梅特卡夫和国泰君安估值模型,确认、计量和报告驱动企业价值创造的无形资产;(3)加大对数字资产入表问题(特别是估值模型和贷方科目)的研究力度,借鉴Gartner咨询公司对数字资产的估值模型和德勤第四张报表的做法,优先解决大数据时代数字资产的入表问题,同时强化表外披露,揭示新经济企业的价值创造驱动因素。

悖论8:财务资本驱动价值创造

由股东和债权人提供的财务资本,一直是财务会计和财务管理聚焦的中心,似乎财务资本才是驱动价值创造的最关键要素。工业经济时代具有重资产和资本密集的特点,价值创造在很大程度上确实依赖于股东和债权人投入的财务资本,但在轻资产和知识密集的新经济时代,价值创造主要依靠的已经不再是财务资本,而是智慧资本(intellectual capital)。《没有资本的资本主义:无形经济的崛起》一书指出,资本主义正向"智本主义"过渡(Haskel and Westlake,2018),在无形经济(intangible economy)时代,由人力资本、结构资本和关系资本所组成的智慧资本已经取代财务资本,成为价值创造的最重要推动力。

表3列示了华为及其主要竞争对手爱立信和诺基亚2018年的财务资本成本和人力资本成本及其占营业收入的比例。从表中可以看出,这三大电信设备制造商的人力资本成本远超其财务资本成本,可见,它们最重要的投入要素是人力资本,而非财务资本。

表3 华为、爱立信和诺基亚2018年财务资本成本和人力资本成本

项目 企业	营业收入	财务资本成本（按净资产的6%加上利息费用）	财务资本成本占收入的比例	人力资本成本（按当年发生的工资福利费测算）	人力资本成本占收入的比例
华为（亿元）	7212	203	2.81%	1466	20.33%
爱立信（亿克朗）	2108	77	3.65%	672	31.88%
诺基亚（亿欧元）	226	12	5.31%	78	34.51%

资料来源:2018公司年报。

必须指出的是,表2仅仅从成本的角度分析人力资本。如果从价值的角度分析,则类似华为、爱立信和诺基亚等高科技企业,其拥有的人力资本、结构资本(组织结构设计以及内部控制、风险管

理、绩效评价等规章制度等）和关系资本（客户关系、供应商关系、劳资关系、政商关系等）更是价值连城，而所有这些都没有反映在财务报表上。笔者认为，在新经济时代，价值创造本质上是企业在结构资本的框架下，将人力资本作用于关系资本而产生的价值增值行为（黄世忠，2018）。为了更加准确地反映知识经济时代的价值创，建议：（1）正视知识经济时代智慧资本在价值创造中的主导作用，加大对智慧资本入表问题的研究，促使财务会计和财务管理的重心，逐步从财务资本转向智慧资本；（2）借鉴实物期权估值模型，对人力资本进行估值，探讨表内反映或表外披露的可行性；（3）放松结构资本和关系资本的资本化要求，允许企业将耗费在组织结构设计、流程再造以及内部控制、风险管控、绩效评价等规章制度方面的支出，以及获客成本、品牌推广、供应链建设等方面的支出资本化。

悖论9：公允价值反映企业价值

20世纪90年代以来，公允价值会计异军突起，与历史成本会计并驾齐驱，甚至有超越历史成本会计之势。公允价值会计备受推崇和青睐，在很大程度上是基于公允价值能够反映企业价值的认知。殊不知，即使所有的资产和负债均按公允价值计量，资产负债表也不能反映企业的价值。

从经济学的角度看，企业价值等于其预期未来现金流量的折现值。经济学关于企业价值的观点，与会计学所运用的公允价值计量存在较大差异。首先，经济学对企业价值的评估，是基于企业特定因素（firm-specific factors)，而会计学上的公允价值，则是基于市场特定因素（market-specific factors），会计上按公允价值对资产和负债进行计量，并不考虑企业特定因素（如技术诀窍、管理专长）对资产和负债价值的影响；其次，经济学对企业价值的评估，是基于整体价值的视角，充分考虑了资产和负债组合运用的协同效应（synergistic effect），而会计学上的公允价值计量，侧重的是单项资产或资产组，并不考虑资产和负债组合运用的协同价值；再次，经济学对企业价值的评估，综合考虑了财务与非财务因素（如宏观经济、竞争格局、技术和商业模式创新等），而会计学上的公允价值，侧重于财务因素，对非财务因素的系统性考虑较少；最后，经济学上对企业价值的评估，将风险偏好和风险溢价因素系统地嵌入其中，而会计学上的公允价值计量，特别是第一层次的公允价值，对风险因素的考虑并没有如此周密，甚至对市场不合理定价带来的风险照单全收，不加调整。

从市值管理的角度看，企业价值等于股票市值，这与会计学上的公允价值不能等量齐观。股票市值的高低，固然与企业的经营业绩及其成长性有关，但更多取决于宏观经济基本面和投资者心理行为的影响，后者在资产和负债的公允价值计量中是极少考虑的。证券市场上的非理性因素，往往导致企业的股票市值发生大幅波动。例如，首批在科创板上市的25家科创板公司中，西部超导、嘉元科技、天准科技和南微医学是从新三板转板而来的。转板前，这四家公司的市值大约为38亿元、26亿元、17亿元和33亿元，转板后，截至2019年9月20日，市值分别增至140亿元、131亿元、84亿元和180亿元，分别增长了3.98倍、5.04倍、4.94倍和5.45倍。同样的企业，在基本面没有发生任何改变的情况下，只是因为换了上市场所，市值却发生了翻天覆地的变化，足见以股票市值作为企业价值有多么不靠谱。公允价值显然不能也不应该反映这些非理性因素带来的价值变动。

从报表完整性的角度看，公允价值也不能反映企业价值。受限于确认和计量的严苛要求，行业地位、用户数量、获客成本、网络效应、平台建设、数字资产、品牌效应、智慧资本、研发能力、技术专利等对于企业价值创造至关重要的无形资产，往往没有在报表确认和计量，表外资产多于表内资产并不罕见。因此，即使按公允价值对表内残缺不全的所有资产和负债进行计量，其结果与企业价值必定相去甚远。为此，建议：（1）在会计基本准则或财务报告概念框架中，明确财务会计虽然致力于反映价值创造，但不是为了反映也不可能反映企业价值；（2）对公允价值的运用设定前置条件，即理性的市场、充裕的流动性、频繁的交易、价格的可获取性；（3）对于不符合上述前置条件的第二和第三层的公允价值，严格限制其运用场景，且需充分披露公允价值确定的假设和依据。

悖论10：遵循会计准则天经地义

大凡受过会计教育的人士都会认为，记账算账和编制报表必须遵循会计准则，似乎遵循会计准则是天经地义的。实际上，遵循会计准则是有前置条件的，那就是，遵循了会计准则能够如实地反映企业的经营业绩、财务状况和现金流量。如果遵循了会计准则，反而会歪曲或扭曲企业的实际经营情况，就应当背离会计准则，但必须加以说明和披露。

因遵循会计准则反而歪曲企业的实际经营情况，似乎不可思议，甚至天方夜谭，但这种情况时有发生，小米和美团点评就是典型的例子。2018年5月初,小米向香港联交所提交的招股说明书披露后,引起舆论一片哗然。其招股说明书显示,按照国际财务报告准则(IFRS),小米上市前一年的2017年亏损了439亿元,净资产为-1272亿元。有些股评家因此提出质疑,让经营亏损和资不抵债如此严重的企业上市,显然有损投资者的利益。实际上,这种经营亏损和资不抵债只是一种假象,是由于会计准则规定的不合理造成的。2015~2017年,小米的营业收入分别是668.11亿元、684.34亿元和1146.25亿元,经营利润分别为13.72亿元、37.85亿元和122.15亿元。正因为小米上市前的经营业绩大幅提升且小米即将上市,其过去发行的98亿元可转换可赎回优先股的公允价值增值至1615亿元,其中仅2017年就增值了542亿元。按照IFRS的规定,小米只能将这些优先股划分为金融负债,并将2542亿元优先股公允价值增值作为"金融负债公允价值变动净损失",计入2017年的利润表。若剔除优先股因素,小米2017年的净利润为103亿元,而不是亏损439亿元,净资产是343亿元,而不是-1272亿元(黄世忠,2017)。可见,按IFRS编制的财务报表严重扭曲了小米2017年的经营业绩和财务状况,报表呈现的严重亏损和资不抵债结果,与小米2017年蒸蒸日上的经营业绩背道而驰。为此,小米只好对遵循IFRS的业绩和背离IFRS的业绩进行双重披露,以免误导投资者。同样地,美团点评2019年4月公布的2018年财务报告,也存在着类似问题。尽管美团点评2018年的营业收入只有652.27亿元,但净亏损却高达1153.93亿元,其中因可转换可赎回优先股公允价值增值导致的损失就高达1046.46亿元。剔除这个因素,美团点评2018年实际亏损为107.47亿元。与小米一样,美团点评也只好同时披露遵循IFRS和背离IFRS的业绩,目的是为了向投资者说明天文数字般的亏损纯粹是不合理会计准则的产物,与美团点评的经营基本面无关。

同时披露遵循准则的业绩和背离准则的业绩，在上市公司中越来越普遍。图4列示了阿里巴巴过去8年的经营业绩指标，从中可以看出，背离会计准则的盈利曲线（净利润2，剔除了与经营无关且没有现金流入流出的损益项目）与其营业收入曲线的拟合度更高，表明背离会计准则比遵循会计准则（净利润1）能够更加真实地反映其经营业绩。

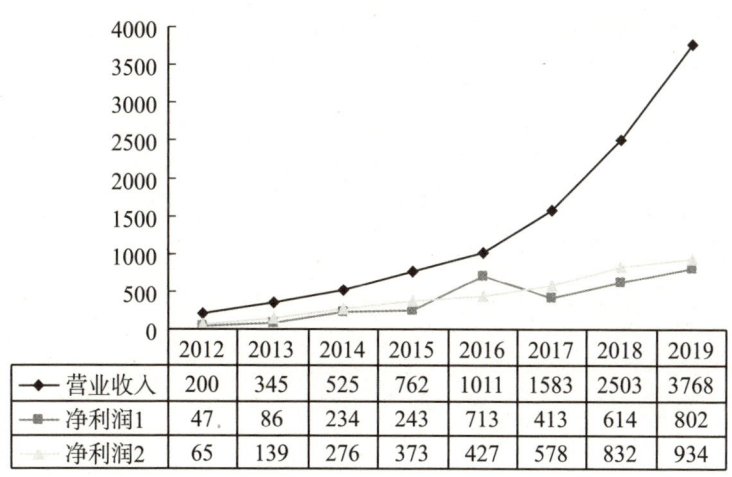

图4　阿里巴巴2012~2019会计年度经营业绩

资料来源：阿里巴巴公司年报。

越来越多的上市公司选择对业绩进行双重披露，一方面表明会计准则的权威性在不断丧失，说明工业经济时代制定的会计准则到了新经济时代的不适症开始显现，另一方面也证明了遵循会计准则并非天经地义。鉴此，建议：（1）在会计基本准则或财务报告概念框架明确说明，如果按照会计准则编制的财务报告不能如实反映上市公司的真实经营情况，允许背离会计准则，但应当说明理由；（2）针对TMT（电信、媒体和高科技）行业背离会计准则的业绩披露日益普遍的现象,尽快制定相应的指引,对业绩的双重披露加以规范;(3)尽快修订"兼具股权特征的金融工具"准则,对可转换可赎回优先股的分类和会计处理做出更加合理的规定,避免会计准则的不合理规定严重歪曲企业的真实经营业绩。

主要参考文献：

［1］黄世忠.金融工具前瞻性减值模型利弊评析[J].金融会计，2015（11）：23-27.
［2］黄世忠.旧标尺衡量不了新经济：论会计信息相关性的恶化与救赎［J］.当代会计评论，2018，11（4）：1-23.
［3］黄世忠.优先股性质认定、会计处理及其经济后果分析——基于小米财务报告的案例研究［J］.财务与会计，2018（5）：3-9.
［4］黄世忠、黄晓韡.公允价值计量对会计原则的影响分析［J］.2019（2）：3-8.
［5］娄尔行、张为国.确保合理分配是会计的一项职能［J］.会计研究，1991（4）1-6.
［6］列夫和谷丰.会计的没落与复兴［M］.方军雄，译.北京：北京大学出版社，2018：131-165.
［7］Haskel J，Westlake S.Capitalism Without Capital: the Rise of the Intangible Economy. Princeton：Princeton University Press，2018：17.
［8］Lev B，Gu F.The End of Accounting and the Path Forward for Investors and managers［M］.John Wiley & Sons，2016：98-99.

第七部分
科研成果统计

一、论文

序号	论文名称	发表时间	发表刊物	合作者	署名顺序
1	审计委托制度的弊端与改革	2019.11	《新会计》		
2	会计的十大悖论与改进	2019.10	《财务与会计》		
3	回顾本源守住底线：审计失败的伦理学解释	2019.10	《新会计》		
4	应收项目、应付项目的信息含量及其影响—以融资成本与公司价值为视角的实证研究	2019.9	《厦门大学学报》	吴世农 王建勇	3
5	康美药业财务造假问题延伸分析	2019.8	《财会月刊》		
6	上市公司财务造假的八因八策	2019.8	《财务与会计》		
7	旧标尺衡量不了新经济：论会计信息相关性的恶化与救赎	2019.7	《当代会计评论》		
8	从审计报告看美国联邦政府的财务状况：美国联邦政府2018财务报告透析	2019.6	《财务与会计》		
9	上市公司财务舞弊特征分析：基于2007年至2018年6月的财务舞弊样本	2019.5	《财务与会计》	徐珊 叶钦华	1
10	公允价值计量对业绩报告的影响分析	2019.2	《新会计》	黄晓韡	1
11	公允价值计量对会计原则的影响分析	2019.2	《新会计》	黄晓韡	1

续表

序号	论文名称	发表时间	发表刊物	合作者	署名顺序
12	公允价值会计的历史沿革及其推动因素	2019.1	《财会月刊》	王肖健	1
13	公允价值计量对会计观念的影响分析	2019.1	《新会计》	黄晓韡	1
14	公允价值计量对受托责任的影响分析	2018.12	《新会计》	黄晓韡	1
15	公允价值计量下的新会计假设之争	2018.12	《新会计》	黄晓韡	1
16	商业模式的角色定位亟待明确	2018.11	《商业会计》	黄晓韡	1
17	公允价值计量对会计假设的影响分析	2018.10	《新会计》	黄晓韡	1
18	优先股性质的认定、会计处理及其经济后果分析—基于小米的案例研究	2018.5			
19	当会计遇见新经济：基于商业模式创新的价值创造新思维	2017.12	《新会计》		
20	伊斯兰会计特色成因及启示：基于利息禁令和天课制度的分析视角	2017.8	《新会计》		
21	竞争战略、高管薪酬激励与公司业绩:基于三种薪酬激励视角的经验研究	2017.6	《会计研究》	柴才叶钦华	2
22	反舞弊真英雄：Briloff效应及其启示	2017.4	《财务与会计》		
23	衍生工具、公司治理与盈余质量	2017.3	《会计研究》	王晓珂	2
24	中国企业并购海外敏感资产的经验研究	2017.3	《世界经济》	李诗吴超鹏	2
25	我国企业会计准则与国际趋同成效与建议	2016.11	《新会计》		

续表

序号	论文名称	发表时间	发表刊物	合作者	署名顺序
26	财务报告概念框架修订热点问题综述	2016.1	《会计研究》	黄晓韡	2
27	衍生金融工具与企业风险管理：基于A股非金融类上市公司的实证研究	2016.1	《厦门大学学报》（哲学社会科学版）	王晓珂	1
28	五大理念推动会计改革	2016.1	《新理财》		
29	移动互联网时代财务与会计的变革与创新	2015.11	《财务与会计》		
30	金融工具前瞻性减值模型利弊评析	2015.1	《金融会计》		
31	非机会主义动机盈余管理内涵分析与实证研究综述	2014.12	《审计与经济研究》	倪敏	2
32	万科卓尔不群的财务业绩缘何在？	2014.10	经济科学出版社		
33	会计领军人才要为全面深化改革做贡献	2014.6	中国会计报		
34	上市公司配股动机分析：圈钱还是投资好项目？	2013.11	《中南财经政法大学学报》	倪敏	2
35	The Move Towards Forecounting	2013.7	Accountancy Futures		
36	资产负债表视角下的公允价值会计顺周期效应研究	2013.4	《会计研究》	王静如	2
37	从会计到预计：论会计的演进及其对专业判断和教育模式的启示	2011.12	《财会通讯》		
38	后危机时代公允价值会计的改革与重塑	2010.6	《会计研究》		
39	公允价值会计的顺周期效应及其应对策略	2009.11	《会计研究》		
40	金融危机触发的公允价值会计论战	2009.6	《中国金融》		

续表

序号	论文名称	发表时间	发表刊物	合作者	署名顺序
41	在改革开放大潮中嬗变与跃升：纪念会计改革开放30周年	2008.12	《财务与会计》		
42	次贷危机引发的公允价值会计论战	2008.11	《财会通讯》		
43	美元贬值的蝴蝶效应与对策建议	2008.10	《财会通讯》		
44	公允价值路在何方？	2008.7	中国会计报		
45	政府监管与报表粉饰：一个研究框架	2008.6	东北财经出版社	刘峰	1
46	公允价值变形记	2007.11	《财务与会计》		
47	财务报表分析的逻辑框架	2007.10	《财务与会计》		
48	后股权分置时代上市公司报表粉饰手法	2007.6	《新理财》	郑朝晖	1
49	公允价值的十大认识误区	2007.5	中国证券报		
50	新会计准则的影响分析	2007.1	《财会通讯》		
51	OPM战略对财务弹性和现金流量的影响	2006.12	《财务与会计》		
52	购买法与权益结合法下合并报表编制研究	2006.12	《财会通讯》		
53	从SAS看财务报表舞弊风险因素有效性分析	2006.11	《中国注册会计师》		
54	CFO不等于UFO：CFO亟待精准定位	2006.4	《财务与会计》		
55	从耀眼明星到蒙羞于世：朗讯财务舞弊案例剖析	2006.4	《财务与会计》	王建峰	1
56	盈余管理新动向：基于大陆上市公司的案例分析	2007.4	台湾《研究研究月刊》	叶丰滢	1
57	上市公司报表粉饰新动向（下）	2006.2	《财会通讯》	叶丰滢	1
58	上市公司报表粉饰新动向（上）	2006.1	《财会通讯》	叶丰滢	1

续表

序号	论文名称	发表时间	发表刊物	合作者	署名顺序
59	从微战略到大悲剧："微战略"收入舞弊案例剖析	2006.1	《财务与会计》	连竑彬	1
60	泰科公司治理生态与财务舞弊案例剖析（下）	2005.8	《财务与会计》	连竑彬	1
61	泰科公司治理生态与财务舞弊案例剖析（上）	2005.7	《财务与会计》	连竑彬	1
62	扭转造假成本与收益失衡的重要砝码	2005.5	《会计研究》		
63	审计技术帕累托改进	2005.4	《财会通讯》	叶丰滢 张胜芳	1
64	资产减值差异比较及其启示	2005.1	《会计研究》		
65	激励过度诱发的盈余操纵：冠辰公司财务舞弊案例剖析及延伸审计思考	2004.12	《财务与会计》	王建峰	1
66	财务报表舞弊行为特征及预警信号综述	2004.12	《财务与会计》	黄京菁	1
67	美国联邦政府会计的难点热点问题	2004.11	《会计研究》	刘用铨 王平	1
68	衍生金融工具与收益平衡游戏	2004.10	《财务与会计》	王建峰 叶丰滢	1
69	洋为中用MBO：MBO在我国的尝试	2004.9	《新理财》	谢永添	2
70	奎斯特通信公司财务操纵案的手法及其启示（下）	2004.9	《财务与会计》	连竑彬 叶丰滢	1
71	奎斯特通信公司财务操纵案的手法及其启示（上）	2004.8	《财务与会计》	连竑彬 叶丰滢	1
72	企业合并的经济后果分析	2004.8	《会计研究》	陈箭深 张象至 王肖健	1

续表

序号	论文名称	发表时间	发表刊物	合作者	署名顺序
73	发挥专业判断，杜绝置换游戏	2004.7	《中国注册会计师》		
74	美国废品管理公司财务舞弊案例剖析：舞弊根源及其反思（下）	2004.7	《财务与会计》	张胜芳	1
75	美国废品管理公司财务舞弊案例剖析：垃圾中的黄金还是黄金中的垃圾（上）	2004.6	《财务与会计》	张胜芳	1
76	腐败成本与腐败收益失衡的社会危害	2004.6	《财务与会计》		
77	帕玛拉特舞弊案及其警示	2004.4	《财务与会计》	张胜芳	1
78	收入操纵的九大陷阱及其防范对策（下）	2004.3	《中国会计会计师》		
79	收入操纵的九大陷阱及其防范对策（中）	2004.2	《中国注册会计师》		
80	收入操纵的九大陷阱及其防范对策（上）	2004.1	《中国注册会计师》		
81	百时美施贵宝公司财务操纵案例剖析	2004.1	《财务与会计》	叶丰滢	1
82	提防收入确认陷阱：美国在线收入操纵手法剖析	2003.11	《财务与会计》		
83	山登公司审计失败案例剖析	2003.10	《中国注册会计师》	李树华	1
84	分业经营抑或混业经营？	2003.10	《财会通讯》		
85	南方保健审计失败案例剖析	2003.8	《中国注册会计师》	叶丰滢	1
86	世通舞弊案的警示	2003.8	《财务与会计》		
87	施乐公司审计失败案例剖析	2003.7	《中国注册会计师》		
88	安达信对世界通信审计失败原因分析	2003.6	《中国注册会计师》		

续表

序号	论文名称	发表时间	发表刊物	合作者	署名顺序
89	内审——揭开"世通"黑幕	2003.6	《财务与会计》		
90	美国南方保健财务舞弊案例剖析	2003.6	《会计研究》	叶丰滢	1
91	美国HPL公司财务舞弊案及其启示	2003.2	《财务与会计》	叶丰滢	1
92	市场、政府与会计监管	2002.12	《会计研究》	杜兴强 张胜芳	1
93	美国财务舞弊症结探究	2002.10	《会计研究》	陈建明	1
94	巨额冲销与信号发送	2002.8	《会计研究》		
95	美国会计准则制定体系的嬗变	2002.8	《财会通讯》		
96	国际会计准则改革：回顾与展望	2002.6	《会计研究》	李忠林 邵蓝兰	1
97	致安然公司董事的匿名信	2002.4	《中国注册会计师》	孙丽影	1
98	后安然事件如何监管会计职业	2002.3	《中国注册会计师》	林启云	1
99	安然事件的反思：对安然公司会计审计问题的剖析	2002.2	《会计研究》	葛家澍	2
100	论资不抵债子公司的报表合并	2002.1	《会计研究》		
101	上市公司会计信息质量面临的挑战与思考	2001.10	《会计研究》		
102	上市公司会计信息造假五大根由	2001.10	《领导决策参考》		
103	内部会计监督与控制制度	2001.6	《会计之友》		
104	合并会计报表若干理论问题探讨	2001.5	《会计研究》	孟平	1
105	提高会计信息质量的重大举措	2001.2	《会计研究》	刘维	1
106	强化公司治理完善控制环境	2001.1	《财会通讯》		
107	加强制度建设强化内部会计监督	2000.7	《财务与会计》		
108	《实证会计理论》——启蒙与普及实证会计研究的"圣经"	2000.7	《财会通讯》		

续表

序号	论文名称	发表时间	发表刊物	合作者	署名顺序
109	会计年度内取得控股权时编制合并会计报表的若干问题探讨	2000.6	《中国注册会计师》	熊建益 徐 珊	1
110	反映经济真实是会计的基本职能	1999.12	《会计研究》	葛家澍	2
111	公允价值会计：面向21世纪的计量模式	1997.12	《会计研究》		
112	海峡两岸比较审计研究	1996.4	《中国注册会计师》		
113	从产权经济学的角度论股份制改组的实质及资产评估的基本目标	1996.3	《会计研究》		
114	影响跨国公司管理会计的环境因素	1989.5	《经济资料译丛》		
115	美国与欧洲会计惯例的差异分析	1988.6	《会计研究》		
116	西方会计六大发展趋势	1988.3	《财务与会计》		
117	企业破产的分析指标和预测模型	1987.6	《中国经济问题》	吴世农	2

二、著作、教材、译著

序号	著作名称	发表时间	出版社名称	合作者	署名顺序
1	《公允价值计量的影响分析》	2018	经济科学出版社	黄晓韡 黄静如 王肖健	主编
2	《财务会计与管理会计案例分析》	2014	经济科学出版社	蔡剑辉等	主编
3	《财务报表分析：理论、框架、方法与案例》	2007	中国财政经济出版社	连竑彬 王建峰	主编
4	《企业合并与合并财务报表》	2005	大连出版社	冯淑萍 孟建民等	主编
5	《会计舞弊之反思：世界通信公司治理、会计舞弊与审计失败剖析》	2004	东北财经大学出版社	张胜芳 叶丰滢	主编
6	《会计数字游戏：美国十大财务舞弊案例剖析》	2003	中国财政经济出版社	叶丰滢 张胜芳	主编
7	《安然丑闻及其审计失败的深度分析》	2002	中国财政经济出版社		独著
8	《中级财务会计学》	1999	中国人民大学出版社	葛家澍	副主编
9	《市场经济条件下会计基本理论与方法》	1999	中国财政经济出版社	葛家澍	副主编
10	《股份制改组中的资产评估理论与实务》	1996	厦门鹭江出版社		独著
11	《长期股权投资会计与合并会计报表》	1996	厦门鹭江出版社	徐珊 黄强	主编

续表

序号	著作名称	发表时间	出版社名称	合作者	署名顺序
12	《中级财务会计》	1995	辽宁人民出版社	葛家澍	副主编
13	《西方财务会计》	1990	中国对外经济贸易出版社	林志军 陈少华	主 编
14	《财务管理实务》	1989	香港商业出版社		独 著
15	《会计实务精要》	1988	香港商业出版社		独 著
16	《会计专业英语教程》	1988	厦门大学出版社	陈箭深 葛方雯	主 编
17	《比较国际会计》	1989	中国商业出版社	陈箭深	主 译
18	《实证会计理论》	1988	中国商业出版社	陈少华 陈 光	主 译
19	《会计理论结构》	1988	中国商业出版社	林志军	第二译者
20	《会计基本理论说明书》	1988	中国商业出版社	文硕等	第三译者

第七部分　科研成果统计

在首届会计名家论坛演讲

会计名家证书

后　　记

本书即将付梓之际，中国会计学会主办的"会计名家论坛"2019年3月18日在厦门国家会计学院举行，近30位名家参加了论坛。这次论坛的主题为"会计向何处去"和"会计如何服务高质量发展"，魏明海教授、陆正飞教授、王化成教授和我分别发表了《会计规则塑造社会还是社会塑造会计规则》《杠杆操纵、会计信息风险与高质量发展》《财务管理环境变化与财务管理发展》《旧标尺衡量不了新经济：论会计信息相关性的恶化与救赎》的主旨演讲。在主持人刘峰教授的"怂恿"下，参会的会计名家们发生了"群殴"和"围殴"，就会计的边界、环境变迁的影响、会计的出路等重大问题展开热烈讨论，争鸣和碰撞的思想火花四溅，初步达到了中国会计学会设想的激发思考、鼓励创新的预期。

财政部组织实施的全国会计名家工程，目前共60位入选，已经结业的20位。结业不等于完成使命，名家工程也不应局限于梳理学术思想和完成几个课题。基于这样的考虑，中国会计学会决定发起"会计名家论坛"，每年举行一次会计名家年会，开展一至两次重大学术活动。"会计名家活动"突出思想性、前瞻性和普及性。思想性在于提出对经济社会具有重大影响的会计热点难点重点问题的理论见解，力争实现理论创新的效应；前瞻性基于对经济社会环境变化的研判，提出能够使会计与时俱进的因应之道，力争实现理论引领的效应；普及性在于以通俗易懂的方式向社会大众推介会计文化和会计理念，实现提升社会影响的效应。中国会计学会提出的上述倡议，得到会计名家的热烈响应，大家普遍认为"会计名家论坛"这种常态化的学术活动机制，既可延续会计名家的学术生命，也可增强会计名家的使命感和责任心，让他们更加关心、关注我国会计事业发展的重大问题，推动学术创新，活跃学术氛围，引导学术思考。

参加完首届"会计名家论坛"，感受颇深。最强烈的感受是，会计学术界应当调整研究方向，切不可继续做象牙塔式的研究，再也不能自娱自乐了。信息技术进步、商业模式创新、人口结构变化等等，已经对经济社会产生深远影响，势必导致会计的深刻变革。进入21世纪，经济社会环境已经发生了重大变化，新经济占我国GDP已经超过三分之一，但会计的理念、理论和方法却依然停留在产品经济时代。会计界尤其是学术界，应当增强危机感、紧迫感和使命感，知难而上，迎头赶上，对关乎会计事业发展、关系会计转型升级的重大理论和实际问题，开展深入研究，提出对策建议。在此过程中，会计名家这个群体不应缺席，而应发挥引领示范和推动带动作用。

2018年8月顺利从会计名家培养工程结业，从财政部领导接过沉甸甸的会计名家证书后，深感责任重大，不敢有丝毫懈怠，立即投入由安永会计事务所、厦门国家会计学院和厦门大学会计发展研究中心共同承接的"我国企业会计准则体系全面修订完善研究"课题调研,带领厦门国家会计学院的研究团队,围绕商业模式及其创新对财务报告概念框架、会计准则体系的影响,提交了约4万字的调研报告。寒假期间,应《当代会计评论》主编刘峰教授之约,撰写了题为《旧标尺衡量不了新经济——论会计信息相关性的恶化与救赎》近3万字的长文,分三部分探讨新经济时代会计相关性日益恶化的现象、原因和对策。第一部分为"江河日下的相关关系",从决策有用观和受托责任观的视角,分析会计信息相关性在新经济时代不断下降的事实;第二部分为"视而不见的鸵鸟政策",指出旧经济时代制定的会计准则到了新经济时代开始出现水土不服症,僵化过时的会计规则无视无形投资的资本支出属性、平台资产的网络效应现象、行业地位的经济价值差异、用户聚集的边际成本递减、数据资产的价值创造功能、智慧资本的内在经济价值,导致会计信息相关性日益降低;第三部分为"与时俱进的救赎之道",探索对新经济企业创造价值和保持竞争力至关重要的驱动因素进行确认、计量和披露的路径与方法,以缓解会计相关信息供给不足的问题。结合这两方面的研究,我带领研究团队组成了"新经济新模式新会计"课题组,拟全面、系统地探索会计如何改革确认、计量和报告规则,以适应新经济的蓬勃发展和商业模式的不断创新。

这方面的研究,涉及会计向何处去的基本命题,其中绕不过的核心问题是:会计的边界何在?对此,有两种代表性的观点。一种观点是以葛家澍教授为代表提出的,认为会计边界的界定应当本着实事求是的精神,切实做到有所为有所不为,切莫将不能为、不可为的功能(如估值功能)勉为其难纳入会计的边界里。另一种观点是以Lev教授等为代表提出的,认为财务报告的边界不是一成不变的,主张因应环境的变化不断拓展会计的边界。两种观点不存在孰对孰错的问题,都有其合理性。合理限定会计的边界,将计量上存在重大不确定性的因素排除在外,有利于提高会计信息的可靠性,避免在会计系统里引进太多不确定性从而"污染"财务会计的受托责任评价功能和价值分配功能。另一方,借鉴成熟的计量理论和方法,合理拓展会计的边界,更多地将价值创造的驱动因素(如数字资产和智慧资本等)纳入会计系统,可以提高会计信息的投资决策功能,扭转会计信息相关性不断下降的趋势。这两种不同观点都有不少支持者,这从首届"会计名家论坛"针锋相对的观点就可以看出,这也从另一角度说明会计边界是个值得深入探讨的重大问题。

与时俱进,同频共振,兼收并蓄是会计学术研究应当秉承的基本原则。之所以要与时俱进,是因为社会塑造会计规则,而不是会计规则塑造社会。会计是环境的产物,环境的变迁需要变革会计规则,而不能墨守成规,一成不变。人类已经进入了新经济时代,智慧资本(包括人力资本、结构资本和关系资本)才是企业创造价值的最重要资源。诚如《没有资本的资本主义:无形经济的崛起》一书指出的,资本主义正向"智本主义"过渡。资本主义重视财务资本在价值创造和价值分配中的作用,"智本主义"则认为智慧资本才是价值创造的最重要决定因素。在新经济时代,价值创造可视为在特定结构资本(包括组织结构、规章制度和业务流程等制度安排)框架下,企业将人力资本(管理层和员工的专业知识、创新能力、工作经验、团队合作、管理水平等)作用于关系资本(客户关系、供应商关系、政商关系、劳资关系等)而产生的经济价值增值行为。

后 记

在经济环境发生重大变化的情况下，当下的财务会计和财务管理仍然奉财务资本为圭臬，而无视智慧资本作为最重要生产要素的角色，不仅导致会计信息的相关性持续恶化，而且可能误导投资和管理决策，产生"重物轻人"的资源错配。可见，新经济客观上要求财务会计和财务管理调整研究对象，呼唤会计学界把更多注意力放在智慧资本的确认、计量、报告和评价上。环境变迁将重塑财务会计与财务管理，与新经济相适应的新型财务会计和新型财务管理，必将以智慧资本为中心。在新经济时代，我们将见证智慧资本的强势崛起和财务资本的不断式微。因此，将财务会计和财务管理的主要研究对象由财务资本转向智慧资本，或者两者并重，才契合与时俱进的精神。之所以要同频共振，是因为会计应当服务经济社会的发展，要紧扣社会关心关注的热点问题，及时回应和解决经济社会发展遇到的会计理论和实际问题，提供的会计信息必须兼备投资决策功能、受托责任评价功能和价值分配功能，才能引起社会各界的共鸣，才会得到社会的认可和支持。为此，会计学术研究应当抛弃自恋和自娱的风气，聚焦于经济社会发展的关键问题，发扬"用数据说话，靠证据做事"的会计精神，用会计的思维和视角，探索会计如何推动经济社会的高质量发展和可持续发展。之所以要兼收并蓄，是因为它山之石可以攻玉，只有以海纳百川的开放包容态度和跨界思维的创新精神，虚心学习借鉴其他学科的最新研究成果，为我所用，借助外力为会计界赋能，才能破解经济社会发展给会计带来的瓶颈问题，如数字资产、智慧资本、网络效应、无形投资的确认、计量和报告问题。

在云顶沙龙交流学术观点

我们有幸处于大发展、大变革的时代,有很多重要会计理论和方法问题亟待探索和完善,从这个意义上说,会计名家培养工程只有进行时,没有完成时。唯有多做一些具有思想性、前瞻性和普及性的研究,竭尽全力为我国经济社会的高质量发展和会计的转型升级添砖加瓦,方能对得起"会计名家"这个光荣而又责任重大的称号。